영 국 에 고 성 보 러 가 자

역사로 세우고
전설로 채색한
영국 고성 이야기

| 만든 사람들 |
기획 인문·예술기획부 | **진행** 한윤지 | **집필** 김병두 | **편집·표지 디자인** 김진

| 책 내용 문의 |
도서 내용에 대해 궁금한 사항이 있으시면
저자의 홈페이지나 디지털북스 홈페이지의 게시판을 통해서 해결하실 수 있습니다.
제이앤제이제이 홈페이지 www.jnjj.co.kr
디지털북스 페이스북 www.facebook.com/ithinkbook
디지털북스 카페 cafe.naver.com/digitalbooks1999
디지털북스 이메일 digital@digitalbooks.co.kr
저자 이메일 bdkimirl@naver.com

| 각종 문의 |
영업관련 hi@digitalbooks.co.kr
기획관련 digital@digitalbooks.co.kr
전화번호 (02) 447-3157~8

영국에 고성 보러 가자

역사로 세우고
전설로 채색한
영국 고성 이야기

김병두 저

머리글

4월은 가장 잔인한 달, 라일락꽃을
죽은 땅에서 키우며, 추억과
욕망을 뒤섞고, 봄비로
활기 없는 뿌리를 일깨운다.

너무나도 유명한 T.S. 엘리엇의 시 황무지(The Waste Land)의 첫 구절이다. 이 시가 엄청난 의미를 내포하고 있고, 지식 상류층에서나 이 긴 시의 진정한 의미를 이해 할 수 있다고 여겨서인지 대중들에게 그리 친하지 않은 시임에도 불구하고, 이 시 덕분에 '4월은 잔인한 달'이라는 말이 우리나라에서까지 매년 4월만 되면 자주 인용된다. 약간 옆으로 새나가 이야기 한다면, 영국의 4월과 우리의 4월은 다르다. 영국의 4월이 보다 더 혹독하다. 북쪽으로 가면 산에는 아직도 눈이 쌓여있고 도시에서는 하루가 머다 하고 우박과 진눈깨비가 내린다. 나는 이 4월이라는 영국의 '잔인한 30일 기간'을 두 번, 60일간의 4월을 겪어 보았다. 2008년 4월과 이번 4월이다.

2008년 4월은 잉글랜드 남부에서만 있어서 '추억과 욕망을 뒤섞었는지'는 모르겠으나 '봄비로 활기 없는 뿌리를 일깨우는 것'은 볼 수 있었다. 하지만 이번 4월에는 여전히 진눈깨비가 '활기 없는 뿌리를 일깨우지 못하고 짓누르고' 있는 것을 영국의 여러 고장을 돌아다니며 목격하였다. 이 잔인한 4월 한 달 동안 브리튼 섬을 종횡무진 돌아다니며 이 책에 담고자 하는 고성(古城)을 주로 답사하였다. 대부분이 예전에 한 번 혹은 두 번 관광을 한 곳을 재차 방문하는 것으로 일종의 추억여행이었는데, 가장 최근 모습을 책에 담는 것이 독자에 대한 예의라고 생각해서였다. 다행히 큰 무리는 없었다. 오히려 좋은 점도 있었다. '잔인한 달'이 아닌 여름이나 가을에는 고성, 호수, 건물 등이 울창한 나무 잎사귀에 가려 사진 찍는 위치가 한정되는 경우가 많은데 나뭇잎이 없는 앙상한 나무는 고성을 가리지 못하고, 오히려 앙상한 가지 사이로 보이는 피사체는 미학적으로 돋보이기까지 했다. 그럼 3월이 더 좋았을까. 그건 아니다. 왜냐하면 어떤 고성은 3월 25일 이후, 또는 4월이 되어야 대중에게 개방을 한다. 그래서 앙상한 가지 사이로 미학적 매력을 엿볼 수 있는 4월이 고성을 둘러보는 최적의 달로 과장하고 싶다. 햇빛을 찬란하게 반사하는 네스 호와 함께 호반의 어커트 성을 버스 차창 밖으로 감상 할 수 있는 때가 4월이다. 5월부터는 푸른 잎의 장벽이 시야를 가릴 것이다. 단, 봄 관광 철에 앞서 겨울 동안 허물어진 도로를 보수하는 도로공사가 많음을 감안은 하여야 할 것이다.

취미는 이렇다 할 뚜렷한 목적이 없이 그저 재미로 즐거워서 하는 것을 말한다. 언제부터인가 무슨 뚜렷한 목적 없이 영국에 대하여 관심이 있었고, 관련 자료를 모으고 그곳을 여행하였는데 이것을 취미라고 말 할 수 있으리라. 그러다 보니 또 언제부터인가 내 취미의 완성으로 이제까지 모으고 머릿속에 기억하고 생각하고 있는 것을 책으로 남겼으면 하는 생각이 들었다. 언젠가 그래야지 정도의 생각이었지 당장은 계획이 없었는데 뜻하지 않게 기회가 찾아 왔다. 출판사의 출판 제안이라는 행운을 놓칠 수는 없었다.

영국에 대하여 글을 쓸 때 애로점 중 하나는 로마자로 된 사람 이름과 지명, 명칭을 어떻게 우리말로 옮기느냐다. 가장 힘든 것은 웨일스의 지명과 사람 이름이다. 예를 들자면 'LL'의 발음이다. 영어에도 한국어에도 해당 발음이 없다. 기타 영국인들은 그냥 L 발음으로 말하기도 하지만, 정작 웨일스의 기차역 지명에서는 'TH' 발음에 가까운 현지 발음으로 말하니 우리는 어떻게 말해야 하나 걱정거리다. 글자는 U인데 발음은 '우'나 '유', 또는 '어'가 아닌 '이'인 경우도 있다. 스코틀랜드의 'Duntulm' 성은 둔투일름 성으로 발음된다. 미리 양해를 부탁드리자면 영국에서의, 특히 웨일스에서의 표기법에는 자신이 없음을 이해해 주셨으면 한다. Castle, Glasgow 등은 우리가 미국식 표기에 익숙해 있지만 현지인들 뜻대로 표기함이 맞다는 생각으로 캐슬, 글래스고 등이 아닌 현지음에 더 가까운 카슬, 글라스고 등으로 표기한다. 우리 고유 명칭이 일본식으로 세계에 소개되어있는 경우를 보고 옳지 않다고 생각하는 독자라면 충분히 이해할 것으로 본다. 영국의 잔돈 단위는 1페니, 복수단위는 펜스로 한다. 논리를 따진다면 1페니, 2페니, 10페니로 표기함이 맞다고 보나 한국인들은 이미 펜스에 더 익숙해졌다는 판단이고 논리성이 떨어진다 하더라도 지명과는 달리 '영국인들의 자존심'을 건드리는 문제가 아니기 때문이다.

이 책에서 가장 많이 언급될 인물은 아마도 플랜태저넷 왕가의 에드워드 1세일 것이다. 그는 웨일스를 정복했고, 일시적이지만 스코틀랜드도 정복 했다. 만약 더 오래 살았더라면 스코틀랜드를 완전히 정복했을 수도 있다. 중세 성은 전쟁과 밀접한 관련이 있는데 그는 전쟁을 지독히 많이 했던 왕이고, 성을 많이 쌓았다. 에드워드 1세, 전쟁, 그리고 성… 이 책에서 그가 제일 많이 언급되는 것도 당연하다 이해 할 수 있을 것이다. 다음은 스콧의 여왕 메리인데 메리 여왕이 많이 언급되는 것은 그녀의 파란만장하고 비극적인 생애 때문이기도 하시만 통속적인 흥미에서 비롯한 현대의 상업화 덕분이라는 것도 부인할 수 없다. 스코틀랜드 현지에서 느낀 것은 독립투사보다도 더 자주 메리 여왕에 대하여 언급하고 소개한다는 점이다. 이 책에서도 통속적인 흥미로 설명 비중을 높이지 않았다고는 할 수 없지만, 당시의 잉글랜드와 스코틀랜드 그리고 프랑스 사이를 메리 여왕보다 더 잘 설명해 줄 인물은 없고, 특히 여왕이 스코틀랜드와 잉글랜드의 관계 설명의 고리 역할을 한다는 점을 안다면 메리 여왕의 잦은 언급도 이해가 될 것이다.

고성은 화석화된 역사다. 이제 고성을 통해서 영국의 역사, 영국인들의 과거를 들여다 보게 될 것이다. 그리고 틈틈이 현대의 영국도 함께 엿보는 기회를 갖게 될 것이다. 미숙한 나의 설명 능력이 걱정되지만 독자를 위하여 최선을 다 해볼 것이다. 이 책이 재미도 주며 영국을 조금이나마 더 이해할 수 있는 도구가 되었으면 하는 바람이다. 책을 낼 수 있도록 배려하고 기회를 준 제이앤제이제이 출판사에게 감사함을 표하며 머릿글을 맺는다.

2017년 2월 서울 명일동에서 김병두

Contents

03 Wales

1

남자에게 있어서 여행이라는 것은?

현대에 와서는 여행을 아주 좋게 생각하게 되었고, 나아가 낭만과 추억을 만드는 최고 가치의 행위로 미화하기에 이르지만, 옛 그리스에서는 여행, 즉 가족과 멀리 오래 떨어져 있는 것은 불행의 씨앗일 경우가 많았다. 그중 대표적인 것 하나를 예로 든다면 호머(Homer)의 일리아드 오디세이(Iliad Odyssey) 혹은 소포클레스 비극의 주인공, 엘렉트라의 아버지 아가멤논(Agamemnon)의 비극일 것이다. 아가멤논 일가(一家)의 비극이라는 표현이 더 적절하다. 그의 동생 오디세우스(Odysseus) 일가가 아주 간신히 행복으로 마무리 된 반면 형 아가멤논은 귀국하자마자 본인이 비명횡사한 것도 모자라 나머지 가족 간의 피비린내 나는 복수혈투로 막을 내린 것이다. 오디세우스 경우도 10년의 전쟁 기간까지 합하여 근 20년 만에 간신히 가족과 재회했는데 이 또한 비극이 아닐 수 없다. 고대 그리스의 비극은 신탁과 저주에 의하여 그 얼개가 잘 짜여진 인생사의 한 단면이라고 말 할 수 있지만, 내 생각으로는 신탁과 저주는 나중에 결과론적으로 종교적, 혹은 미신적인 발상으로 생긴 것이고, 한 인간의 장기여행에서 그 과학적 원인을 묻는 것이 타당할 것으로 본다. 오레스테스, 엘렉트라, 이피게네이아, 클라이템네스트라 등이 등장하는 아가멤논가의 비극이 유일한 것은 아닐 것이고, 남자의 여행에 뿌리를 둔 비극은 원시시대부터 우리 인류에 흔한 사건일 듯 싶다.

여행의 역사에 대하여 더 생각해보자. 신화의 시대 이전, 그러니까 오디세우스 이전에도 여행은 있었을 것이다. 여행이라는 말은 집을 떠난다는 말이고, 인류 최초의 여행이란 사냥을 떠나는 것이었을 테다. 그래서 여행이라는 말은 원래는 여자보다는 남자와 더 친한 말일 수밖에 없다. 오늘날에는 여자도 남자 못지않게 여행을 좋아하지만(여자가 더 좋아하는 것 같기도 하지만) 원시 인간 사회부터 불과 2세기 전까지도 여자가 집을 떠나는 경우는 좀처럼 상상해보기 힘들었다.

원시시대 여자가 동굴 속에서 자식들과 같이 은거해 있으면 남자는 밖으로 사냥을 나갔을 것이다. 경우에 따라서는 아주 멀리까지 사냥을 나갔을 터이고, 아내와 자식이 있는 곳으로 돌아오는 길은 사냥 자체만큼이나 쉽지 않았을 것임을 상상해 볼 수 있다. 만약 가족이 은거하고 있는 굴을 못 찾는다면 어떤 현상이 벌어질까. 이는 영원한 생이별이라는 비극이다. 이를 극복하기 위하여 남자는 수단과 방법을 가리지 않고 사냥 못잖게 귀향에도 온 신경을 쏟아 길과 집을 찾는데 열심이었을 것이며, 이 치열한 공부를 수만 년 하다 보니 남자의 '밝은 길눈 DNA'가 생겼음이 분명하다. 일반적으로 여자보다 남자가 더 길눈이 밝은 것은 이렇게 수만 년 동안을 열심히 공부한 결과이며, 오디세우스의 귀향을 가능하게 했던 것도 이런 수만 년을 갈고 닦아 형성된 본능적 감각이 있었기 때문이다. 이렇듯 여행은, 더 정확히 말하면 남자의 여행은 그 시작부터가 그다지 낭만적이지 않았음이 분명하다. 문명시대가 되어도 원시시대의 경우와 별반 다르지 않았을 것이다. 단지 여행의 목적이 짐승 사냥에서 원정(遠征)으로 바뀌었을 뿐이다. 원정도 사냥이라면 사냥이다. 어쨌든 여행은 원시시대나 문명시대나 그다지 낭만적이지 않았을 것 같다.

이제는 다 고인이 되셨지만, 나의 부모님께서는 금슬이 좋으셨다. 살아생전에 어머님께서는 가끔 하시던 이야기가 있었는데, 아버님께서는 일제강점기의 젊은 시절부터 교편을 잡고 계셨는데 그것을 놓으시고 동경(東京)아니면 경성(서울)으로 공부를 하러갔으면 하는 소원이 있으셨고, 어머님은 현재가 좋다며 붙들었다고 한다. 당신 남편을 최고로 알고 있던 터라 만약 붙잡지 않고 아버님을 보내셨더라면 '지금 쯤은 못해도 장관은 했을 텐데'라는 아내로서의 아쉬움을 말씀하시곤 했다. 내가 그때마다 거의 확신을 가지고 말씀드린 내용은 '당시 고향에 아내를 두고 떠난 사람들은 독립투사가 되던가, 그 후 사회주의자가 되어 공산당이 되던가, 그렇지 않으면 납북되던가, 또는 전쟁 통에 죽던가 했을 것이고, 거의 친척 형 김 아무개처럼 조강지처를 버리고 신여성과 재혼, 사실은 중혼을 하여 가족의 비극을 초래하기 십상이었을 테니, 그때 아버님을 붙드신 것이 백번 천 번 나으신 것이다.'라는 것이었다. 친척 형 김 아무개 사건은 우리 집안에서 회자되는 몇 가지 가정 비극 중 하나였다. 나는 어머님의 당시 생각이 백번 천번 현명했다고 지금도 생각한다. 남자의 장기여행은 결코 바람직하지 않다. 원시시대 때도, 고대 희랍에서도, 현대 대한민국에서도 말이다. 내가 3년의 마지못한 중동 생활을 접고 건설업체에 과감히 사표를 낸 핑계에 그럴싸한 논리적 배경을 제공한 것이 '남자의 장기여행에 대한 고대 희랍 비극적, 또는 김 아무개 형 경우와 같은 폐해'였다.

회사를 정년퇴직한 후 하여간 고대 희랍 비극에서나, 김 아무개 형의 장기여행과는 비교도 안 되는 6개월 영국 여행 계획도 가족에게 100% 납득시킬 수는 없었다. 처음 1년을 계획했던 것이 6개월로 줄어든 것도 가족의 의견이 반영된 것이었다. 어쩌면 세속적이고 뻔하게 보였겠지만 나름대로는 거창한 이유가 있었으나, 가족들에게는 한낱 '사치스런 신사유람'이라는 생각 외에는 달리 인식되지 않았다. 최소 겉보기에는 그랬다. 그러나 아내와 두 딸의 정신에는 그들도 모르게 수만 년 전부터, 토굴 속에서부터 있었던 '남자의 여행에 대한 불안감'으로 자리 잡은 여자 특유의 고정 관념이 있었던 건 아니었을까. 과거 건설업체에서의 장기 중동 근무, 반도체업체에서의 몇 개월의 실리콘밸리 장기 출장 때도 가족들은 수만 년 전부터 학습되어온 근심 —남자가 혹시나 집에 못 돌아온다면 하는— 을 가졌을 지도 모른다. 1989년 캘리포니아 대지진 때는 진앙에서 살아난 경우도 있었으니 가족들의 —여자들의— 근심과 우려가 오늘날이라고 터무니없지는 않은 듯하다.

오래 전 언젠가 한 신문에서 해외 토픽성의 짤막한 기사를 읽었다. 독일 전 총리가 은퇴 후 소박하고 한적한 영국 시골에 있다는 것이 알려졌는데 그 이유가 다름이 아니라 영어 공부도 하고, 영국의 시골 생활을 하기 위함이라는 것이다. 이 사실이 알려진 후 그가 당황했다는 말도 읽은 것 같다. 나는 여기에서 힌트를 얻어 영국 여행을 생각해 보게 되었다. 그리고 항상 못난 일반 백성은 상류층을 따라 하기 마련이다. 우리나라 정치 엘리트들은 정계 은퇴를 하면 거의 '자의반 타의반' 외유를 하는데 주로 스탠퍼드, 옥스퍼드 등 미국과 영국의 유명 대학 연구소에서 무슨 연구인지는 자세히 몰라도 연구를 많이 하고 돌아온다는 것으로 알려졌다. (이런 기사를 읽을 때마다 드는 의문점은 그들이 그런 거창한 연구소에서 연구할 만큼 어학 실력을 다 갖춘 사람들인지에 대한 것이다.) 어쨌든 그것이 여의치 않으면 백담사나 토담집이라도 꼭 가기 마련이다. 나도 1977년부터 시작한 파란만장한 —이건 결코 과장이 아니다— 회사 생활을 정년퇴직으로 마감하고 그들을 흉내 내서 어딘가 가보기로 했다. 그들은 어딜 가더라도 보통 유수 대학교 아무개 연구소, 무슨 센터 등지에서 연구를 하던데, 나도 내 사회적 지위에 맞추어 영국 잉글랜드 남부 데번 주 플리머스의 M 영어 학교(이름에 College가 들어가는데 영어학원 정도의 수준)에 등록하기로 한 것이 첫 영국 자유여행이었다.

회사 재직 시 출장은 총무부에서, 사회의 패키지여행 때는 단골 여행사가 모든 것을 다 대행해 주었지만 이때의 여행은 비행기 표 구입에서부터 모든 것을 내 스스로 하는 여행인지라, 그 전에도 여행해 본 런던이건만 첫 해외여행 때보다 더 긴장되었다.

영국 장기 여행은 해묵은 나의 조그마한 소망으로 70년대 대학 생활을 한 사람으로서 당시에는 가기 힘든 해외 유학에 대한 부러움을 가졌었다. 시간과 여유가 생긴 지금은 세월(나이)이 허락하지 않아 차선으로 장기 여행을 택하고 앞서 언급한대로 처음 1년을 계획하였으나 사정에 따라 6개월로 줄였다. 직장에서 퇴직하여 가정에서 가장의 존재가치가 현저히 낮아진 때에 티베트의 옛 풍습처럼 남자가 나이 들어 더 이상 가정에 보탬이 안 되어 집을 영원히 떠나는 것과 같은 출가(出家)는 할 수 없는 것이고, 대신에 얼마 동안만이라도 가족과 떨어져서 주변과 나 자신을 바라볼 수 있는, 내 나름대로는 심오한 다목적 여행이었다. 여러 가지 생각 끝에 잉글랜드 데번 주 항구도시 플리머스를 택했는데, 도중에 수정하여 마지막 한 달은 스코틀랜드의 수도 에든버러로 옮겼고 그때 스코틀랜드 여러 곳을 구경했었다. 그 후 몇 년 지난 후에 가을의 영국을 보고 싶어 웨일스를 여행했으며, 가장 최근 4월 한 달 동안 잉글랜드, 스코틀랜드 그리고 웨일스까지 다시 방문하고 이른바 '추억 여행'을 하였다.

2

Britain의 어원(語源)과 문신(文身),
길(道路) 그리고 성(城)

윈스턴 처칠의 말에 의하면 영 제국(British Empire)의 역사는 카이사르(Caesar: BC 100~BC 44)가 도버 해협을 처음 건넌 때부터 시작된다고 했다. 이때가 BC 55년 8월 26일이었다. 당시의 영국은 어땠을까. 카이사르의 갈리아 전기(The Gallic War)가 우리들의 궁금증을 풀어준다.

카이사르는 갈리아, 게르마니아, 브리타니아를 BC 58~BC 51에 걸쳐 8년 동안 종횡무진 했는데 BC 55년에 1차, BC 54년에 2차 침공을 했다. 그의 갈리아 전기의 LIBER V(BOOK V)의 브리타니아편을 보면 당시의 브리타니아를 짐작하기에 제법 충분하다. 지면상 딱 한 군데, LIBER V(BOOK V)의 14절만을 소개한다. 이 시기는 우리나라에서는 부족국가 형태를 벗어나 고대국가를 형성하는 삼국 초기로 문명화가 된 상태였다.(고구려와 신라의 건국시기에 대하여 논란이 있으나 삼국의 건국시기는 BC 57년 신라, BC 37년 고구려, BC 18년 백제로 알려져 있다.) 2000년 전의 카이사르를 느껴보기 위하여 라틴어로 소개하고, 번역문을 넣어 봤다. 내 라틴어가 짧아 영어 중역의 한글 번역임을 밝힌다.

Ex his omnibus longe sunt humanissimi qui Cantium
incolunt, quae regio est maritima omnis, neque mul-
tum a Galliea differunt consuetudine. Interiores
plerique frumenta non serunt,, sed lacte et carne
vivunt pellibusque sunt vestiti. Omnes vero se Bri-
tanni vitro inficiunt, quod caeruleum efficit colorem,
atque hoc horridiores sunt in pugna aspectu; capil-
loque sunt promisso atque omni parte corporis rasa
praeter caput et labrum superius. Vxores habent
deni duodenique inter se communes et maxime
fratres cum fratribus parentesque cum liberis; sed
qui sunt ex his nati, eorum habentur liberi, quo
primum virgo quaeque deducta est.

〈영국인들 중에서 오로지 해안가 지역인 켄트 지방에서 사는 사람들은 생활 방식에서 갈리아와 다름없이 가장 문명화가 되어있다. 내륙 지방 사람들의 대부분은 곡물을 경작하지 않는다. 단지 우유와 고기만을 먹고 짐승 가죽을 입는다. 영국인들은 사실 대청(大靑)풀로 자신들의 몸을 푸르게 색칠하는데 이는 전장터에서 그들의 모습이 더욱 무섭게 보인다. 그들은 머리를 길게 기르는데 머리와 윗입술(코밑)을 제외하고는 온몸의 모든 털을 깎는다.

10명 혹은 12명의 남자가 무리지어 공동으로 아내들을 공유하는데, 무리들은 형제지간이거나 부자지간이다. 그러나 무리에서 태어난 아이들은 어머니가 처녀성을 바친 남자의 자식으로 간주된다.>

브리튼 인 혹은 브리타니아 인 대신 일부러 '영국인'으로 번역했다. 카이사르 덕분에 이 기록을 읽음으로써 우리는 2,000여 년 전의 영국을 상상할 수 있다. 한마디로 엉망이었고, 황당한 결혼 풍습을 볼 때 풍습이라고 일컫는 것조차 힘들 정도로 짐승 수준을 겨우 벗어났다고나 할까. 아마 현재 영국인들도 그들의 과거가 이 정도였는지 모르는 사람이 많을 것이다. 하지만 지금은 지구 최상의 선진국으로 세계를 리드하는 게 영국인이다. 그들의 언어가 세계어로 쓰이고 오늘날 대한민국의 수많은 회사원들이 그러하듯 나도 그들의 언어를 힘들게 구사하면서 밥벌이를 수십 년 하였다. 카이사르가 이런 사실을 보았다면 단검을 들고 덤벼드는 브루투스를 목격한 것 다음으로 크게 놀라 뒤로 넘어졌을 것이다.

책과 영화, 신문 잡지 기사, 또는 소문으로 많은 것을 접했지만 사실 영국을 여러 번 여행하며 새롭게 알게 된 것이 적지 않았다. 직접 영국을 보고 느끼며 흥미로운 것이 많았지만 그중 세 가지만 꼽아보라면 몸에 새기는 문신(文身), 길(道路), 그리고 그들이 카슬(Castle)이라고 말하는 성(城)이 그것이다. 만약 나이가 좀 더 적었더라면 이 세 가지 모두, 혹은 그중 한 가지라도 깊게 연구해보고 싶은 것들인데, 먼저 문신을 이야기 해보자.

잉글랜드에는 문신한 사람이 많다.

카이사르의 갈리아 전기에는 현재 영국을 뜻하는 영어 Britain의 어원이 되는 라틴어 Britannia와 그 어미 변형인 Britanni, Britanniam, Britanniae 등이 자주 나온다. 이는 이 말의 기원이 꽤 오래 되었다는 의미다. 영국을 뜻하는 브리튼, 또는 브리타니아의 어원에 대해서는 여러 가지 설이 있다. 그중 유력한 설은 기원 전 300년경에 활동한 그리스(출생지는 당시 그리스 식민 도시였던 마르세유)의 탐험가, 항해가, 지리학자, 천문학자인 피데아스(Pytheas)가 문신을 좋아하는 사람, 또는 몸에다 그림을 그린 사람이라는 뜻의 당시 그리스어 Pretanikai(프레타니카이)라고 영국인들을 부른데서 비롯되었다는 것이다. 즉 Pretanikai → Britannia → Britain의 순서로 되었다는 것이다. 피데아스가 이곳에 상륙해보니 토착 원주민들이 몸에다 그림을 잔뜩 그리고 다녔던 모양이다. 대번에 나는 이 설이 맞을 거라고 생각했다. 영국인들 중 잉글랜드 인들은 피데아스 시대로부터 2,300년이 지난 오늘날까지도 몸에 뭔가를 그려 넣기를 좋아한다. 그 후 켈트인, 앵글로색슨인, 노르만인 등이 도래해 정착했다고는 하나 그 당시 DNA는 아직도 그들의 몸속에 살아남아 있는 것이 분명하다.

앞에도 말했지만 내가 처음 도착한 곳은 런던이 아닌 남쪽, 카이사르가 상륙했던 켄트 지방에서 그리 멀지 않은 데번(Devon) 주의 플리머스(Plymouth)였다. 카이사르는 8월 여름에 도착하여 당시의 영국인들 몸에 그려진 그림을 자연스럽게 볼 수 있었겠지만 내가 도착한 2월 말에는 다들 겨울옷을 입었기에 얼굴에 피어싱을 해대고 다니는 것만 알았을 뿐 문신에 대해서는 자세히 알 수 없었다. 그러다 문신으로 온몸이, 내 기준으로 볼 때는 '만신창이'가 된 사람들이 많다는 것을 옷을 훌훌 벗기 시작한 6월이 되어서야 알았다. 반면 여름 한 달 동안 체류했던 스코틀랜드에서는 우리나라 정도로 문신을 거의 볼 수 없었다. 고대 로마시대에는 스코틀랜드는 브리타니아가 아닌 칼레도니아(Caledonia)로 불리었다. 피데아스 시대의 스코틀랜드는 결코 '프레타니카이'가 아니었던 모양이다. 멜 깁슨이 감독, 주연을 한 할리우드 영화 '브레이브하트(Braveheart)'에서 본 멜 깁슨 분의 스코틀랜드의 영웅 윌리엄 월리스의 채색된 얼굴은 역사왜곡이 분명하다. (하긴 그 땅에서 2~3세기의 픽트 인(Picts)이 얼굴에 뭔가 그려 넣었다는 기록은 있다. 하지만 그로부터 천 년이 흐른 후의 윌리엄 월리스는 오래 전의 소수 민족 픽트 인과는 혈통적으로 거리가 있다.)

이상하게도 몸에 뭘 칠한다거나 그려 넣는 것에 큰 이유 없이 혐오감을 가지고 있는 나는 많은 사람들의 몸에 그려진 적지 않은 문신을 보고 깜짝 놀랐고, 볼 때마다 얼굴이 찌푸려졌다. 모양과 크기도 다양하고, 그 장소도 가리는 데가 없다. 플리머스의 시내버스 속에서 주로 문신 구경을 했는데, 문신의 장소는 다리, 등, 목, 손가락 마디마디 사이 등 다양했다. 시원하게 파인 상의를 입은 여자의 가슴에 문신이 그려져 있는 것을 보고는 매우 놀랐다. 신기한 것보다 문신을 새길 때 얼마나 아팠을까, 상상만 해도 내 몸이 욱신거릴 정도였다. 남자들의 문신은 휴양지나 해변이 아니면 잘 노출되지 않고, 그나마도 피부 특성상 관찰이 힘들어 상대적으로 여자들의 문신이 더 또렷하게 기억에 남아있다.

몇 달 동안 계절이 바뀌며 정해진 시간에 버스를 타고 영어 학교를 다니면 같은 시간대에 출근하는 시민들이 있기 마련이다. 버스에서 자주 보이던 20대 여자는, 겨울에는 백옥같이 흰 피부의 평범한 사람이었는데 여름에 보니 각종 그림을 도배한 문신 마니아였다. 어느 날은 버스 내 앞좌석에 꽤 살집이 있는 젊은 아줌마가 앉아 있었는데 그 등은 하나의 넓은 화판이었다. 몸이 가늘었던 시절의 작품인 것이 분명한 여러 동물과 사람 형상의 문신이었다. 어떻게 몸이 가늘던 시절의 문신인 것을 알았느냐면 그림이 아주 균형이 맞지 않게 퍼져버려 제작 당시에 기대했던 예술적 가치가 영구 화판의 대책 없는 팽창확대로 많이 손상되었기 때문이었다. 최근 여행에서 런던 빅토리아 버스 역에서 플리머스 행 장거리 버스를 기다리고 있었는데 잉글랜드 남쪽으로 가는 버스의 탑승자 줄에 선 한 여자의 두 다리 장딴지에 눈이 갔다. 왼쪽은 기억이 나지 않는 철학 격언, 오른쪽은 휴대전화 그림의 문신이었다. 안테나까지 있는 구형의 전화기인 것을 보면 꽤 오래된 문신인 듯하다. 며칠 후 잉글랜드 다트머스 길에서 아주 체격이 좋은 젊은 여자의 하얀 다리에서는 여러 가지 전자제품 그림의 문신을 봤다. 요즘 대세는 전자제품 문신인 듯하다. 이 여자의 전자제품 문신은 균형이 잡혀있었다. 그림이 균형을 잃고 찌그러들까봐 다이어트는 안 할 수도 있겠다는 생각이 들었다. 이렇게 내 눈앞에 딱 갔다 대주면 자세히 관찰할 수 있지만 그렇지 못한 경우가 많았다. 오래 문신을 관찰할 기회는 많지 않고, 더구나 노출된 곳이라도 남의 몸을 뚫어지게 볼 수는 없는지라 나는 도대체 그들이 뭘 그렇게 열심히 그려 넣었는지가 여전히 궁금스럽다. 정말 시간이 많이 있다면 그들의 문신을 연구해보고 싶다.

하숙집 주인인 레이와 마가렛 부부는 문신을 싫어한다. 처음 왔을 때 40대인 딸이 등에 커다란 문신을 짊어지고 다닌다고 했다. 그렇지 않아도 최근 여행에서 레이에게 딸의 문신에 대해서 물었더니, 그사이 남자친구를 여러 명 갈아 치웠는데 남자친구의 취향 때문인지 애써 그려 넣은 그 문신을 다 지웠다는 소식을 들었다.

스코틀랜드에서 들은 문신에 대한 격언 중 "10파운드(당시 환율로 약 2만 원)로 새긴 문신을 지우려면 1,000파운드(200만 원)가 든다"라는 말이 있다. 이것은 뭐든지 잉글랜드와 반목하는 스코틀랜드의 격언일 뿐이지만, 문신과 잉글랜드인의 관계, 심리, 문신의 그림에 따른 운명이나 성격 등 다 깊이 연구만 한다면 박사 논문 감으로 손색이 없으리라. 인류학을 업으로 삼은 학자들이 꼭 파푸아 뉴기니 같은 오지로만 갈 필요는 없을 듯싶다.

수백 년 동안 변하지 않은 길

두 번째 나의 관심을 끄는 것은 도로(道路), 즉 길이다. 우리나라 사극이나 소설에서 보여주는 옛날의 여행길은 정말 운치가 있다. 걷든 나귀를 타든 마차를 타고 가든 가마를 타고 가든, 여행하는 길은 동구 밖 과수원길, 동네 느티나무 밑을 지나 우물가를 지나 산모퉁이를 돌고 개울을 건너고… 불과 40년 전 즈음에도 도로 포장이

A379 도로의 이층버스 제일 앞좌석에서 마음먹고 찍어본 사진이다.

안돼서 흙먼지가 날리기는 했지만 버스 여행으로도 마을의 이곳저곳을 구경할 수는 있었다. 우리나라에서는 이제 불행히도 이런 버스 도로는 없다. 지금은 고속도로는 말할 필요도 없고, 국도라 해도 마을 외곽으로 뻗어있어 순식간에 한 마을을 지나니 획- 눈으로 마을 형체만 볼 수 있을 뿐이다.

그런데 영국은 지금도 18, 19세기의 마찻길을, 아니 그 이전부터 존재했을 마찻길을 여전히 자동차 길로 사용하고 있는 것이 분명하다. 그래서 향토색이 물씬 풍기는 정취를 시외버스를 타고 가면서 느낄 수 있다. 물론 우리나라 같은 고속도로도 있지만 대부분은 여전히 꾸불꾸불하고 좁은 길이다. 시외버스를 타고 가다보면 도저히 자동차 길이라고는 할 수 없는 곳, ─이건 정말 과장해서 하는 말이 아니다─ 아주 비좁고 오는 차든 가는 차든 한 대만 지나갈 수 있는 길도 시외버스 정규 노선 도로인 곳이 많다.

가로수에 대한 영국인들의 태도도 좀 독특한데 좀처럼 나무를 없애거나 자르지 않는다. 시골 길 뿐만 아니라 도심에서도, 또 잉글랜드 뿐 만 아니라 스코틀랜드나 웨일스에서도 마찬가지다. 우리 같으면 시야가 가려 안전 때문에라도 과감하게 가지치기를 할 만한 가로수도 이층비스가 지나가는데 물리적으로 방해되는 것 말고는 손을 대지 않는다. 그래서 대부분의 가로수는 도로변에 있는 가지만 버스 지붕에 맞춰 두부모처럼 거의 직각으로 잘라 버스가 지나가는 통로만 만들어 놓은 기형적 모양으로 되어있다. 버스를 타고 가다 보면 종종, 2층 버스에서는 더욱 빈번한 일인데 갑자기 버스 천장에 나뭇가지가 부딪쳐 가까운 승객이 그 소리에 깜짝 놀라 몸을 움츠리기도 한다. 현지인들도 이렇게 놀라는데 이방인이며 처음 겪는 일이라면 기절초풍하지 않을까. 시골길에서는 도로가에 있는 나뭇잎 벽이 버스와 너무나도 가깝게 있어 후사경(後寫鏡)이 가지에 걸려 툭 떨어지기도 하는데 그럴 때면 운전기사는 버스를 멈추고 밖으로 나가서 후사경을 주워 다시 장착하고 출발한다. 정말 승객으로서 짜증이 날 때도 있다. 답답하고 시야가 가려 사고가 우려 될 지경인데 영국인들은 큰 불편이 없다고 생각하고, 또 그게 당연하다고 생각하는 것 같다. 척박한 땅과 좋지 못한 기후 때문에 나무를 과보호 하는 것도 같다.

플리머스에서 출발하여 론서스턴으로 가는 잉글랜드 A388 도로는 영국에 흔히 있는, 위에서 말한 특징을 모두 가지고 있는 도로다. 게다가 이 도로만의 독특한 특징까지 있는데, 로터리 길이 좁아 버스가 방향을 바꿀 때 길가 주유소 공터를 이용하여 방향 전환을 한다. 다트머스로 가는 해안 도로 A379는 몇 번을 오갔어도 질리지 않을 매우 아름다운 길이다. 옹색한 방향 전환 장면은 없지만 마을 좁은 골목길에서 한동안은 답답함을 맛보아야 한다. 내가 다 몰라서 그렇지 영국의 시골도로의 좁은 길에서는 오늘도 우리 한국인들이 상상하기 어려운 일들이 일어날 것이다. 다행히 소리를 지른다거나 자동차 경적은 드물다.

영국을 여행 할 때는 꼭 일반 시외버스로 시골 여행을 하라고 권하고 싶다. 이제 우리나라에서는 느끼기 어려운, 정취 있는 영국 시골길을 보고 느낄 수 있을 것이다. 영국의 이런 길은 한국인들 입장으로 보면 경이로워 연구 대상일 듯싶다.

영국의 성(城)

마지막 세 번째로 나의 흥미를 끈 것은 성(城)이다. 영국을 생각할 때 고성을 생각하지 않을 수 없다. 고성은 우리 뇌리에 유럽 문화의 한 형태로 각인되어 있다. M 영어학교 주말 단체관광 여정은 박물관, 고택, 테마공원, 수도원에 치중하고 이상하게도 성은 없었다. 비중을 크게 두지 않기 때문이다. 내가 고성에 흥미를 보이면 주변 영국인들은 대게 "비디(BD), 가보면 실망할 걸요, 아무것도 없어요. 육중한 돌덩어리 폐허뿐이지요. 성은 스코틀랜드에 가서 구경하세요." 라고 말을 한다.

나는 대꾸로 숨겨있는 역사성 운운 하지만 그들은 관심을 주지 않는다. 그래서 잉글랜드에서는 시외버스와 기차를 타고 혼자 찾아다니며 다트머스 성, 레스토멀 성, 론서스턴 성, 틴타젤 성 등을 자세히 둘러보았다. 스코틀랜드에서는 스털링 성, 에든버러 성, 인벌로키 성, 둔투일름 성, 일린 도난 성, 탄탈론 성, 어커트 성, 밤브러 성(스코틀랜드에 근접한 잉글랜드 소재), 아닉 성(잉글랜드) 등을 둘러보았다. 그들 말대로 돌무더기 폐허인 성도 있고, 깨끗이 복원되어 있는 성도 있다. 아름다운 성도, 흉물스러운 성도, 버려진 성도, 해리 포터 등 유명한 영화와 BBC 미니시리즈의 배경이 된 성도, 달력의 단골손님인 성도 있다. 버려진 한두 성만 빼고는 모두 적지 않은 입장료를 받고 있다. 이 성들의 역사 속 이야기는 구구절절 하다. 당연히 피비린내 나는 경우도 적지 않다. 드문 경우로 아직도 사람이 살고 있는 성도 있는데, 해리 포터가 비상 연습을 처음 했던 아닉 성은 노섬벌랜드 백작가의 저택으로 이 가문이 대를 이어 700년 동안 거주하고 있으며 랄프(Ralph)라는 이름의 12대 백작이 현재도 살고 있다. 한때 현대식 흔한 평상복 차림의 백작 사진이 붙은, 관광객을 위한 환영 글귀를 내건 적도 있었는데, 지금은 인터넷 시대답게 환영 문구가 인터넷 홈페이지로 옮겨갔다.

영국의 성을 보기 전에는 정치 · 군사적으로 처절은 했을지언정 성은 아름답고 낭만적인 장소라고 생각했다. 그러나 실제로 성은 낭만과는 거리가 먼, 힘든 감옥과 같은 곳이었다. 영국의 성주들은 참 불쌍한 생활을 했겠구나 생각이 든다. 애초부터 군사방어용이 아닌, 레스토멀 성 같은 과시나 주거용의 소수의 성 외에는 거의 모든 성은 창문이 아주 작아 답답했고, 내부 환경은 열악했다. 외부 방어성이 보조로 축성된 대륙 노르만 식 모트앤배일리 성(Motte and Bailey Castle)이든 커튼 월(Curtain Wall)식 성이든, 웨일스에 많은 집중형 성/동심형 성(Concentric Castle)이든 들어가 보면 답답하기 그지없다. 창문은 가늘고 좁고, 굿은 기후를 막기 위한 덮개만 있었다고 한다. 마루는 나무, 층계는 돌, 화장실은 벽에 붙은 작은 방으로 배설물은 석조 홈통을 통해서 배출했다. 성마다 대강당(Great Hall)이 있는데 우리는 영화에서 자주 보여주는 대강당에서의 화려한 연회만을 생각하지 여타 답답한 성내에서의 일상생활은 상상하지 못해 영국의, 서구의 성을 낭만적으로 여겨왔던 것이다. 식수는 대부분 성내 우물을 파서 사용했지만 경우에 따라서는 외부로부터 납 파이프를 통해 공급받아 저장 사용했다. 유사시에는 얼마나 불안했겠는가? 왕궁이었다는 에든버러 성이나 스털링 성도 험한 절벽 위에 세워져 있고 들어가 보면 답답하기는 마찬가지다. 그 속에서 그들의 정서는 얼마나 메말라 있었을까 하는 데에까지 생각이 미친다. 우리나라에서는 부족국가시대와 삼국시대 초기에나 있었던, 예를 들자면 고구려 오녀 산성 같은 것을 영국에서는 중세까지 축성하며 권력을 유지했던 것이다. 우리는 봉토 중심의 봉건체제 대신 강력한 중앙집권 형태의 정치체제를 일찍이 확립해 감옥 같은 성에서 일찍 해방될 수 있었을 것이다.

여행 중 구경했던 성을 생각만 해도 아직도 내 가슴이 답답함을 느낀다. 그러나 정말 시간만 많다면 더욱 더 연구해 볼 가치가 있는 것만은 분명하다. 성은 역사 그 자체이기 때문이다. 어찌 역사뿐이겠는가? 귀신과 유령이 여전히 출몰하여 당시에 마저 못했던 이야기를 현대인들에게 전해주기도 한다.

탄탈론 성, 스코틀랜드

둔투일름 성, 스코틀랜드

레스토멀 성, 잉글랜드

01

CASTLES OF BRITAIN

England

영국 최초의 모트앤베일리 형, 헤이스팅스 성(Hastings Castle)

헤이스팅스 성은 성 자체 보다는 헤이스팅스 지역이 세상에 알려져 있다. 1066년 10월 14일 헤이스팅스 근처에서 벌어진 헤이스팅스 전투 덕분인데 이 전투에서 노르만 정복자 윌리엄이 승리하고 노르만 정복의 역사가 시작되었다. 노르만 정복으로 브리튼 섬에 많은 노르만 문화가 따라 들어오게 되는데 그중 하나가 축성 방법인 모트앤베일리 방식(Motte and Bailey Style)였고, 헤이스팅스 성은 브리튼 섬에 지어진 최초의 모트앤베일리식 성 중 하나이다.

성을 보기 위해 헤이스팅스 행 기차를 탔다. 런던 빅토리아 역에서 오전 8시 47분발 헤이스팅스 행 기차가 있다. 역 대합실에서 기다리며 여행안내소(Information Centre)에 해당 기차를 어느 플랫폼에서 타냐고 물으니 아직 정해지지 않았다고 한다. 우리나라와는 달리 기차의 플랫폼이 출발 수 분 전에야 정해지기 때문에 미리 개찰하지 않고 정해질 때까지 대합실에서 기다려야 하는 것이다. 런던의 도시철도와 기차역 대합실에 가면 수많은 사람들이 미어캣처럼 모두 같이 전광판 한 곳을 올려다보고 있는 장면을 흔히 목격하게 된다. 퇴근 시간이라면 인간 미어캣의 숫자는 훨씬 더 많아진다. 아마 영국인의 고개 뒷부분은 한국인의 그것보다 더 굵고 튼실하게 발달되어 있을 것이다. 전광판은 20개 쯤 된다, 나도 미어캣 군중에 섞여서 전광판을 올려다보며 내 기차를 찾아야 한다. 8시 30분경에 08:47 출발 기차 두 편이 각각의 전광판에 나타났다. 그곳에서 글자 'Hastings'를 찾아야 한다. 한 전광판마다 나타내는 역이 많으니 여러 번 화면이 넘어가, 끝 화면이 다 넘어갈 때까지 자세히 봐야한다. 물론 현지인들은 최종 목적지나 노선 이름만 봐도 대번에 알지만 여행객은 그럴 수 없다. 네 개의 페이지가 있는 08:47발 전광판의 첫 화면에서 Hastings를 찾아냈다. 그러나 시간이 다되어가는데도 플랫폼의 번호가 나오지 않는다. 이럴 때면 현지인과는 달리 여행객은 긴장할 수밖에 없다. 왜냐하면 지형지물에 어두워 짧은 시간에 맞는 기차를 정확히 탈 수 있을까 걱정되기 때문이다. 곧 플랫폼 숫자 대신 'Expt. 08:52'라는 글이 번쩍거리며 뜬다. 8시 52분으로 지연된다는 뜻이리라 짐작은 되나 옆 사람에게 물어 확인 받는다. 여기서 끝나지 않고 계속 시간이 변한다. 이런 판국이면 미어캣 군중은 누구나 전광판에서 눈을 뗄 수가 없다. 이미 정시 47분은 지났고 전광판 지연 시간은 52, 53, 54…로 계속 변한다. 한참을 계속 이렇게 애를 태우더니 결국 방송이 나온다. 방송 내용은 플랫폼 17번으로 가라는 것이고 전광판에도 플랫폼 17이라고 뜬다. 그런데 이곳에는 플랫폼 17번이 없다. 다른 쪽에 입구가 있는 모양이다. 미어캣들은 우르르 어디론가 바삐 움직인다. 현지인들은 누구나 17번 플랫폼의 위치를 아는 모양이다. 나도 따라 합류하면서 다른 미어캣에게 물어 나의 해석을 확인 받고 안심한다. 가면서 어느 아가씨가 내 배낭 뒤편이 열렸다면서 잠가준다. 이렇게 헤이스팅스 행 기차를 탔다. 우리에게는 생소한 체험이지만 영국인들에게는 일상생활이 되어있는 열차탑승 방법이다.

영국의 열차 교통 체계가 잘 잡혀있고 역사도 오래되었지만, 역에서의 열차 충돌 사고는 우리보다 잦은 듯하다. 1999년 패딩턴 열차 충돌 사고는 유명하다. 헤이스팅스를 여행한 며칠 후 플리머스에 갔는데 전날에도 플리머스에서 조그마한 열차 충돌 사고가 있었다. 요금 체계도 독특하다. 헤이스팅스까지 왕복요금은 27.20 파운드다. 그럼 편도는 얼마일까. 10펜스 적은 27.10파운드다. 거리에 따라 약간 다르겠지만 왕복이나 편도가 거의 같다. 앞으로 가다가 어느 역에서 부터는 뒤로 가는 경우도 있다. 헤이스팅스가면서도 같은 경험을 했는데 우리나라에도 그런 곳이 없지는 않지만 영국에는 유독 많다. 8시 55분에 런던 빅토리아 역을 출발한 기차는 10시 55분에 헤이스팅스 역에 도착하였다. 딱 2시간이 걸린 것이다.

헤이스팅스는 런던 남동쪽으로 85km 떨어진 곳에 있는 인구 90,300명(2011년)의 도시다. 성과 도시는 1066년 노르만 정복의 역사와 밀접한 연관이 있으며, 과거 도시를 융성하게 했던 어항으로서의 역할은 줄어들고 지금은 휴양지로 변했다. 이곳 역사는 노르만 정복 이전으로 올라가 주변의 원주민 정착지는 카이사르 침공 시기인 기원전 55년에도 있었고 로마 점령시기에는 철 생산지였다.

헤이스팅스 성은 역에서 걸어갈 수 있을 정도로 가까운 곳에 있다. 20~25분쯤 시내 쪽으로 걸어가서 조지 가(街)에서 승강기(WEST HILL LIFT)를 타고 오르면 서쪽 언덕(West Hill)이라는 작은 산위에 평지가 있고 15~10분

승강기 타는 곳

걸으면 폐허인 헤이스팅스 성문에 도착한다.

영국의 거의 모든 관광 유적지에는 할인 가격이 있는데 학생, 60세 이상, 어린이와 미성년자 등이 해당된다. 그들은 말도 잘 만들어내서 이를 CONCESSION(양보)이라 한다. 양보 가격은 4.10파운드다.

산 위에 지은 성은 13세기, 육중한 돌 무게 때문인지 일부가 산사태로 무너져 내려 없어졌고 나머지만 있어 복잡하지도, 볼거리가 많지도 않다. 복원도 물리적으로 무리일 것이다. 입장을 하니 바로 5분 후에 간이 건물에서 성에 대한 설명을 한다기에 들어가 자리에 앉았다. 성과 노르만 정복에 대한 약 15분간의 동영상이었다.

성터는 청동기와 로마시대부터 산 위의 요새로서 존재했으며, 1066년에는 정복왕 윌리엄이 이곳에 진을 치고 요새화한 후 헤이스팅스 전투에서 승리하였다. 이후부터 헤이스팅스 지역은 대륙 노르망디 지역을 오가는 주요 항구가 되었다. 후에 요새 터에 돌로 다시 성을 건축하고 2세기 동안 변경과 증축을 반복하였다.

1075년에는 공주(共住) 성직자단성당을 지었는데 1546년 헨리 8세의 수도원 해산령으로 성과 교회가 몰수되고 영국국교(성공회)의 일부로 편입된 후 급속히 황폐화 되어 200년 이상 세상에서 잊혀졌다. 그러다 1824년 성터의 발굴이 시작되어 비로소 관광지로 변모하게 되었다.

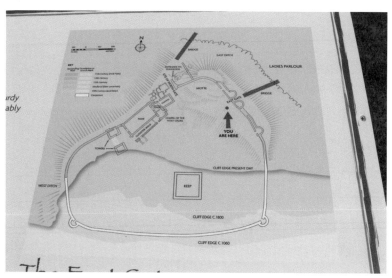

성의 약도. 무너져 없어진 부분이 반 이상인 듯하다.

성당은 색슨 인들의 예배당 자리에 지은 것으로 보고 있다. 베이유 벽걸이 융단 (Bayeux Tapestry: 베이유 태피스트리)에 정복왕 윌리엄이 헤이스팅스 전투에 앞서 예배당 옆에 서있는 장면이 있기 때문이다. 현대식으로 말하면 윌리엄이 예배당 옆에 서있는 사진이 있으니 그 예배당 자리가 성당이라는 주장을 뒷받침 한다는 것이다. (베이유 벽걸이 융단에 대해서는 뒤에 좀 더 설명할 것이다.) 요새로서의 성의 중요성이 없어진 때에도 성당만은 계속 제 역할을 해왔다. 아성(牙城, Keep)의 위치에 대하여 그동안 논란이 있어왔는데 13세기 산사태 때 무너져 내린 것으로 보고 있다.

노르만의 잉글랜드 정복이 있기까지의 역사를 대충 살펴보자. 바이킹은 스칸디나비아를 떠나 보다 더 좋은 환경으로 이주했다. 여러 설이 있지만 간단히 말하자면 러시아로 간 바이킹 루스족은 러시아를 이루었고, 게르마니아 쪽으로 간 앵글족과 색슨족이 있고, 더 남쪽 노르망디로 간 노르만족이 있었다. 앵글족과 색슨족은 5세기에 브리튼 섬으로 들어와서 잉글랜드 왕국을 건설했다. 노르만족은 그들의 언어도 버리고 프랑스에 동화되었고, 프랑스 왕에 충성을 하며 노르망디에서 공국을 이루었다.

1002년 잉글랜드의 앵글로색슨 왕 애설레드 2세가 노르망디 백작 리샤르 2세(정복왕 윌리엄의 할아버지)의 누이 엠마와 결혼하고 동맹을 맺었다. 이것이 앵글로색슨의 잉글랜드에게는 불화의 씨앗이 된다. 애설레드 2세와 엠마 사이의 아들이 바로 '참회왕 에드워드'인데 그에게는 후사가 없었다. 당숙인 에드워드에게 자식이 없다는 사실이 윌리엄에게 '희망'을 심어 주었던듯하다. 그런데 윌리엄의 기대와는 달리 잉글랜드의 귀족인 웨섹스 백작 해럴드 고드윈슨(Harold Godwinson)(1022-1066)이 1066년 1월 5일 잉글랜드 왕으로 추대 된다. 이에 윌리엄은 본인의 왕위 계승을 주장하며 잉글랜드를 침공한다.

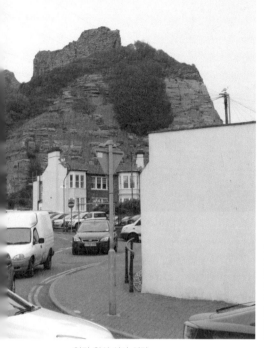

언덕 위의 성과 성당

　1066년 10월 14일 노르만 정복자 윌리엄은 헤이스팅스 전투에서 잉글랜드 왕 해럴드 고드윈슨을 죽임으로써 승리를 거두었다. 그리고 이곳에 있던 기존의 색슨 성을 토대로 전형적인 노르만 형식의 모트앤베일리 성(Motte and Bailey Castle)을 짓게 했다.

　노르만의 잉글랜드 정복에 따른 영향이 어찌 모트앤베일리 성 뿐이겠는가? 그 나라의 정신을 가장 잘 나타내는 것은 언어다. 따라서 프랑스어가 영어에 엄청난 영향을 미쳤으리라는 것은 쉽게 짐작할 수 있다. 당시 왕가는 물론 궁중 귀족들도 프랑스어를 사용했다. 공용어도 프랑스어, 좀 더 정확히 말하면 파리 중심의 중부 프랑스어가 아닌 노르만 프랑스어를 사용했다. 이때 영국에서 사용된 프랑스어를 앵글로 프렌치(Anglo French)라 하는데 이 앵글로 프렌치는 그 후 약 500년 동안 영국

모트앤베일리 성

흙 언덕(Motte)에 탑이 있는 아성 (Keep)을 짓고 넓은 안마당 공간 (Bailey)을 두고 외곽으로 방어성 벽을 두르는 형식의 성이다. 10세기 에 프랑스 노르망디와 앙주(Anjou) 지방에서 유행하다가 11세기에 신 성로마제국에 전파되었고, 1066년 정복왕 윌리엄의 잉글랜드 침공 성 공으로 잉글랜드와 웨일스에 소개

모트

되고, 이는 스코틀랜드와 아일랜드의 성에도 적용되었다. 12세기, 13세기에는 다시 바다를 건너 대륙 덴마크, 네덜란드, 벨기에 지방으로 전파되었고 13세기 말에 이르러 다른 형태의 요새로 대체되었으나 그 토목학적 구조는 여전히 유럽 여러 나라에 독특한 형태로 남아있다.

의 궁정, 의회, 법정, 학교 등에서 공식적 언어로 사용되었다. 지배층은 백성의 언어인 영어를 몰랐고 또 알려고도 하지 않았다. 백성들이 카우(caw 암소)나 옥스(ox 황소)를 잡아 그 고기를 요리하여 지배층 귀족들의 밥상에 올리면 그들은 비프라고 말하고, 스와인(swine 돼지)을 잡아 밥상에 올리면 포크라고 말하니, 소고기는 비프(beef), 돼지고기는 포크(pork)가 이때 자리 잡게 된 것이다. 순전히 문화 언어학적으로만 본다면 어휘력이 풍부해진다는 점에서 노르만 정복이 나쁠 것도 없지 않겠는가? 영어가 세계어가 된 가장 큰 이유는 19세기의 강대국이 영국이었고, 20세기 이후에는 미국이 그 자리를 이어받았기 때문이지만, 앵글로 프랑스어 덕분에 영어가 세계어로의 자질에 손색이 없도록 언어학적인 대비가 되어 있기도 해서일 것이다.

1066년의 사건(잉글랜드 정복)에 대해서 BBC를 비롯한 여러 방송국, 다큐 영화 제작사에서 수많은 역사 드라마를 만들어 냈다. 인터넷을 검색해보면 수십 종에 이른다. 우리나라에서 조선건국, 계유정난(癸酉靖難), 임진왜란 등이 시대를 초월

하여 드라마로 제작되듯이 영국에서는 이 사건이 역사 드라마의 단골 메뉴인 듯하다. 2013년 우리나라 국회방송에서 소개한 드라마 중 '1066 The Battle for Middle Earth'가 있는데 영국 채널4에서 2009년에 방영했던 것이다. Middle Earth란 앵글로색슨인들의 말로 자기들이 살고 있는 곳을 말하는데 우리의 말로는 중원(中原)쯤 되지 않을까. 그런데 이 말이 좀 더 신화적, 종교적, 철학적인 의미로 중간계(中間界), 혹은 중간세계라는 의미도 있으니 중원 이상의 의미가 있는 듯도 하다. 이 드라마의 맺는말을 소개해본다.

WILLIAM THE CONQUEROR TOOK HALF THE COUNTRY FOR HIMSELF. GAVE A QUARTER TO THE CHURCH AND DIVIDED THE REST AMONGST 190 NORMANS.

정복왕 윌리엄은 잉글랜드 영토 절반을 차지했고, 1/4은 교회에게 주었다. 그리고 나머지는 190명의 노르만족이 나누어 가졌다.

THEIR DESCENDANTS STILL OWN AT LEAST ONE FIFTH OF THE UNITED KINGDOM.

현재 이들의 후손이 여전히 영국 영토의 적어도 1/5을 소유하고 있다.

잉글랜드 영토가 아니라 영국 영토의 1/5임이 주목된다. 약 850년 전에 조상이 정복전쟁으로 취득한 토지를 그 후손이 오늘날까지 대를이어 소유하고 있으며 그 넓이가 여전히 영국 전체 토지의 1/5이라니 놀라지 않을 수 없다. 1066년이라면 우리나라 고려 초기다.

Extra story - 베이유 벽걸이 융단

이 드라마에서는 벽걸이 융단에 새겨진 그림이 자주 보이고 설명되는데 이게 바로 베이유 벽걸이 융단(Bayeux Tapestry: 베이유 태피스트리)이다. 색실을 섞어 베를 짠 것이 아니고 수를 놓은 것이라서 태피스트리라 부를 수가 없는데도 그렇게 부르는 이유는 모르겠다. 크기는 길이가 약 70.5m, 폭 50cm이며 노르망디 공작 윌리엄, 잉글랜드 왕 해럴드, 헤이스팅스 전투 등 노르만 정복을 한 땀 한 땀 수를 놓아 묘사해 놓은 천이다. 물론 철저히 승자의 시각에서다. 1070년대 윌리엄의 이복형제 오도 주교(Bishop Odo)에 의하여 잉글랜드에서 만들어져 한동안 잠들어 있다 1729년 학자들에 의해 재발견되었는데 프랑스 베이유 대성당에 매년 전시되어오다가 현재는 노르망디의 베이유에 있는 베이유 벽걸이 융단 박물관(Musée de la Tapisserie)에 전시되어 있다.

중세 현장의 사진격인 베이유 벽걸이 융단 그림에 보면 노르만 인들이 흙 언덕(Motte)을 쌓고 그 위에 목재건물을 짓는다. 오늘날 우리가 볼 수 있는 건물 기초와 같다. 흙 언덕, 즉 모트 주변의 지역을 마당(Bailey)이라고 하는데 이곳을 목책으로 둘러싸고 있는 모습도 있다. 이것이 헤이스팅스 성을 잉글랜드의 최초의 모트앤베일리 성(Motte and Bailey Castle)이라고 주장하는 유력한 근거이다. 하지만 모트의 위치에 대한 근래의 이론은 좀 다르다. 원래의 베일리(안뜰, 혹은 마당)는 동쪽으로 더 가서 '숙녀들의 거실'(Ladies Parlour)이라는 것이다. 원뜻은 우리 숙녀의 마당이라는 뜻으로 성모마리아의 마당을 말한다. 이곳과 성의 사이에 목재다리가 있었다고 한다. 동문(East Gate)은 1220년대와 1240년대 있었던 성 확장 공사 때 동쪽 성벽과 함께 건축되었다.

숙녀들의 거실

동문과 동쪽 성벽

성에서 바라본 노르망디 쪽 바다

성 구경 후 오후 1시 30분이 지나서야 언덕을 내려왔다. 당연히 배가 고플 수밖에 없다. 근처에서 바다생선요리를 전문으로 한다는 곳이 있어 갔더니 사람들이 많다. 빈자리를 찾아 들어가니 젊은 여자가 제지했다. 다 예약된 자리고 3시 이전에는 사람을 못 받는다는 거다. 아마 내가 혼자라 바쁜 이 시간에 받으면 손해라 그런 것 같았다. 헤이스팅스가 런던에서 멀지 않은 위치에 수상스포츠 등으로 관광지가 되어 인심이 야박해진 탓이리라. 불쾌하지만 어쩔 수 없다. 그보다 초라한 다른 곳에 가서 싱싱하다(fresh)는 광고성 글을 믿고 대구를 시켰다. 여자 주인이 선불을 요구해서 왜 그러냐고 물으니 "당신이 도망갈 수도 있어서 그렇다"고 밉지않은 농담도 걸어왔다. 서비스는 괜찮지만 싱싱하지는 않았던 점심을 마치고 음식점에서 나와 바닷가를 걸어보았다. 프랑스 노르망디 쪽은 날씨가 흐려서 부옇게 보였다. 1066년 윌리엄이 이 바다를 단숨에 건넜을 것을 상상해보며 기차역으로 향했다. 올 때처럼 가는 기차도 이스트본(Eastbourne)에서부터 반대 방향으로 거꾸로 가는 기차였다.

4

노르만 왕가에서 중요하게 생각한
론서스턴 성(Launceston Castle)

론서스턴 성은 콘월(Cornwall) 주 동쪽 론서스턴에 있다. 전형적인 모트앤베일리 성이다. 플리머스에서 오전 11시발 시외버스 12번을 타고 12시 20분경에 도착했다. 오랜만에 다시 찾은 론서스턴은 많은 것이 바뀌었다. 버스 번호도 버스 값도 변할 수밖에. 왕복 5.60파운드였던 것이 7파운드로 오르고 버스 번호도 76이었던 것이 12번으로 변해 있었다. 8년이 지났으니… 그러나 변하지 않은 것도 있다. 바로 성의 모습이다. 성채 곳곳에 붙여놓은 설명문도 그때 그대로다.

이번에는 헤이스팅스에서와는 달리 마을 중심가를 둘러보고 음식점에 들러 요기를 먼저 했다. 영국에서 점심 때 음식을 고르고 사먹는 것은 나로선 고역인데, '나귀 울음소리 농장 가게'라는 독특한 이름의 한 음식점 간판에 '빵과 가정에서 만든 수프(Homemade Soup with Bread and Croutons)'라고 쓰여 있어 눈이 번쩍 뜨여 들어가 그것을 주문했다. 수프 주문에는 의례 빵이 나오니 약간 부족한 듯은 하지만 괜찮았다. 이 후로도 남은 영국여행에서 점심으로 수프를 즐겨 주문해 먹었다.

나귀울음소리농장 가게 음식점

점심 수프와 빵

마을 광장에는 1, 2차 세계대전 때 전사한 이곳 용사들을 기리는 비가 서있다. 이런 추모비는 마을마다 있는 듯했다. 어느 마을이라고 전사자가 없겠는가?

론서스턴 성은 관광객이 많지 않고 생각보다는 초라한, 어쩌면 방치된 듯한 느낌을 주는 유적이다. 매표소에 들르면 성에 대한 정보는 풍부하게 얻을 수 있는데 정보를 잘 조합하면 역사적으로 론서스턴 성이 얼마나 중요한지를 알 수 있다. 노르만 정복 후 콘월 지방을 영지(領地)로 지배·관리한 백작의 공식적인 거처였기 때문이다.

성은 버스 정류장에서 가까운 도로 옆에 위치해 있다. 투박한 성 입구 벽에 예전에는 두 개의 간판이 붙어있었다. 지금은 떼어낸 큰 간판에는 성 이름과 입구라고 쓰여 있고 그 아래 잉글리시 헤리티지가 상징 도안과 함께 자그마하게 표시되어있었다. 그 위의 작은 간판에는 성과 마당에 접근하려면 콘월당국과 문화 · 언론 · 스포츠부의 허락을 받아야 한다고 되어있었다. 작은 간판에도 성의 명칭이 표시되 있기에 중언부언이 되어서 하나를 떼어낸 것 같다. 이곳은 남문 문루인데 중세 때는 이 문루가 백작의 개인 사슴공원으로 연결되었다.

성 마당

성문으로 들어가면 바로 성 마당(Bailey)이다. 입장권 없이도 북문 문루와 성 마당은 구경이 가능하지만, 표를 사고 반대편 문으로 입장한다. 13세기, 성 안마당은 백작과 그의 사람들이 이용하는 건물들로 가득 차 있었다. 예배당, 마구간, 감옥, 강당 그리고 그 밖에 여러 용도의 방이 있었는데, 대강당에서는 각종 행사와 잔치가 열렸다. 부엌은 건물 건너편 성벽에 붙어 있는데 화재 시 불의 확산를 염려하여 다른 건물과 떨어져 지었을 것이다. 부엌 왼쪽으로 있는 좁은 방은 아마도 법정 혹은 행정사무실이었던 것 같다. 이곳에서 콘월 백작의 재산을 관리하고 공적 사업이 이루어졌을 것으로 추측된다.

12세기 말까지 북문 문루가 마을에서 성으로 들어오는 정문이었고 원래는 성 주변에 깊은 해자와 다리가 있었다. 이곳 북문 문루에 감옥이 있는데 1656년 퀘이커교 창시자 조지 폭스(George Fox)가 8개월 동안 갇혀있었던 곳으로 유명하다.

북문 문루

현재 정문 남문 문루

표를 산 사람은 성에 대한 이야기로 도배가 된 방을 지나 밖으로 나가 흙 언덕 (Motte)에 있는 돌로 된 아성(Keep)이 있는 곳으로 갈 수 있다. 백여 미터를 걸으면 아성인데 해자로 보호되어있어 목조다리를 건너야 접근할 수 있게 되어있다. 다리가 끝나는 곳에 계단이 있고 계단을 한참 오르면 그제야 아성에 이른다.

아성 다리

아성

아성는 우리 5층 아파트 높이로 원통을 세워둔 모양으로 가운데가 공간이 있는 구조인데 건축물 내의 나선형 층층대를 오르면 중간 중간에 통로와 방이 있고, 밖을 볼수 있는 작은 창문들이 듬성듬성 있다. 꼭대기에 오르면 사방이 다 보이고 깃대에는 잉글리시 헤리티지 깃발인 톱니바퀴 술이 달인 사각형 모양이 그려져 있는 기가 펄럭인다. 우리가 유럽 대륙에서 보아온 세련되고 멋있는 모습은 아니다. 앞에서 말 했듯 역사적으로 중요한 성이고 모습만 보고 무시하면 안 되지만, 어쩐지 촌스럽다. 훼손되지 않은 원래의 모습이라고 달랐을 것 같지는 않다.

노르만 정복(Norman Conquest 1066년) 직후인 1067, 정복왕 윌리엄은 배 다른 형제 로버트(Robert of Mortain)에게 콘월 백작 작위를 준다.(노르만 왕조에 관한 이야기를 더듬어 가려면 다른 인물들이 같은 이름을 갖는 경우가 많아 신경을 써야 한다. 윌리엄과 로버트 이 두 이름은 특히 조심해야 한다. 여러 사람이 공유하기 때문이다. 윌리엄 1세의 아들 중에도 로버트가 있다. 여자 이름 중 마틸다도 조심해야 하는 이름이다.) 로버트는 그의 새로운 영지 콘월의 중심으로 론서스턴을 택하고

다트 무어(황무지), 다트무어는 코난 도일의 탐정소설 『바스커빌 가의 개』의 배경으로 유명하다.

론서스턴 성을 축성했다.

1,000년 전 콘월로 들어오는 주입구는 테이마 강의 여울이었다. 작은 시장 마을이 란 스테판스턴(Lan Stefanston)이라는 작은 수도원 주변에 형성되어 있었는데 둔히브드(Dunheved: Dun은 켈트어로 언덕)라고 부르는 언덕을 마주보고 있었다. 로버트는 이 언덕에 성을 짓기로 결정한다. 그런데 왜 하필 이곳이었을까? 이곳에서 콘월의 보드민무어(황무지)와 데본의 다트무어(황무지) 사이의 땅을 효과적으로 굽어다 볼 수 있기 때문이었다. 무엇보다 중요한 이유는 영지로 들어오는 주 교차점을 효율적으로 감시 할 수 있는 위치였기 때문이다. 둔히브드는 란 스테판스턴으로 이름이 바뀌어 콘월 백작 로버트의 땅과 재산 관리의 중심이 되었고, 천년이 지난 오늘날에는 론서스턴(Launceston)이라는 이름으로 불리고 있다.

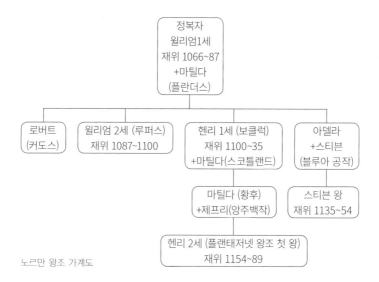

노르만 왕조 가계도

윌리엄1세의 사후, 왕위 다툼으로 인한 혼란이 지속되는 동안 론서스턴의 소유권은 여러 번 바뀌었다. 지지하는 왕에 따라 영지가 통째로 몰수되기도, 다른 사람에게 주어지기도 했으며 따르던 사람이 왕이 되면 빼앗겼던 영지를 다시 돌려받기도 했다. 1189년 '사자왕' 리차드1세가 왕이 되었을 때 콘월은 그의 형 존(John)에게 주어졌다. 봉건영주들 사이에서 힘겨루기 투쟁이 격화된 시기, 1191년 존이 왕위 찬탈을 시도하다 실패하면서 콘월과 성은 또다시 왕의 소유로 돌아간다. 계속해서 주인이 바뀌었으나 항상 왕의 친인척, 혹은 왕의 소유지로 관리되었던 것을 보면 이곳이 중요한 지역이었던 것은 분명하다. 콘월에는 풍부한 주석 산지가 있어 이곳에서 나오는 부도 만만치 않았다. 론서스턴과 콘월의 장악이 왕에게 매우 중요한 일이었던 이유이다.

전시실에는 백작의 생활상, 재건축 등에 대해 자세히 설명되어 있지만, 사실 이 성이 콘월 백작의 일상적 거주지가 된 적은 한 번도 없다. 이 시기 영국의 노르만 귀족들은 모든 면에서 익숙하고 편리한 노르망디에서 보내는 날이 많았을 것이다. 정복왕 윌리엄1세도 노르망디에서 훨씬 더 많은 날을 보냈고, 그곳에서 죽어 그곳에서 묻혔다. 이들은 잉글랜드에서도 영지에 머물기 보다는 런던 중앙 정치무대에서 시간을 많이 보냈을 것이다.

2015년 BBC1에서 만든 드라마 '폴닥(Poldark)'에는 콘월의 아름다운 자연환경과 함께 해안 주변의 주석 광산을 보여준다. 드라마의 배경은 18세기인데도 이야기의 많은 부분이 주석 광산과 관련되어 있는 것을 보면, 채굴의 역사가 꽤 길었던 것 같다. 2016년에도 이어서 폴닥 시즌2를 10부작으로 제작했는데 우리 EBS에서는 같은 해 가을에 방송했다. 주석 광산 뿐만 아니라 북대서양의 험한 바다와 절벽으로 맞닿는 콘월의 아름답고 독특한 자연을 구경할 수 있다. 관광청의 관광 홍보영상으로도 손색이 없을 듯싶은 영상이니 이 지방에 관심이 있는 사람에게 이 드라마를 권하고 싶다.

콘월 백작 리차드 때 이루어진 재건축은 꽤 대대적이었던 것 같다. 아성에 탑을 올리고 방 두 개를 더 들였다. 윗방은 백작의 가족이 이용했고, 또 중요 회의 장소로도 이용했다. 채색한 벽에는 현란한 벽걸이 융단을 걸어 거실을 매우 호화롭게 꾸몄고, 성채 주위로 해자를 파 방어에도 신경을 썼다.

대강당(Great Hall)에서는 주로 순회재판이 열렸는데 무트 강당(Moote Hall)이라고 알려진 방은 행정사무실 혹은 법정으로 사용되었을 것으로 추측한다.

최초의 감옥은 아성에 설치했고, 후에는 북문 문루(門樓)로 옮겨졌다. 이 어둡고 음침한 건물을 둠스데일(Doomsdale: 죽음의 골짜기, 운명의 골짜기)이라고 알려졌는데 입구는 아직 남아 있어 당시의 음침했던 분위기를 지금도 대략적으로 느낄 수 있다. 성이 황폐화된 후, 1650년까지 거주가 가능한 유일한 곳이 바로 경비원이 살고 있던 북문 문루였는데, 이곳이 파괴된 후에는 1842년, 감옥이 파괴될 때까지 오직 죄수들만이 이 성에 남아 있었다.

13세기 후반, 콘월의 행정 중심이 론서스턴에서 로스트위디엘(Lostwithiel)로 옮겨져 성의 역할도 자연히 축소되고 성 자체도 쇠퇴의 길을 걷게 된다.

 봉건제

국왕은 귀족 영주에게 충성의 대가로 토지를 주고, 영주는 다시 기사에게 충성과 무력의 대가로 토지를 나누어 준다. 기사는 이 토지를 소작인에게 빌려줘 경작하게 하고 소작료를 받는다.(소작인은 교회에도 십일조를 바친다.) 기사는 영주에게 세금 납부와 군사 의무를 지고, 영주는 같은 의무를 왕에게 진다. 이것이 중세 봉건제도다. 콘월은 중세 봉건제도의 완벽한 표본이었다.

Extra story - 중세의 생활 모습

　전시실에는 당시의 일을 그림과 함께 설명해놓고 있는데, 이는 론서스턴 성과 콘월 백작의 생활상을 그린 것이지만 동시대의 잉글랜드의 모습일 것이다.

　백작은 사냥, 잔치 그리고 마상무술시합을 즐겼다. 주로 사냥했던 것은 멧돼지와 사슴이었다. 매 사냥도 즐겼는데 작은 새, 들쥐 그리고 토끼를 잡았다. 영국 드라마에서는 여우사냥을 많이 하던데 콘월에서 여우는 흔한 짐승이 아니었던 것 같다. 사냥 후에는 사냥에서 얻은 것들로 저녁 잔치를 열었는데, 트럼펫으로 식사시간을 알리고 음유시인, 곡예사들이 공연을 하는 등 우리가 흔히 생각하는 '연회'의 모습이었던 것 같다. 경비군인과 하인들도 가끔은 식사에 초대를 받았다. 하나 놀라운 것은 연회에서 칼과 숟가락 따위의 도구를 사용할 수 있는 건 백작뿐이었다는 사실이다. 이때만 해도 나머지 사람들은 손가락을 사용해 식사를 했다.

　마상무술시합은 영어로 토너먼트(Tournament)라고 한다. 우리가 중세 영화에서 흔히 보는, 기사들이 말을 타고 긴 창으로 하는 가상전투를 말한다. 호화로운 천과 갑옷으로 장식한 말 탄 기사 두 명이 긴 창을 겨누고 서로에게 달려드는 장면에 익숙한데 이것이 마상무술시합이다.

　성에서 일하는 사람들은 25세 미만의 젊은 남자로 충성심이 확인된 자는 결혼 허락과 더불어 약간의 토지도 하사받았다. 성내에 거주할 수 있는 사람은 백작부인(Earl's Lady), 딸, 그리고 시녀뿐이었다. 백작의 아들들은 성내에 거주하지 않았다는 말이다. 대강당(Great Hall)은 성의 거실 역할을 하는데, 하루에 두 번의 큰 식사가 있고 이곳에서 모두 같이 했다. (나중에는 백작은 자기 방에서 했다.) 대강당에서 벤치나 마루에 갈대이엉을 깔고 자는 사람도 있었다. 대강당 중앙에는 긴 화덕이 있는데 굴뚝이 없어 대강당 안은 종종 연기로 가득찼다. 현재의 기준으로 매우 비위생적인 환경이었다.

백작과 그의 부인은 아성에 그들의 방이 따로 있었으나 그들의 주생활 공간은 안마당(Bailey) 즉 아성과 외곽성벽 사이의 공간이었다. 아이들의 교육은 백작부인이 맡았지만, 사제가 왔을 때는 사제가 맡았다. 백작이 출타 중에는 백작부인은 집사를 도와 성과 재산을 관리했다. 대부분의 귀족들의 결혼은 중매결혼으로 여자들은 아주 어릴 때 정혼되었다.

성 내부 환경으로 창문은 가늘고 좁았고, 유리는 없었다. 단지 궂은 기후를 막기 위한 덮개만 있었을 뿐이다. 마루는 나무고, 층계는 돌이었다. 변소는 벽에 붙은 작은 격실로 석조 홈통을 통하여 오물을 배출하였다.

무트 강당(Moote Hall) 터

둠스데일

아성 위에서 바라 본 주변

5

다트머스 성(Dartmouth Castle)과
킹스웨어 성(Kingswear Castle)

2016년 4월 잉글랜드 여행을 계획하면서 헤이스팅스는 런던에서 비교적 가까우니 당일치기로 간다고 하더라도, 다트머스에서는 킹스웨어 성을 새롭게 추가로 답사해야하니 하룻밤을 머물면서 여행하고 싶었다. 먼저 런던 빅토리아 시외버스 역에서 매표직원에게 다트머스 행 버스에 대하여 물었다. 내 영어 발음이 시원찮아서인지 종이를 주며 써보라고 해 날짜, 희망시간 그리고 목적지 Dartmouth를 적어 창구너머로 주자 14.50파운드라고 알려준다. 돈을 내니 표를 줬는데, April. 3 Sunday 까지는 좋았다. 그런데 웬걸, 목적지가 Portsmouth다. 외국인과의 소통이 이렇게 어렵다. 나름대로 또박또박 썼는데도 버스행선지에 Dartmouth가 아예 없으니 나름대로 Portsmouth로 읽은 것이다.

손 글씨에 얽힌 재밌는, 또 도움이 될 만한 이야기가 있다. 몇 년 전 스페인 산티아고 순례길을 걸으며 여러 국적의 순례길 친구들을 알게 되었다. 그중 한 아일랜드 친구가 적어준 이메일 주소는 해독이 어려웠다. 이렇게 저렇게 내 나름대로 해독해서 보내 봐도 소용이 없었다. 할 수 없이 미국 친구에게 문제의 손 글씨 이메일 주소를 사진 찍어 보내 해독을 부탁했는데, 이 미국의 젊은 친구가 자신 있다며 해독해준 주소로 보낸 메일도 되돌아왔다. 그래서 포기했다. 그런데 문득 어떤 생각이 떠올랐다. 다른 아일랜드 친구에게 해독을 부탁하면 가능하지 않을까. 이 생각은 적중했다. 아일랜드인은 그 난해한 손 글씨를 단번에 해독해냈다. 영어권 나라에서도 각각 그 나라 사람만이 알아볼 수 있는 독특한 필체가 있다는 것을 이때 알았다.

Extra story - mouth와 口

얼마 전 국내 언론에 '다트머스'라는 말을 자주 들을 수 있는 때가 있었다. 아마 2012년까지 미국의 다트머스 대학의 총장이 한인이었기 때문일 것이다. 이 대학이 영국 식민 시대부터 있었던 점을 감안하면 영국의 다트머스에서 이름이 유래했음이 분명하다. 다트머스는 영국의 남부의 다트 강 어귀에 위치해 있고, 다트머스 성은 바다와 맞닿아 있는 다트 강 입구 서쪽에 있다. 강 반대편인 동쪽에 있는 킹스웨어 성(Kingswear Castle)과 더불어 강어귀를 경비하는 한 쌍의 성 중 하나다. 영국의 지명에서 mouth가 붙은 곳이 제법 있다. 플리머스(Plymouth), 폴머스(Falmouth), 본머스(Bournemouth) 등 이 밖에도 많다. 아주 사소한 것이지만 동양인의, 한국인의 생각과 서양인의, 영국인의 생각이 어쩌면 이렇게 같을 수가 있을까하고 생각하고 놀란다. 우리의 포구(浦口) 항구(港口), 즉 소래포구, 월곶포구, 인천항구의 입구(口)자에 해당하는 것이 mouth 아닌가?

어쨌든 포츠머스(Portsmouth) 행 표는 즉시 취소하고 그 직원과 함께 혹시나 다트머스 행이 있나 찾아봤지만 찾지 못했다. 기차역으로 가서 찾아볼까 한참을 생각하다가 결국 플리머스 행으로 마음을 바꾸고 같은 날 플리머스 행 표를 샀다.

영국은 기차 왕복/편도 가격 체계만 신기한 게 아니다. 버스 가격 체계도 복잡하다. 매표직원이 적어준 가격은 이렇다.

03/04 Sun

09:00 AM £ 15.50

12:00   £ 27.50

08:00 NX £ 28.80

09:00   £ 28.80

AM은 오전이 아니라 버스 회사 '메가버스'고 NX는 내셔널 익스프레스다. 시간마다 회사마다 가격이 다르다. 당연히 제일 싼 메가버스 9시 차로 했다. 할 수 없이 플리머스에서 지내면서 당일치기로 다트머스에 갔다 올 수밖에 없게 됐다.

다트머스로 가는 날 오전, 9시가 넘어서 플리머스 중심 버스 역에 가서 다트머스 행 버스표를 달라고 했더니 예쁘장한 매표직원이 이곳은 원거리 버스만 있다며 도심 쪽을 가리키면서 도로 쪽에 가서 표를 사 버스를 타라고 알려준다. 그 사이 상전이 벽해가 된 것이다. 좀처럼 변하지 않는 것이 영국인데 세월이 이 정도로 흐르면 영국이라고 크게 다르지 않은 모양이다. 8년 만에 와본 플리머스도 제법 변했다. 도심에서 하숙집이 있는 웨스턴밀힐(Weston Mill Hill)에 가는 16번 시내버스 번호는 그대로지만 승차 장소는 아예 길 건너편으로 바뀌어 있었다. 그리고 몸집 좋은 여자들이 너무 많아졌다. 아이스크림 파는 곳이 많아진 것과 관련있어 보인다. 거리에는

A379 도로

예전보다 더 노인과 어린이들이 많아진 것 같다. 영국 전체적으로는 턱 수염을 기르는 젊은 남자들이 많아진 것도 같다. 2012년에 가을에 들렀을 때도 런던의 젊은 남자들의 턱이 이렇지 않았었다.

버스정류장을 찾아 다트머스 행 버스에 올라탔다. 버스는 9시 55분경에 출발하여 좁지만 아름다운 데번의 해안가 A379도로를 타고 달려 12시 12분에 다트머스에 도착했다. 왕복 7.50 파운드.

금강산도 식후경이라 아무리 시간이 없어도 점심은 먹어야한다. 사람들로 붐비는 식당을 골라 그럴듯한 이름의 음식을 시켜먹었다. 차림표상의 이름으로만 보아서는 뭔가 대단한 음식이 나올 것 같았지만 세상 어디나 그렇듯 평범했다. 이를테면 이런 식이다.

꼬리가 온전하게 달린 참새우 : 빵가루를 묻혀 황금빛이 날 때까지 튀기며, 감자튀김, 완두콩, 레몬과 샐러드를 곁들여 서비스한다.(Wholetail Scampi : Breaded and deep fried until golden served with chips, peas salad garnish & lemon)

가격도 만만치 않게 거의 10파운드다. 레이와 마가렛 집에 머무는 동안, 예전에는 점심 도시락까지 싸주는 조건이었으나 이번에는 도시락은 제외하였고 대신 점심은 밖에서 여행 중에 필요할 영양을 보충한답시고 좋은 것을 먹어보려고 노력했으나 나중에는 결국 론서스턴에서 언급했던 대로 수프＋빵으로 돌아갔다. 싱싱한 대구(Fresh Cod)라는 문구에 입맛을 다시며 점심으로 비싼 음식을 몇 번 주문해 먹어보았으나 대구를 빵가루를 묻혀 튀긴 것이 전부였다. 정말 이들은 다른 요리법은 모른단 말인가? 튀긴 밀가루 덮개를 헤치고 속에 있는 대구를 포크로 끄집어내 먹는데 본전 생각이 날 수밖에 없다. 그렇다고 점심에 육식을 찾아볼 수도 없어서 수프＋빵 외에 다른 선택권이 없었다. 그리고 이 결정은 다음 여행지 스코틀랜드와 웨일스까지 이어졌는데 이후로는 결코 '싱싱한 어쩌고…' 하는 문구에 현혹되지 않았기 때문이다. 아마 내가 몰라서 그렇지 더 연구해보면 그만한 가격(10~12 파운드)에 먹을 만한 것이 있기는 있을 것이라고 믿고는 싶다. 다만 다양한 메뉴를 연구하고 찾아볼 시간이 없었을 뿐으로 생각하고 싶다. 하여간 배불리 잘 먹고 음식점을 나와 먼저 킹스웨어 성 답사에 나선다.

다트머스 바로 앞 강 건너, 배로 5분 거리에 킹스웨어가 있다. 배는 수시로 있는데 배 삯은 편도 1.50파운드로 왕복 할인은 없다. 자동차를 실어 나르는 별도의 배도 수

참새우 점심

다트머스와 킹스웨어 사이

시로 있어 두 곳은 왕래가 매우 활발한 편이다.

　부두에 내려서 킹스웨어 성으로 가는 길은 그리 평탄하지 않았다. 성이 있다는 건 알고 있는 것 같은데 정작 어떻게 가는지, 가는 길이 어딘지를 확실히 아는 사람이 없었다. 분명히 그곳 주민인데도 그렇다. 날씨는 영국의 전형적인 4월 날씨라 흐리다 비 오다 맑다를 하루 내 반복했고 복장도 거의 늦가을이나 초겨울 옷이라 장시간 걷는 데는 불편하다. 거기다 우산까지 받쳐 들면 더욱 불편하다. 그리고 이 성을 보고 빨리 다트머스 성을 답사해야한다는 강박관념이 없을 수 없다. 시간이 널널하고 아는 길이라면 걷기 좋은 아름다운 길이라 생각할 수도 있었을 것 같다. 하여튼 배에서 내려 바다 쪽에 가까운 길로 갔다. 이대로 계속 가면 바닷가에 있는 성에 도달할 것이라는 생각이었다. 한참을 가다 길을 물으니 바닷가 길 말고 더 높은 지대로 올라가라는 것이다. 그 오르는 계단을 수십 개를 밟고 제법 큰길로 나왔다. 이때 힘이 다 빠졌다. 계속 바다 쪽으로 걷는데 길을 물어볼 사람도 없다. 어쩌다 있어도 길을 모른다. 주변에 별장 같은 집들은 많다. 할 수 없이 길을 물어 보기 위해 길가 집의 초인종을 눌러보았지만 대답도 없다. 할 수 없이 계속 앞으로 전진. 가다보면 이곳은 개인 토지이니 들어오지 말라는 문구가 이곳저곳에 있다. 다행히 돌아오는 남녀 두 사람의 하이킹 족을 만나 물어보니 성의 위치를 알려주며 10분만 더 가라고 한다. 그러나 10분, 20분을 더 가도 찾을 수가 없다. 한참을 전진하다가 집을 수리하는 일꾼들이 일하는 주택에까지 이르러 그중 한명에게 물으니 오던 길을 가리키며 저기 언덕 꼭대기에서 내려가라는 것 아닌가? 다시 오던 길을 걸어 언덕 꼭대기에 이르러 내려가는 길을 찾아야 한다. 비상수단으로 밀집해있는 주택의 초인종을 다시 눌러보았으나 대답이 없다. 두 번째 집의 초인종을 눌렀더니 드디어 사람이 나왔다. 곱게 나이 드신 70대 중반 정도의 남자다. 오래전에 돌아가신 치과의사였던 당숙이 연상되는 모습이다. 적어도 첫인상은 그랬다. 은퇴한 의사, 기업 고위직 혹은 고급공무원이었음직한 풍모다. 하지만 풍모가 그러면 뭐하랴? 그들 말로 극동(Far East)에서 온 손님을 대하는 태도는 영 젬병이다.

나 : 죄송합니다. 길을 못 찾아서 실례를 했습니다. 킹스웨어 성으로 가려면 어디로 가야합니까?
영감 : 가는 길은 이곳에는 없습니다.
나 : 이 언덕으로 올라오면 길이 있다고 들었습니다.
영감 : 누가 그런 말을 했죠? 이곳은 사유지고 길은 없습니다. 누가 길이 있다고 했습니까?
나 : (이제는 사정해 보는 수밖에 없다는 생각에) 죄송합니다. 저는 한국에서 이 성을 보고 싶어 왔습니다. 바로 이 근처 밑 바닷가에 성이 있을 것 같은데 길을 알려주시면 고맙겠습니다. 저는 글을 쓰는 사람인데 한국인

들에게 성을 소개하고 싶어서 그렇습니다.

영감 : 이곳에는 길이 없습니다. 그리고 사유지입니다.(그는 화도 내지 않고 차분히 그가 하고 싶은 말만 했다)

나 : ….

그의 도움은 포기할 수밖에 없었다. 죄송하다고 거듭 말하고 대화를 끝냈다. 그가 곧장 전화로 경찰에게 신고할 것 같은 기분이 들었다. 그러나 포기하고 갈 수는 없다. 그가 문을 닫고 들어간 후에 바로 그의 집 모퉁이를 돌아보았더니 길이 있다. 이 길이 그 길이었다. 잽싸게 뛰다시피 그 길을 통해 아래로 내려갔다. 이 동네 사람들의 산책길이었고, 성으로 통했다. 배에서 내린지 약 1시간이 지나서야 성에 도착한 것이다. 알고 왔더라면 서두르지 않고도 20-30분 거리다. 성은 개인 소유라서 들어갈 수 없다는 것을 알고 있었기 때문에 입장 시도는 하지 않았다. 열어보지는 않았으나 아마 굳게 잠겼을 것이다. 나는 혹시나 그 은퇴한 고위공무원처럼 생긴 영감이 신고하여 경찰이 오기 전에 떠나야 한다는 생각으로 사진과 동영상을 급히 찍었다.

킹스웨어 성

킹스웨어 성 입구 대문   킹스웨어 성 쪽에서 바라본 다트머스 성

　물 건너 다트머트 성도 찍었다. 성은 바다와 맞닿는 바위 위에 세워져있다. 바다
쪽에서는 성에 가까이 접근할 수 없을 정도로 험한 바위 지형이다. 성 주변에는 산
쪽에는 잔디밭에 벤치도 있어 별장으로 이용하고 있는 듯했다. 높은 지대에 승용차
가 보여서 그쪽으로 도망치듯 이동했다. 자동차가 있다는 것은 그쪽에 자동차 길이
있다는 뜻이니까. 아까 그 영감 집 쪽으로 가다가는 큰일 날 것 같은 기분이 들어 자
동차 길을 따라 나와 큰길로 나왔다. 대문이 있었고 대문은 철창살로 되어 굳게 잠
겨있지만 옆 철망을 넘어 큰길로 나왔다. 이 대문 앞길은 길을 찾아 헤맬 때 내가 왔
다 갔다 하면서 여러 번 지나쳤던 곳이다. 대문에는 양옆에 사유재산이라는 문구가
적혀있다. 이제 오는 길은 쉽게 걸어 홀가분하고 만족스런 마음을 가지고 다시 배를
타고 다트머스로 돌아올 수 있었다. 킹스웨어 성에 대한 설명은 다트머스 성을 이야
기 할 때 같이 하겠다.

　다트머스는 인구 약 5,000명의 작은 도시지만 역사적으로도, 현재에도 중요한 곳
이다. 1147년에서 1190년 사이 십자군 원정군이 이곳에서 출발했고, 에드워드 3세
(1327-1377) 시대부터는 영국 해군의 모항이 되었고, 해군사관학교도 이곳에 있
다. 수심이 깊기도 하거니와 만의 입구가 좁아 우리 같은 비전문가가 보기에도 전략
적으로 안전한 항구일 듯싶다. 다트머스 성으로 가는 길은 두 가지로 시내에서 성까
지 택시를 타거나 걸어서 갈 수도 있고, 부두에서 보트를 이용할 수도 있다. 이번에
는 보트를 이용했다.

Extra story –
사유재산 피탈(被奪)에 대한 트라우마?

현지인 영감의 '여기는 사유지다'라는 반복적인 말이 나에게 미묘한 여운을 주는 것은 무엇일까. 우리나라와 달리 영국에는 유독 사유지라는 팻말이 많고, 사유지이니 함부로 들어오지 말라는 문구도 많다. 이를 역사적으로 부당한 토지 침탈을 많이 경험한데 따라 생기는 집단 트라우마적 사회현상이라고 분석하면 지나친 것일까. 역사에서만 보면 처음 켈트인의 토지를 로마인이 빼앗았고, 로마가 물러가니 이제는 앵글로색슨이 와서 차지했다. 앵글로색슨의 것을 이제는 1066년 노르만인들이 정복왕 윌리엄을 앞세워 빼앗았다, 둠스데이 북이라는 장부까지 만들어 침탈 관리했고 오늘날까지 그들의 자손들이 여전히 소유권을 유지하고 있는 땅도 적지 않다.

영감의 반응을 약간 비약해서 더 분석해보자면, 2012년 런던 올림픽 때 우리 선수들이 양궁에서 금메달을 휩쓸었다. 이때 영국의 누리꾼들의 댓글 중에서 내 눈길을 끄는 것이 있었다. '칭기즈칸의 후예기 때문에 활을 잘 쏜다'는 댓글이었다. 우리로서는 터무니없는 황당한 말이지만 유럽인들, 혹은 영국인들의 의식 중에는 황인종은 다 같다고 생각하는 것 같다. 이 영감의 무의식에는 로마인, 앵글로색슨인, 그리고 노르만인의 토지침탈에 대한 영국인의 집단적 트라우마가 작용했다고 본다. 그리고 나를 본 순간 추가된 또 다른 무의식으로 한때 유럽을 떨게 했던 칭키즈칸의 유럽 침공까지 뒤섞인 종합적인 트라우마가 "이곳은 사유지다"라고 울부짖듯(?) 내뱉게 했다고 말한다면 양궁 금메달에 징키즈칸을 언급하는 것과 같은 종류의 황당한 이야기가 될까. 어디까지나 개인적 생각이다.

만에서 바라본 다트머스 성

다트머스 성쪽 선착장

  킹스웨어에서 페리를 타고 다시 다트머스로 넘어와 다트머스 성까지 데려다 줄 모터보트 선착장에 급하게 갔다. 배 삯이 편도 1.50파운드가 2.50파운드로 오른 것과 선장이 바뀐 것 외에는 예전과 전혀 달라진 것은 없었다. 갈 때 나를 포함해 5명이 탔다. 성에 가까운 선착장까지 약 10분이 소요되었다. 만의 입구까지 주변을 보면서 보트를 타고 가는 기분은 꽤 좋다. 보트에서 내려 성 밑 바위 위에 설치된 목조 선착장에 사뿐히 내려 보는 것도 묘미다. 영화나 소설에서나 있음직한 그림이기 때문이다. 보트에서 내리니 선장 막스는 마지막 보트 출발 시간이 5시라 했다. 그리고 "그 전이라도 와서 배가 없으면 이 널빤지를 이렇게 돌려 놓아주세요." 라며 쇠줄 울타리에 묶여있는 큰 널빤지를 돌려 놓아보였다. 그곳에는 '페리를 부르려면 널빤지를 돌려 놓으세요'라는 문구가 크게 쓰여 있었다. 널빤지 뒷면에 뭔가를 칠하여 반사가 잘되어 다트머스 부두에서 꽤 먼 거리인데도 식별이 가능한 모양이다. 이것은 중세보다는 '고대적'인 볼거리고 체험이라서 좋았다.

  배에서 내려 돌층대를 따라 조금 올라가면 방문객을 위한 주차장이 나온다. 차량이 여러 대 있는 것을 보면 차

신호 널빤지

량을 이용해 오는 사람들도 제법 있다는 것을 알 수 있다. 주차장 옆에 바로 성과 매

표소가 있다. 매표소 가는 길에 안내판이 세워져 있는데 이곳은 데번 주이기 때문에 콘월어 병기는 없다. 예전에는 '600년 동안 다트머스의 보호자, 포대용으로 지어진 첫 번째 성, 완벽한 빅토리아 시대의 포대, 초서의 뱃사람 이야기에 대한 영감(靈感)'이라고 쓰여 있었는데, 지금은 대신 〈유적을 고의로 훼손하는 것은 위법입니다〉, 〈600년 이상의 찬란한 역사〉라는 문구만 간단히 있었다. 개인적으로는 예전 문구가 훨씬 더 나았다. 이 짧은 몇 마디는 성에 대한 모든 것을 아주 잘 말해주고 있었기에 성을 둘러보기 전 기초 지식으로 안성맞춤인 문구였다. 하긴 한정된 안내판 공간에 모든 것을 다 집어넣을 수는 없을 것이다.

안내판

다트머스 성은 우리가 일반적으로 생각하는 장원의 영주가 있는 그런 영국의 중세성이 아니다. 영주와 부인 그리고 예쁜 딸, 시종, 기사 등이 등장하는 성이 아니라 철저히 포대, 포탑, 군 막사, 그리고 100% 남자로만 이루어진 제복 입은 포병이 만을 지키는 요새였다. 그렇다고 이야깃거리가 없는 것은 아니지만 낭만적인 비현실적인 상상이 아니라 극히 현실적인 사고로 성을 대하게 된다. 먼 곳에서 바라보는 그림 같은 성의 자태와는 사뭇 다르게 말이다.

성채 가까이 성채 부지의 일부라고 생각되는 곳에 안내소와 기념품 상점을 겸한

매표소에 들러 입장표를 사야하는데 대서양쪽으로 나있는(사실은 수평선 너머는 프랑스 노르망디 지방이나 렌 지방이겠지만) 매표소 창문 너머로 보이는 아름다운 바다에 넋을 잃는다. 다트머스 성 주변 전경은 어디를 보아도 좋다.

포대 요새이다 보니 성 외부에도 육중한 포가 바다를 향해 놓여있고, 180도 반원까지는 아니더라도 100도 이상의 원호(圓弧)로 선로를 만들어 여러 각도에서 포사격이 가능하도록 되어있다. 1481년에서 1495년 사이 시 지자체 주관으로 이곳에 포탑을 세웠는데 사실은 이보다 앞서 이곳에 1388년 당시 시장 존 홀리가 이끄는 지자체에서 처음 요새를 세웠던 자리였다. 잉글랜드의 현존 연안 요새 중 가장 오래된 요새라 한다. 관광객들이 자주 올라타는지 오르지 말라는 문구의 푯말이 포 근처에 있다.

성채로 들어서 나선형의 통로를 통하여 아래로 내려가 보니 이건 성이 아니라 어디 격전지의 방어 시설을 방불케 한다. 각 격실 입구에 붙어있는 글도 탄약고, 포곽, 포탄 창고, 탄약통 창고 등으로 심상치 않다. 물론 여러 포가 설치되어 있는데 원호

대포

선로 말고도 앞뒤로 이동 가능한 직선
선로도 설치되어 있다. 지금은 물론 모
두가 관광객들에게 보여줄 목적의 박물
관 같은 시설물들이지만, 한때는 생사
가 오가는 전장이었을 것이다. 600년
동안 무슨 일인들 없었겠는가? 어느 한

실내 포대

곳을 가면 자동 전자 감응창치로 벽에 소리를 동반한 동영상이 뜬다. 4명의 포병이
지휘관의 명령을 받으며 포를 쏘는 모습을 순서대로 보여준다.

15세기와 16세기에는 유사시 성 아래 바위에서부터 육중한 쇠사슬을 수면 아래
로 반대편 해안과 연결하여 적선이 쇠사슬에 걸려 허우적거릴 때 포를 쏘아 적선을
쉽게 제압하였다. 당대에는 바다 밑에 쇠사슬을 치는 전술이 전 세계적으로 유행이
었던 것 같다. 영국에서도, 또 비잔틴의 콘스탄티노플의 보스포러스에서도, 또 조선
의 이순신이 울돌목에서도 바다에 쇠사슬을 쳤으니….

1491년~1502년에 강 반대편에 킹스웨어 성이 연안 포탑 요새로 건축됐다. 당시
에는 포의 사정거리가 짧아 다트머스 성의 포가 미치지 못한 곳을 방어하기 위하여
반대편 연안에 하나의 요새를 더 세운 것이다. 때문에 그 후 기술이 발달해 포의 사
정거리가 길어져 다트머스 성의 포가 전체를 경비할 수 있게 되면서 킹스웨어 성은
방어 기능을 상실하게 된다.

Extra story - 킹스웨어 성은 사유재산?

　사유지니 길이 없다고 말하던 영감과 철창으로 굳게 잠긴 문을 본 이후, 킹스웨어 성은 현재는 개인 소유로 일반인에게 공개되지 않고 공개는커녕 접근조차 힘들다고 굳게 믿었다. 귀국 후에 다시 인터넷을 뒤져보니 1855년 찰스 실 헤인(Charles Seale Hayne)이라는 사람에 의해 여름별장으로 변모했고 지금은 랜드마크 트러스트(Landmark Trust)라는 곳의 소유라는 것이다. 영국 위키에 의하면 이 단체는 1965년에 설립된 '영국 건축물 보존을 위한 자선단체'라 한다. 그런데 이 단체 홈페이지에 들어가 보니 각종 유적을 숙박시설로 바꿔놓고 예약을 받고 있었다. 이 홈페이지에서 킹스웨어 성을 찾아보니 4인이 4박을 608파운드부터 예약할 수 있게 되어있었는데 겨울에 확인하니 596파운드부터로 가격이 바뀐 걸로 보아 계절마다 조금씩 가격 변동이 있는 것 같다. 성에 대한 홍보성 정보도 있다. 방은 빛이 잘 들어오고 창문을 통하여 건너편 다트머스 성과 해안가 바위를 볼 수가 있으며, 무엇보다도 강을 다 볼 수가 있다는 것이다. 그리고 주변 경관과 실내를 사진으로 올려놓았다. 조금은 헷갈린다. 들어가는 정문에 커다랗게 써놓은 '사유 재산'이라는 말은 뭐며 자선 혹은 구호단체라는 말은 뭐며, 숙박예약을 인터넷으로 받고 있는 것은 또 뭔가? 영국에서 이런 모호한 사정을 미리 알았더라면 그곳 주변에서, 혹은 관공서에 가서라도 확인해 보았을 터인데 아쉽긴 하다. 하여간 처음 생각한대로 '사유지'에 집착하는 성 주인이 당분간은 조용히 혼자 있고 싶어서 대중의 접근을 피하는 그런 경우는 아닌 모양이다.

다트머스 성 위층으로 올라가면 이제까지 군사학적인 면만 보여줬던 이곳이 인문학적이고 문학적인 면모도 갖추고 있다는 것을 보여준다. 존 홀리(John Hawley 1340 혹은 1350 - 1408)와 시인 제프리 초서(Geoffrey Chaucer1342?-1400)를 통해서다.

앞서 잠깐 언급했 듯이 존 홀리의 감독 하에 1388년에 작은 해변 요새로 지은 것이 성의 시초이며, 현재의 포탑 건축물은 1481년부터 1495년 사이에 시 지자체에 의하여 건설된 것이다. 존 홀리에 관한 내용이 성 내부에 설명되어 있는데 영국문학의 아버지로 불리는 캔터베리 이야기를 쓴 동시대의 시인 제프리 초서와 관계가 있다는 '초서와의 관계(The Chaucer Connection)'라는 제목으로 다음과 같이 설명되어있다.

시인 제프리 초서는 1373년 다트머스를 방문했다. 이는 당시 중립국이었던 제노바의 선박을 불법으로 나포 억류한 사건을 조사하기 위하여 왕명을 받아 파견된 것이다. 이때 그의 유명한 책 캔터베리 이야기 속에 등장하는 인물 중 한 사람의 모델이 된 남자를 만났다고 알려져 있다. 그의 이름은 존 홀리인데 그는 성공한 상인, 사략선(私掠船) 선장이었고 다트머스 시장이었다. 그는 만을 방어하기 위한 최초의 요새(다트머스 성) 건축에 있어서 시 지자체 책임 협의회 대표였다. 그의 이 이야기와 또 다른 이야기들은 시대를 넘어 이곳에서 즐거운 이야기 거리가 될 것이다.

그러면 좀 더 존 홀리에 대하여 이야기 해보자. 나중에 집에 와서 캔터베리 이야기에서 다트머스를 찾아 확인해보았다. 캔터베리 이야기의 프롤로그에 다트머스가 언급된다. 물론 중세영어다.

A Shipman was ther, wonynge fer by weste:

For aught I woot, he was of Dertemouthe.

서쪽에서 사는 한 뱃사람이 있었다네:

아마도 그는 다트머스 사람이라던가.

초서는 1373년 에드워드 3세가 보낸 세관원의 자격으로 다트머스를 방문하게 된
다. 존 홀리가 1375년에 시장이 되니 당시에는 그가 시장이 아닌 때지만 여전히 유
력인사였기 때문에 두 사람이 만났을 개연성은 충분하다고 생각한다. 그래서 캔터
베리 이야기에 나오는 뱃사람(Shipman)의 모델이 존 홀리라는 설이 자연스럽게 생
긴 것이다. 하지만 '뱃사람'은 여러 뱃사람의 합성인으로 봐야한다는 설도 있어서 단
언하기는 어렵다. 초서의 '뱃사람'은 유능한 항해사이지만 또 뱃짐에서 포도주를 도
둑질 하는 등 부정적인 면도 가지고 있는 인물이다. 성의, 이른바 인문학적인 방에
는 여기에 대한 존 홀리의 언급도 있으니 그의 말을 들어보자. 그런데 이 글을 자세
히 살펴보면 그를 대신하여 현대의 누군가가, 아마 그를 좋아하는 누군가가 존 홀리
의 입장에서 써놓은 것이 분명하다. 영국인다운 발상이 재미있다. 좀 길지만 이 글이
많은 사실을 말해주기에 소개한다. 처음은 알 수 없는 사람의 말로 전개되다가 도중
에 '존 홀리의 말'로 이어진다.

1388년 시장의 이야기

잉글랜드가 프랑스와 100년 전쟁을 시작한지 50년이 넘었다. 통상(무역)은
위험한 사업이다. 그러나 다트머스 상인들은 강인한 피를 가지고 있다! 왕 에
드워드 3세는 적극적으로 상인들을 독려하고 왕의 적을 공격해도 좋다는 허
가를 주었다. 그들은 때로 도가 지나쳐 우호국의 선박마저 공격할 때도 있었

는데 이는 왕을 난처하게 하고 외교적 문제로까지 비화될 위험이 있었다. 한편, 다트머스 시장 존 홀리는 이 장소에 잉글랜드의 첫 요새를 건설하도록 시를 독려하였다. 이는 보복으로부터 다트머스를 지키기 위함이었다. 그럼 홀리 그자신의 이야기를 들어보자.

내가 내 자신에 대하여 말한다면, 내 배들은 프랑스, 브르타뉴, 스페인 항구와 교역한다. 지금 어떤 사람들은 나를 기회주의자라고 부른다. 소문에는 내가 편리할 때는 우호국 선박이라는 것을 일부러 모르는 척 한다고 한다. 단언컨대 나는 왕을 위하여 행동하고 있고, 프랑스와의 평화로운 기간이 짧았던 터에 어느 배가 중립국 배인지 판별하는 것은 지극히 어렵다! 그러나 왕은 명백히 내가 정도를 넘었다고 생각하고 있고, 나를 런던 탑에 가두라고 했다.(존 홀리는 1400년대 초에 6주간 감옥살이를 했다.)

시인 제프리 초서가 '캔터베리 이야기'에 나오는 인물 '뱃사람'의 모델로 나를 이용했다는 소문이 있다. 나는 그의 방문을 또렷이 기억한다. 그는 중립국 제노아 선박의 나포에 대한 심문을 위하여 다트머스에 왔다! 그는 분명히 나의, 내 부하 사략선 선원들의 업적-소문을 청취하는데 관심을 두었을 것이다. 내말은, 그의 '뱃사람'이라는 인물은 보르도에서 포도주를 도둑질하고, 사략선 선원으로 '양심이라고는 눈곱만큼도 없이' 적의 선원을 뱃전 밖으로 내민 판자 위를 걷게 하는 방법으로 사형을 집행하는 인물을 말한다. 초서가 명성 있는 한 신사를 모델로 삼을 수는 없는 것이다. 그가 그럴 수 있겠는가?

처음에는 정말 600년 전에 그가 한말로 알고 경이로운 마음으로 읽어 내려가다가 후대 누군가가 그를 대변하여 상상으로 만든 글이라는 것을 느끼고는 나도 모르게 입가에 미소를 지었다. '이 장소에 잉글랜드의 첫 요새를 건설하도록 시를 독려하였다'는 대목에서 '이 장소'라고 언급한 것으로 봐서 다트머스 성에 관련된 사람이거나 혹은 그가 창의력과 글 솜씨가 좋은 사람에게 부탁해서 만든, 극히 영국인다운 발상의 아이디어라서 미소 지었던 것이다.

이 글이 600년 전의 글이 아니고 현대 만들어진 것이라고 해서 거짓이라고는 할 수 없다. 글의 행간에서 당시의 팩트를 알아 낼 수 있어서 매우 유용했다. 사실은 다음과 같았을 것이다. 영국인도, 주변 프랑스인도, 스페인인도, 제노바인도 아닌 제3국인의 입장에서 당시의 상황을 재해석해본다.

14세기 에드워드 3세 정부는 당시의 국제관례대로 교전국의 선박을 공격할 수 있는 권한을 민간 소유의 무장 선박, 즉 사략선에게 주었을 것이다. 그런데 드넓은 바다에서 정부의 통제가 제대로 통할 리가 없고, 인간의 이해관계에 깊이 관여되는 일이라면 더욱 더 그랬을 것이다. 도둑질도 마다하지 않는데 해적 면허까지 있는 마당에, 더구나 망망

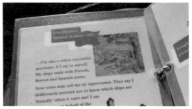

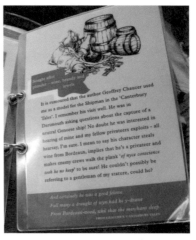

1388 시장의 이야기

대해에서 죽은 자는 말을 할 수도 없지 않겠는가? 적 선박이건, 중립국 선박이건 가리지 않고 공격하여 해적질을 하고 입구가 좁아 도망하여 숨기에 입지가 좋은 다트머스로 급히 피하는 일이 비일비재했을 것이고, 이에 일부 상대방의 무장선은 잉글랜드 선박을 뒤쫓아와 보복을 시도하는 일도 빈번했을 것이다. 이에 폭이 좁은 강어귀에 요새를 만들어 뒤쫓아 오는 타국의 보복무장선을 포를 쏘아 쫓아버리는 것이 다트머스 성 최초의 목적이었을 것이다. 왕명을 받아 중립국 선박 나포라는 불법을 조사하기 위하여 초서의 방문이 있었다니 당시에는 이런 외교적인 문제로 비화되는 불법 나포가 적지 않게 있었을 것이지만, 표면으로 나타난 것은 빙산의 일각이고 중립국 배를 쥐도 새도 모르게 바다 한가운데서 해치워버리는 해적질이 아주 많았을 것이다.

당시 존 홀리는 대표적인 사략선 선장으로 부를 축적하고 정치에도 발을 들여놓아 나중에 시장까지 되었는데, 왕의 명령으로 6주간 런던 탑에 갇혔던 것을 보면 도를 넘어 해적질을 했을 것이고, 사면이 쉽게 된 것을 보면 수완이 아주 남달리 좋았던 것 같다. 우리도 쉽게 그런 인물을 상상할 수 있지 않은가? 게다가 사실 잉글랜드 정부도 해적질이 걸려서 외교 문제화 된 것이 문제지 속내는 사략선 선장이나 선원들과 한통속이 아니었을까. 책임자 처벌이라며 사략선 선장 존 홀리를 가두었지만 결국 6주 후에 풀어주었지 않았는가? 시쳇말로 '짜고 치는 고스톱' 냄새가 물씬 풍긴다. 진위는 알 수 없지만 제프리 초서 작품 인물의 모델일 수도 있다고 전해지는 것을 보면 존 홀리는 당시 대중에게도 꽤 유명했던 모양이다. 행간에서 당시의 영국 사회상을 엿볼 수 있어서도 이곳의 글은 나에게 매우 흥미로웠다.

예전에는 시장의 이야기라며 존 홀리와 제프리 초서의 이야기가 전부라 해도 과언이 아니었는데, 1494년 건축가의 이야기, 1502년 포수의 이야기, 1988년 고고학자의 이야기 등이 추가되어 성에 얽힌 이야기의 폭을 넓혀놓았고 설치 전시된 옛 대포의 수도 많아졌다. 물론 포대에 대한 자료도 많아져 있었다. 취향에 따라 자세히 읽고 구경할만한 곳이다.

상층 전시실 내부

다트머스 성은 16세기 헨리 8세의 명으로 추가 증축을 하였고, 17세기 새로운 군사 기술을 적용하여 또 다시 추가 증축을 하였다. 내란(Civil War) 때는 한 달의 포위 끝에 왕당파(Royalists)에게 접수된 적도 있었다. 그들도 성의 자체 보호를 위해 토목 공사를 통해 성을 보강했다.

성은 19세기까지 계속 사용되었는데 구조가 독특하다. 원형 탑 건물과 사각 탑 건물이 붙어 연결되어있다. 이 성채에서 조금 떨어진 높은 지대에 탑이 딸려 있는 성 페트록(St.Petroc) 교회를 세웠다. 현재 잉글리시 헤리티지(English Heritage) 소유다.

성의 탑 위에 올라가면 다트머스 항구와 건물들이 아름답게 보이고, 그 반대편으로 수평선이 보인다. 성 반대편에는 보다 규모가 작은 킹스웨어 성이 보인다. 군사학이나 포술에 관심이 없는 사람도, 혹은 인문학이나 문학에 관심이 없는 사람일지라도, 단지 경치와 사색과 명상에만 관심이 있는 사람이라도 성의 제일 높은 탑에 올라가면 '역시 오기를 잘했다'라고 생각할 곳이 다트머스 성이 아닌가 생각한다. 그리고 좀 엉뚱한 생각일지는 모르겠으나 이곳에서 동시대의 대마도와 왜구가 연상되는 것은 왜 일까. 왜구가 극성을 부렸던 고려 말과 존 홀리가 살았던 시대가 일치한다.

마지막 배를 타기 위해 5시가 되기 전에 선착장으로 바삐 갔다. 5시가 되려면 아직 멀었는데도 선장 막스가 이미 와있었다. 내가 더 일찍 와서 고대인들이나 이용

성채 탑 위에서 바라본 주변

했을 통신 수단 널빤지를 돌려놓고 배를 기다리고 싶었는데 아쉬웠다. 승객은 젊은 부부와 아이 그리고 나 네 명이다. 40대로 보이는 선장 막스는 나의 이런저런 질문에 친절하게 대답 해주었다. 평소에는 배 2척이 교대로 다닌다고 한다. 그러나 여름 관광 철에는 3척이 다니는데 그래도 바쁘다는 것이다. 다트머스 부두에는 정확히 4시 59분에 도착하였다. 다른 배가 갔던지 혹은 막스의 배가 한 번 더 운행하고 오늘을 끝내든지 할 것이다.

영국을 흥미를 가지고 알아가면서 느낀 것이 여럿 있는데 그중 하나가 우리와는 달리 '불필요한(혹은 실익 없는) 사실 규명'을 그다지 좋아하지 않는 다는 점이다. 사실 규명에 소홀한 것에서 끝나지 않고 유리하고, 손해나지 않으며 이익이 된다면 '긴가민가'로 만들어버리는 탁월한 재주군이 영국인이라고 생각된다. 이런 성향을 나는 '영국인 다운 ~ '으로 보았다. 이는 영국인들이 세계평균인데 우리들이 툭 하면 '실익 없는 사실 규명'에 목숨 걸고 매달리는지도 모르겠으나 하여간 우리들 보다는 덜 그렇다는 말이다. 흑백을 명백히 가리고, 선악을 확실히 구분하고, 피아(彼我)를 분명히 구분해야 직성이 풀리는 한국인에게는 기회주의자나 위선자로 보일 수도 있고, 실용주의자로도 보일 수도 있다. 이 책 '10. 돈이 되는 허구(虛構)'편을 읽게 되면 좀 더 구체적으로 이해가 될 것이다. 이곳에서도 가상으로 존 홀리의 말을 소개하는데 잠시지만 '진짜'로 속을 뻔했다. 한국에서는 이렇게 진짜 같은 가상을 만드는 재주도 없고 그럴 생각도 않는다. 우리라면 오로지 존 홀리가 좋은 사람이냐 나쁜 사람이냐, 그가 우호국 선박까지 약탈하고, 상대선원을 무자비하게 처치했냐 아니냐에 더 관심이 있지 '교묘한 말장난 같은 변명'으로 일관된 가상 변명 글을 써줄 생각은 못했을 것이다.

6

틴타젤 성(Tintagel Castle)과 아서 왕(King Arthur)의 전설

영국인이라면, 잉글랜드 사람이든 웨일스 사람이든 혹은 스코틀랜드 사람이든 '아서 왕 이야기'를 모르는 사람은 없을 것이다. 어쩌면 셰익스피어의 로미오와 줄리엣보다 더 잘 알고 있을지도 모른다. 우리나라 사람이라도 어렸을 적부터 동화, 소설, 만화, 영화를 통해서 쉽게 접해왔기 때문에 아서 왕을 모르는 사람이 드물 것이다. 이 유명한 전설을 품고 있는 틴타젤 성을 구경하기 전, 워낙 여러 이야기가 합쳐진 이야기라 버전이 많지만, 이미 알고 있는 가장 유명한 줄거리를 정리해본다.

아서 왕 이야기

왕 유서 펜드래건(Uther Pendragon)은 마법사 멀린(Merlin)의 도움으로 콘월 공작으로 변신해 콘월 공작의 아내인 이그레인(Igraine)과 불륜을 맺었는데 이 사이에서 태어난 아들이 아서다. 마법사 멀린의 충고로 갓 태어난 아서는 그의 정체를 들키지 않도록 누구인지 모르게 성에서 멀리 떨어진 곳에서 비밀리에 길러지게 된다. 마침내 유서 왕이 죽고 알려진 후계자가 없던 상황. 누구도 뽑을 수 없었던 바위에 꽂혀있는 마법의 칼을 아서가 뽑아 칼에 금 글씨로 적혀있던 대로, 적법한 왕위계승자로 인정받아 왕위를 계승한다.

아서는 멀린의 도움을 받아 훌륭한 왕이 되었다. 훌륭한 기사들이 그에게 몰려오고, 로마인들이 떠난 후에 침입한 색슨족을 기사들과 함께 물리친다. 그러다 바위에서 뽑았던 마법의 칼이 부러지는데 멀린의 정부인 호수의 귀부인(Lady of the Lake)으로부터 저 유명한 '엑스칼리버(Excalibur)'를 얻게 되고, 이 칼로 수많은 적을 무찌른다.

아서는 카멜롯(Camelot)이라는 성에 근거지를 두고 아름다운 귀네비어(Guinevere)와 결혼한다. 귀네비어의 아버지는 아서에게 동시에 150명이 앉을 수 있는 거대한 원탁(Round Table)을 결혼 선물로 주는데 이게 유명한 '원탁의 기사들'의 발상이다. 왕비 귀네비어는 가끔 아서와 기사들의 원탁회의에 모습을 드러내기도 했는데 그녀와 원탁의 기사 중 한명인 란슬롯(Launcelot)의 사랑도 이 전설에서 빠지지 않는 이야기다.

란슬롯은 용을 죽이고 성배를 찾는데 성공하는 모험담으로도 유명한 기사다. 그는 왕비 귀네비어와 사랑에 빠진 것으로도 유명하다. 그 결과 왕비가 처형당할 위험에 처하자 그녀를 구하는 과정에서 비무장의 동료 기사 두 명을 죽이고 마는데, 이 때문에 죽은 기사의 형제인 가웨인(Gawain)의 복수를 받게 된다.

귀네비어만 다른 기사와 염문을 뿌린 것은 아니다. 아서 역시 여성 편력이 좀 있었다. 그리고 결과적으로 본다면 여자 때문에 파멸로 치닫게 된다. 그에게는 배다른 남매이자 가장 강력한 마법사 중 한명으로 꼽히는, 게다가 귀네비어 못지않게 아름답기까지 했던 모건 르 페이(Morgan le Fay)가 있었다. 아서와 이 배다른 누이와의 사이에 모드레드(Mordred)라는 서자가 있었는데 이 모드레드가 '아서 전설의 종결자'가 된다.

　가웨인과 아서가 죽은 기사들의 복수를 위해 자리를 비운 사이, 조카이며 서자인 모드레드가 반란을 일으켜 왕을 참칭하는 것도 모자라 귀네비어를 아내로 삼은 후 아서의 군대를 공격한다. 아서의 마지막 싸움으로 알려진 캄란전투(Battle of Camlann)에서 아서는 모드레드를 죽이지만, 자신도 모드레드로부터 치명적인 부상을 당한다. 이는 일찍이 멀린이 예언했던 대로였다.

　심각하게 부상을 입은 아서는 배에 실려 강을 따라 내려가 아발론 섬에 이른다. 이곳에서 세 명의 신비스런 처녀들에게 치료를 받았다고 한다. 하지만 그의 몸은 그 후로 발견된 적은 없다. 후기에 따르면 아서는 원탁의 기사들과 함께 언덕 아래에서 쉬고 있으며 국가가 위기에 처하면 언제라도 말을 달려 구하러 올 것이라고 한다. 물론 우리 모두가 알고 있는 이야기가 약간씩 다를 수도 있을 것이다. 오랫동안 각색되고 변하는 것이 전설이기 때문이다.

　아서 전설로 가득한 틴타젤 성은 콘월 주 대서양 연안 인구 약 1,800명의 틴타젤 마을에 있다. 플리머스에서 약 세 시간 거리며 기차를 타면 보드민 파크웨이(Bodmin Parkway)에서 내려 버스를 두 번 더 갈아타야 한다. 버스만 세 번 갈아타고 갈 수도 있다. 아마 승용차로 간다면 훨씬 더 빨리 갈 수 있을 것이다.

　플리머스 기차역에서 9시 21분 발 기차를 타고 약 40분 만에 보드민 파크웨이 역에 내렸다. 2008년 7월 하순 그때도 틴타젤에 갈 때 이번과 똑같은 경로를 택했기에 이 역에서 내렸었다. 역은 예전과 변한 것이 하나도 없다. 변했다면 역사, 플랫폼을 연결하는 목재 구름다리 등의 시설물들이 더 낡았다는 것 뿐이다. 화장실은 플랫폼에 있고 보통 영국의 시골 역들이 그렇듯 검표하는 출구가 없고 누구나 들락거릴 수가 있게 되어있다.

보드민 파크웨이 역

　2008년 당시, 영국의 기차는 우리와는 달리 전역, 현재 역, 다음 역 이렇게 세 역을 역마다 보여주지 않으니 생각보다 불편하다고 느끼고 있었는데, 하필이면 보드민 파크웨이 전에 방송으로 미리 해주는 고지를 빼먹어서 역 이름이 갑작스레 창문 너머로 나타났었다. 허겁지겁 내리려고 하는데 기차가 낡아 출입문이 잘 안 열려 더 당황스러웠다. 다행히 역사 직원이 바깥쪽에서 열어주어 겨우 내릴 수 있었다. 역장에게 가서 열차 실내 방송 고지가 없었고, 문이 고장이라고 항의를 했던 기억이 있다. 이번에는 다행히 아무런 애로사항 없이 도착했다. 그러나 인터넷에서 뽑은 여행계획표의 정확도는 예전만 못하다. 다른 곳을 이야기 할 때 이 문제에 대하여 좀 더 이야기 하겠지만, 자료는 훨씬 더 많아졌지만 정확성 면에서 신뢰도는 떨어진 것 같다.

　역 바로 옆 버스정류장에서 20여 분 기다린 후 웨이드브리지(Wadebrige)행 버스에 올라탔다. 약 30분 후에 웨이드브리지에서 내려 다시 약 20분을 기다린 후 틴타젤 행 버스를 탔다. 버스가 자주 있지 않으니 아무래도 긴 여정이다. 12시에야 틴타젤에 도착할 수 있었다. 처음 계획으로는 예전에 한 번 와본 적도 있고 하니 후딱 둘러보고 오후 2시 11분 버스로 돌아가려고 했으나, 여유 있게 점심 식사도 하며 천천히 구경하고 4시 이후 버스로 돌아가는 것으로 변경했다.

틴타젤의 마을 거리와 가게 이름들이 아서 전설에 나오는 낯익은 이름인 것을 보면 틴타젤 성과 아서 전설을 찾아오는 나 같은 여행자들에 의존하는 마을임을 짐작할 수 있다. 일단 때가 되었으니 점심부터 먹었다. 집에서 만든 생선파이(Home-made Fish Pie)라고 해서 시켰는데 역시(?) 맛은 별로였다. 그래도 따끈한 물은 공짜로 비스켓과 같이 준다. 친절한 주인이다.

마을에서 10분 정도 해변 쪽으로 가면 성의 유적이 있다. 지리적 모양이 꼭 우리나라 제주도 성산일출봉을 연상시킨다. 틴타젤(Tintagel: 두 번째 음절에 강세가 있다)은 독특한 지형 때문에 생긴 이름으로 바다로 돌출된 땅이 잘룩한 좁은 목을 사이에 두고 반대편 땅과 붙어있다. 전략적으로 좁은 목 부분만 방어하면 돌출된 땅의 방어는 쉬울 것이다. 고대 콘월어로 'Din Tagell, 협착요새(목이 들어간 요새)'라는 의미인데 세월이 흘러 Tintagel로 변했다. 이상스럽게도 지리학적으로는 섬이 아니고 곶인데 틴타젤 섬(Tintagel Island)이라 부르고 있다. 수천 년 전에는 육지와 섬 사이의 목이 지금보다 훨씬 넓고 높았다고 한다. 침식은 지금도 계속 진행 중이라 언젠가는 이름대로 섬이 될 것이다.

발굴로 검증된 바에 의하면 틴타젤 섬은 3, 4세기에는 로마인에 의해 점령되었었다. 중세 초기 로마인이 철수한 후 켈트인이 이곳에 요새를 건설했는데 지금 남아있는 유적은 켈트인이 만든 것보다 훨씬 후의 것이다. 처음 역사가들은 이 성을 12세기 노르만 콘월 백작 레지날드(Reginald)가 축성했다고 생각했었다. 그러나 그로부터 약 100년

성내 길

틴타젤 마을

집에서 만든 생선파이

후인 13세기에 콘월 백작 리차드가 성을 세운 것으로 최종 밝혀졌다. 물론 5세기의 켈트인의 유적이 없지는 않지만 거의 대부분은 13세기의 유적이다.

1대 콘월 백작 리차드(Richard, 1st Earl of Cornwall, 1209 – 1272)

1200년대 중엽의 1대 콘월 백작 리차드가 아서 신화를 현실화 시켰다. 그는 존 왕(King John)의 둘째 아들이고, 존 왕의 뒤를 이은 헨리 3세(Henry III)가 15개월 먼저 태어난 형이다. 리차드는 영어를 구사할 수 있는 몇 안 되는 영주 중 한사람이었다. 당시의 귀족들은 노르만식 프랑스어를 사용했는데, 그때 영어를 구사하는 아이라면 누구나 다 그랬듯이 그도 당시 유행했던 아서 전설을 듣고 자랐다. 16세 생일에 형인 헨리 3세로부터 생일 선물로 콘월 백작 작위와 이에 따른 막대한 수입원인 영지를 받는다. 실로 엄청난 생일 선물이었다.

이제 그는 중세 유럽에서 가장 부유한 사람 중의 한 사람이 되었다. 그는 그에 걸맞게 자기를 과대포장하기 시작했다. 먼저 연대기 작자들에게 자기의 십자군원정 시의 활약상을 과장하여 쓰도록 했고, 틴타젤 성의 재건에 착수하였다.

리차드는 왕인 헨리 3세에 대한 열등의식이 있었고, 틴타젤 성을 재건함으로써 자신과 영국에서 가장 유명한 왕 사이에 연관성이 생기길 원했다. 이는 플랜태저넷 왕조가 프랑스를 기원으로 하기 때문에 외지인 출신으로 의심받은 자신의 약점을 보완하여 현지인의 신임을 얻기 위한 방책이기도 했다. 틴타젤을 고른 이유는 잉글랜드 현지인들이 열광하는 아서 왕과 이 성이 연관성이 있다는 전설 때문이었다.

리차드는 협착목을 사이에 두고 육지와 섬에 성을 반씩 나눠서 지었는데 대강당 등 주요시설물은 섬에 두었다. 축성은 많은 비용과 노력으로 약 7년에 걸쳐 이루어졌는데, 고고학 발굴에 의하면 약 50년 정도만 거주용으로 사용됐다. 앞서 론서스턴 성에 많은 돈을 들여서 증축한 것이 리차드라는 것을 이미 이야기 했다. 그는 아마 남

달리 토목공사를 좋아했던 것 같다. 론서스턴 성은 콘월의 통치에 필수적인 행정 중심 시설이었으니 필요에 따라 증축과 보강이 당연한 일이었지만, 이곳 틴타젤 성은 기껏 반백년 사람을 거주시키려고 돈과 노력을 엄청나게 투자하여 축성한 셈이다. 토목공사는 예나 지금이나 동이나 서나 정치적인 동기로 행해지는 경우가 자주 있는 듯하다. 위대한 왕의 전설 말고 성에 실제적인 전략적 가치는 없었다.

리차드가 더 이상 잘나가지 않았더라면 성의 용도가 달라졌을 수도 있었을 것이다. 하지만 그에게는 다행히도, 성에게는 불행히도 그는 그 후로 계속 승승장구했다. 1256년에 신성로마제국황제(King of the Romans)의 직위를 얻어 사실상의 독일 왕이 됐다. 부와 외교술 덕분이었다. 그는 주로 올링포드 성(Wallingford Castle)에 머물렀고, 틴타젤에 올 일이 없었다. 아마 단 하룻밤도 머물지 않았을 수도 있다. 아니, 아예 한 번도 방문하지 않았을 수도 있다. 결국 성에 대한 사람들의 관심이 사라지고 기억에서도 점점 사라지게 되었다.

리차드가 죽은 후 아들인 2대 콘월 백작 에드먼드(Edmund, 2nd Earl of Cornwall)가 성을 물려받았지만 그도 이 성에 관심이 없었다. 에드먼드가 죽은 후 미망인의 몫 외에 콘월의 전 재산과 영지는 왕실로 귀속되었다. 성은 지방관에게 주어졌는데 계속 황폐화 일로를 걸었다. 대강당의 지붕이 무너지면서 폐허화에 속도가 붙었다. 몇 년 후에 안마당은 양떼들의 방목장이 되었고 14세기 한 때는 짧게 감옥으로도 이용되었다. 16세기에는 주석 광부들의 쉼터와 대피소가 되었다. 그 후로도 성은 계속 폐허로 남았다.

19세기에 들어 폐허의 틴타젤 성이 부활할 수 있는 기회를 얻었다. 두 가지 사건 덕분이었다. 하나는 빅토리아 시대에 영국에 아서 왕 전설 열풍이 불었다는 것, 다른 하나는 시인 알프레드 로드 테니슨(Alfred Lord Tennyson 1809-1892)이 틴타젤을 유서 왕과 이그레인의 불륜의 장소를 넘어 아서 왕의 출생지로 만들어 버린 것이다. 이 후로는 지금까지도 계속 관광명소로 탄탄하게 자리 잡고 많은 사람들이 아서 왕의 출생지와 마법사 멀린의 굴을 보려고 입장료를 내고 있다. 사실 멀린의 굴은 입장료 없이 볼 수 있지만 이것만 보려고 그 먼 길을 오는 사람은 없을 것이다.

아서 전설의 시작과 진화

이쯤에서 아서에 대해 좀 더 자세히 알아보고, 그가 어떻게 틴타젤과 연결되었는지도 살펴보자. 애초 아서 이야기의 시작을 AD 540년 웨일스 수도사 길다스(Gildas)가 저술한 '브리튼의 파괴와 정복에 대한 비난의 책(Book of Complaints on the Destruction and Conquest of Britain)'에서 찾는 견해가 있다. 이 책에서 그는 이름은 밝히지 않은 한 유명한 영국인 지휘관이 색슨인의 침공에 대항했고 바돈 산(Mount Badon)에서 결정적 승리를 했다고 썼다. 이 결정적인 승리를 한, 이름을 밝히지 않은 지휘관이 후에 아서 전설이 됐다는 것이다. 당시 브리튼의 지휘관이라면 켈트인이었을 텐데 군이 '영국인 지휘관(British Commander)'이라고 표현한 것이 내 눈에는 거슬려 보였다. 켈트인 지휘관(Celtic Commander)이 더 공정한 표현이라 생각한다. 영국인이라면 켈트계 웨일스, 스코틀랜드 사람이나 앵글로색슨계 잉글랜드 사람이나 모두가 아서를 '내민족 영웅'으로 바라보고 있는 것 같다.

828년 웨일스 역사가가 쓴 '영국 역사(Historia Brittonum)'에서는 이 이름 없는 브리튼 지휘관에게 아서(Arthur)라는 이름을 부여한다. 또 아서가 색슨인과의 전투에서 이겼던 12번의 승리를 적어놓았다. 이 12번의 전투 중 마지막 전투가 바돈 산 전투고, 그의 글에 따르면 이때 아서는 홀로 960명의 적을 죽였다.

12세기 웨일스의 성직자 몬머스의 제프리(Geoffrey of Monmouth, 1100~1155)의 저서 '영국왕의 역사(Historia Regum Britanniae/History of the Kings of Britain)'는 그 후 나오는 모든 아서 전설의 기본이 된다. 그는 이 책이 영어로 써진 아주 오래된

고문서를 번역한 것이라고 말했는데, 아서가 틴타젤 섬에서 마술적으로 잉태됐다는 이야기를 처음으로 적었다. 아서를 '콘월의 멧돼지(Boar of Cornwall)'라고 칭하며 유서 왕(King Uther Pendragon)이 이그레인을 유혹해 아서 왕(King Arthur)을 낳았다고 쓴 것이다. 틴타젤이 아서 왕이 태어난 곳이라고 말한 적은 없고, 단지 두 남녀의 불륜의 장소라고만 말한 셈인데 이 한마디가 결과적으로 틴타젤 섬을 드라마, 미스터리 그리고 기사 이야기의 이상적인 배경으로 만들어주었다. 아서 이야기와 콘월과의 커넥션은 더욱 확대 증폭되었고, 더 많은 유적지가 아서 일화와 연결되어 이야기로 발전하였다. 대중에게 친숙한 모든 이야기가 그에 의하여 정립되었고, 그가 말한 전설은 아서를 켈트인의 신화적 영웅으로 만들었다.

중세 아서 왕 이야기에 심취한 시인들은 이야기에 몇 가지의 새로운 요소를 덧붙인다. 그중 가장 중요한 두 가지는 성배 탐사와 원탁이다. 성배는 종교적 상징이며 원탁은 기사간의 평등성과 형제애를 상징했다. 아서 왕 이야기가 돌기 시작한 1187년은 무슬림 지도자 살라딘에 의하여 예루살렘이 함락된 직후였고, 성배와 원탁의 기사라는 자극적인 이야기는 3차 십자군에게 성지 탈환을 독려하는 효과가 있었다.

Extra story - 아서와 여러 단체

아서 왕과 원탁의 기사 전설에 있는 주제와 상징은 역사를 통하여 여러 종류의 단체에서 채택되었다. 신비에 가려진 비밀단체 프리메이슨(Freemasons), 성 조지 상징을 채택한 적십자 자선단체 등 이밖에도 많다. 원탁의 기사, 성전기사단, 갤러해드의 문장인 적십자, 성전기사단의 흰웃옷의 문양 적십자, 적십자 자선단체의 상징 적십자, 프리메이슨 등이 뒤섞여 오늘날 어지간히 꼼꼼한 사람이 아니면 허구와 실제를 분간하기 매우 어렵게 되었다.

사실 원탁의 기사가 성배를 찾아 나선다는 픽션이 나오기 약 70년 전에 이미 성전기사단(Templar 템플 기사단)이 구성되어 있었는데 이들은 성지 순례길의 순례자들을 보호할 뿐만 아니라 현실에서도 성배를 찾아 나섰다. 이들은 적십자가 새겨진 흰 웃옷을 입고 있었는데 이 옷은 아서 왕 이야기에서 갤러해드(Galahad 란슬롯과 일레인의 아들이며 성배 탐사에 참석한 원탁의 기사)의 문장이 된다. 묘하게 성전기사단의 이미지와 픽션인 원탁의 기사가 겹치게 된 것이다.

1485년 윌리엄 캑스턴(William Caxton)은 '아서의 죽음(Le Morte d'Arthur)'이라는 제목의 책을 출판하였다. 토마스 말로이(Sir Thomas Malroy 1415 - 1471)라는 거의 알려지지 않은 인물이 쓴 책이다. 그는 좋은 집안 출신의 기사였던 것으로 보인다. 종신형으로 뉴게이트 감옥에 갇혀있는 동안 이 걸작을 집필했다. 그는 아서 왕과 원탁의 기사에 관한 수많은 이야기를 일관성 있고, 조화롭게 묶는데 성공했다. 이 책은 아서 이야기의 고전으로 받아들여졌으며, 아서 왕 이야기라는 무대에 기사도, 사랑 이야기, 인생 드라마를 모두 등장시켰다. 말로이의 이 유명한 서사시적 산문은 튜더시대 사회에 아서 전설을 부활시켜 관심의 불을 붙였다. '아서의 죽음'은 당시까지 공용어였던 노르만 프랑스어가 아닌 백성의 언어인 영어로 출간되었다. 인쇄술의 발전과 더불어 영어로 쓰여진 덕분에 이 책은 일반 백성들에게 널리 읽혀질 수 있었다. 새로운 역사가 만들어진 것과 마찬가지였다.

그러면 픽션이 아닌 아서의 실체는 무엇일까. 실제 아서 왕에 대해서는 알려진 것이 거의 없다. 그의 통치 시기가 로마가 브리타니아를 떠난 후의 혼란기인 5세기와 6세기에 걸쳐 있었다고 전해진다. 그는 몇몇 중요한 침략군 방어 전투에서 승리를 거둠으로서 믿음을 주었고 이는 그를 시대의 영웅으로 만들었을 것이다.

아서(Arthur)는 한 개인의 이름이라기보다는 칭호였다. 켈트의 신인 곰 여신에서 비롯된 '곰 같은 사람'이라는 뜻으로 존경의 표시로 부여하던 것이다. 틴타젤의 방문자 센터에서는 켈트의 곰 여신에서 아서라는 이름이 생겼다는 설만을 소개한다. 로마 라틴어 이름이나 명칭에서 유래했다는 또 다른 설에는 관심이 없는 것 같다. 역시 자생적 영웅이길 바라는 마음일 것이다.

오늘날까지도 해마다 아서 왕과 원탁의 기사와 관련된 작품들이 나오고 바그너에서부터 월트 디즈니까지 1,000가지가 넘는다. 틴타젤 마을 방문자 센터에서 제공하는 이야기도 세월이 흐르면 새로운 판으로 변할 것이다. 역사도 세월 따라, 해설자 따라, 목적에 따라 변하는데 하물며 전설이야 바람결의 구름처럼 변해갈 것이다. 아서는 잉글랜드 틴타젤 성만의 인물이 아니다. 아직까지도 켈트인의 정신으로 살고 있는 웨일스에서는 또 다른 위치에서 아서를 이해해야 한다. 이 책 웨일스 편에서 할 이야기가 좀 더 남아있다.

성의 현재 모습

먼저 유적으로 들어가는 길목에 화장실, 기념품 판매소, 매표소 건물이 있다. 표를 사고 해변 쪽으로 이동해 아래로 내려가면 아서 왕의 전설에서 중요한 역할을 하는 마법사 멀린의 굴이(Merlin's Cave) 있다. 굴은 섬 반대쪽 바다까지 이어지는데 길

멀린의 굴 입구(밀물)

멀린의 굴 입구(썰물)

주변 풍경

이는 약 100m 정도일 것 같다. 만조 때는 물이 가득 차 사람이 들어갈 수 없고, 간조 때 들어가 볼 수 있다. 마침 썰물 때라서 구경이 가능했다. 앞은 대서양의 수평선과 파도가 바로 굴 앞이며, 폭포수도 있어 관광객들을 즐겁게 해준다.

　섬과 육지는 협착목 위로 구름다리를 통해 연결되어있다. 검표소는 구름다리를 건너기 직전에 있고 검표소를 지나 섬으로 갈지 육지로 갈지 선택할 수 있다. 검표소까지 상당히 가파른 층계를 올라가야 하는데 오르면서 북대서양의 파도가 치는 섬의 아래를 보면 멀린의 굴을 포함하여 자연 굴이 세 개 보인다. 꼭 성산 일출봉의 그것과 흡사하다. 검표소를 지나면 대개는 섬 쪽으로 먼저 간다. 섬으로 가는 목조 구름다리를 지나면 다시 가파른 돌층계를 올라 성으로 들어간다. 가파른 길이

라 힘은 들지만 5분이면 성에 도착할 수 있다. 첫 문과 성벽은 19세기에 복원된 것이다. 들어오면 앞이 확 트이고 폐허의 유적이 앞과 옆으로 보인다. 오른쪽 유적이 대

강당이다. 팻말에 다피드 왕자의 일화(逸話)(Prince Dafydd's tale)라는 글이 적혀 있다. 예전에는 없던 것이다.

　1242년 10월 바람 부는 어느 날 – 내가 보기에는 이곳은 대서양의 맞바람이 항상 부는 곳일 듯하다– 잔치로 시종들과 상인들이 포도주와 음식을 나르는 데 분주한 때였다. 영주, 콘월 백작 리차드가 곧 도착하기 때문에 모두들 들떠있고, 웨일스 왕자며 백작의 어린 조카인 웨일스 왕자 다피드는 손님방에 미리 와서 휴식을 취하고 있다. 그는 리차드의 형인 잉글랜드 헨리 3세가 웨일스 북서쪽 귀네드에 있는 그의 땅을 공격해 들어왔기 때문에 신경쇠약증으로 고생 중이었다. 왕자는 왕과 친하며 수완도 좋은 삼촌 리차드 백작의 조언을 구하러 이곳에 왔다.

　별로 중요하지 않는 이 일화 같지도 않는 일화가 나에게는 새로운 정보를 주었다. 잉글랜드에서 웨일스를 침공하여 합병을 시도할 때 주로 무력을 사용했겠지만 혼인도 이용했다는 사실이다. 다피드의 아버지 스웰린(루웰린) 대왕(Llewelyn the Great)은 잉글랜드 존 왕의 딸 조안(Joan)과 혼인하여 다피드 왕자를 낳았다. 리차드 백작이 삼촌이 되는 것이다.

대강당

두 번째 문을 지나면 왼쪽에 현대에 와서 지었을 지붕이 있는 석조 건물이 있는데 이는 1930년대 발굴현장관리용 건물로 지은 것이다. 조금 더 걸어가면 '무역상인의 일화'를 소개하는 글이 있다. 지중해 연안에서 온 물건들이 발굴되었기 때문에 당시 무역상들이 들락거렸을 것으로 보고 무역선이 정박한 것을 가정하여 그림과 글로 소개하는 것이다. 전망대를 지나 층계를 통해서 산위로 올라가면 아주 넓고 평평한 정원 터가 먼저 나타난다. 이 정원을 고대 켈트인의 설화인 트리스탄과 이졸데(Tristan and Isolde/Iseult)의 슬픈 사랑 이야기와 접목해 놓았다. 아서 전설에 들어있는 이야기이기 때문이다. 이곳이 아서와 연관이 있다고 한다면 트리스탄과 이졸데의 장소가 이곳이라는 것도 무리는 없다. 정원 외에 우물, 예배당, 알 수 없는 굴 등이 있다.

트리스탄과 이졸데 정원

우물   연대미상 굴

예배당 터

섬에서 바라본 주변

이 알 수 없는 연대 미상의 굴은 쇠 도구로 뚫은 것인데 울타리를 쳐서 접근을 금지하고 있다. 확실한 용도는 알 수 없으나 중세 냉장고로 추정한다는 설명이 있다. 좁은 육지 방향 외는 깎아지른 듯 한 절벽이다. 북대서양의 세찬 바람이 불어댄다. 성산 일출봉의 입구를 봉쇄하고 성을 쌓는다면 비슷한 그림이 나올듯하다. 육지 쪽을 바라보면 성의 반쪽 유적이 건너편 벼랑 위에 있다. 좀 더 건너 산등선 벼랑 위에는 내가 보기에는 흉물스러운 현대식 건물 한 동이 덜렁 세워져있다. 우리 5층 아파트 이상의 높이의 4층 건물이다. 카메롯 카슬 호텔(Camelot Castle Hotel)이다. 대도시와 떨어져 있고, 틴타젤 마을이 워낙 작다보니 아서 왕에 매료된 유럽 대륙 단체 관광객이 많이 이용할 듯하다. 전에 왔을 때는 여름 휴가철로 접어들 때라서 주변 관광객들의 대화 중에 독일어가 많이 들렸었다. 이번에는 내국인이 많아 보인다. 영어가 주로 들린다.

다시 오던 길을 되돌아 내려와 매표소 건너 육지 쪽에 축성한 성의 유적을 보려고 한참을 돌 층층대를 이용하여 절벽 산을 오르면 이곳에도 넓은 유적이 기다리고 있다. 거의 붕괴되어 바다로 많이 떨어져 나갔지만 손님 숙소용 시설과 경비대의 숙소가 있던 곳이다. 이쪽 유적지에 바로 마을로 갈 수 있는 길이 있다. 입장표 없이 들어올 수는 없지만 나갈 수는 있다.

화장실에 들러야 했기 때문에 검표소를 지나 오던 길로 되돌아가려고 층층대로 가니 젊은 남자가 무거운 유모차를 들고 끙끙거리며 가파른 층층대를 올라오고 있었다. 힘들어 죽을상인데 아내는 계단 위에서 남편을 향해 카메라 셔터를 연방 눌러대고 있다. 나는 상황을 금방 알아차렸다. 성을 돌아다니는 동안 자주 만났던 부부로 어린아이를 유모차에 태우고 다녔다. 육지 쪽 성으로 올라가는 계단이 너무 길고 가팔라서 무거운 유모차를 검표소에 맡겨둔 모양인데 뒤늦게 마을로 바로 통하는 지름길의 존재를 알고 유모차를 가져오는 길인 것이다. 나는 남자가 불쌍해 웃

육지성에서 바라본 아래

육지성에서 바라본 섬쪽 성

으며 힘내라는 몸짓을 하며 격려했다. 안쓰러운 그 모습을 보며 재미있어하며 사진만 찍어대는 아내가 얄미웠다. 그런데 화장실에 들렀다 내려간 마을 거리에서 그 부부를 또 만났다.

나 : 당신 이제 괜찮아요?
남편 : (웃으며) 네….힘들었습니다.
나 : 남편의 비극이지요.(나도 웃으며) 그러나 남자의 비극은 아니고요….
  (우린 서로를 보며 같이 웃었다)

부인이 찍은 사진은 잘 나왔느냐고 묻고 싶었으나 참았다. 농담도 지나치면 기분 나쁠 수 있다. 그도 여느 영국 남자처럼 집에 가면 부엌일을 열심히 해야 할 것이다. 내가 아는 영국인 남편들은 대부분 아내보다 더 많이 부엌일을 한다.

마을로 내려와서 관광안내소격인 방문자 센터에 갔다. 1시에 문을 닫는다는 고지를 남기고 문을 닫은 상태였다. 관광철에는 더 오래 문을 열었었는데, 낭패다. 이곳에는 틴타젤과 아서 왕에 대한 전설을 자세히 밝혀놓고 있어 혹시 새로운 이야기가 생겼나 확인할 생각이었는데… 추측컨대 세월이 흐른다고 아서 전설 자체가 크게 변할 수는 없겠지만 그래도 계획대로 되지 않아 찜찜하다.

Extra story – 틴타젤과 그 주변에 남아 있는 아서 왕의 유적

틴타젤 섬에는 몇 가지의 아서 왕 관련 자연적 현상의 미스터리가 있는데 아서의 발자국, 아서가 앉았던 좌석, 아서의 컵과 접시 그리고 아서의 욕조 등이다. 틴타젤 섬만으로는 아서 왕을 우러르기 부족했던지 주변 지역까지 걸쳐있다. 이웃 보시니(Bosinney) 마을 근처에는 보시니 흙더미(고분)가 있는데 눈에 잘 띄지도 않는다. 전설에 의하면 이 흙무더기 밑 깊숙이 아서 왕의 황금 원탁이 묻혀있다고 한다. 묻혀있는데서 끝나지 않고 불가사의하게도 한 여름 밤에는 땅속 황금 원탁이 SLBM(잠수함 발사 탄도유도탄)처럼 밖으로 솟구쳐 올랐다가 다음해 여름이 올 때까지 다시 지하 깊숙이 들어가 잠들어 있단다. 옆의 트레더비(Trethevy) 마을에는 아서 왕의 쇠고리(Quoit)라고 알려진 커다란 바위가 있는데 아서가 틴타젤 섬에서 이 바위를 내팽개쳐 이곳에 떨어진 것이다. 카멜포드(Camelford) 근처에는 도살 다리(Slaughter

Bridge)라고 부르는 다리가 있다. 아서 왕의 마지막 전투장 캄란(Camlann)이 바로 여기다. 근처 강둑에는 글자가 새겨진 거대한 화강암 바위가 있다. 아서의 무덤임을 새긴 바위다. 닳아 희미해진 라틴어의 실제 뜻은 '라틴인 마카리우스의 아들 여기에 잠들다(Of Latinus here lies, the son of Macarius)'다. 아서와 한참 거리가 있는 문구다. 콘월의 보드민 무어(황무지)도 아서가 불가사의하고 미스터리하게 활동하기 좋은 환경이다. 가장 유명한 곳 중으로 외딴 호수 도즈머리 풀(Dozmary Pool)을 꼽을 수 있다. 한때는 호수 바닥이 없다고까지 알려졌고, 그래서 내세로 통하는 문이라고 여겨졌는데, 호수의 귀부인(Lady of the Lake: 멀린의 애인으로 여자 마법사)이 베디베레경(Sir Bedivere)으로부터 엑스칼리버를 돌려받은 장소다. 황무지에 아서 왕의 언덕(King Arthur's Downs)이라고 부르는 곳도 있는데 이곳에 있는 직사각형 형태의 커다란 구조물은 아서의 강당(Hall)으로 알려졌으며 그의 사냥 거처다. '사실은 중세초기 동물우리였을 것이다. 고스 황무지(Goss Moor)에 있는 카슬앤디나스(Castle-an-Dinas)도 아서의 거처다. 그 밖에 여러 곳을 아서가 즐겨 찾았다고 한다.

4시 25분경에 웨이드브리지 행 버스를 탔다. 내가 보드민 파크웨이에 가는 버스로 갈아타야 한다는 것을 아는 운전기사는 갈아타는데 더 편리하다며 웨이드브리지 시내에 내려주지 않고 그 다음 역인 종점에 내려주었다. 종점에서 출발하는 모양이다. 같이 종점에서 내린 사람은 나 말고 두 사람이 더 있었는데 매우 풍만한 체격인 30대로 보이는 여자와 그녀의 동생쯤으로 보이지만 사실은 조카인 20살이 채 안 되어 보이는 어린 청소년이었다. 그는 버스 속에서부터 나를 자주 힐끔거리며 보았는데 버스 정류장 의자에 모두 앉아서 버스를 기다릴 때 드디어 나에게 말을 걸었다.

그의 말은 빠르고 생소한 시골의 독특한 억양으로 완벽하게 해독하지 못했지만 대충 이해한 내용을 옮겨본다. 영국 시골에 다니다보면 한 번도 들어보지 못한 억양의 영어를 들을 때가 있다. 그의 영어가 그랬고, 또 씨X을 습관적으로 달고 말을 했다. 한마디로 말하면 불량 사춘기 청소년이다.

청소년 : 저 말이요…. 버스 속에서 씨X 와 그렇게 길을 사그리 찍어대요?
　　　　나말인디…. 씨X, 고것이 쬐끔 궁금하거들랑요…. 씨X.
나 : 영국 길이 너무 좁고 신기해서요. 아름답기도 하고요.
청소년 : ….
나 : 좁다고 생각 안 드세요? 외국에 가보셨나요?
청소년 : 씨X 그리스요.
나 : 그곳 길 기억하세요? 여기보다는 넓지요?
청소년 : 간난 아이 때라서 기억이 없어요.

영국도 사람 사는 곳이니 가끔은 껄렁거리는 불량배를 만날 수 있을 것이다. 이 청소년의 말투에서 약간의 우려를 느꼈으나 별일은 없었다. 예전에 플리머스에서 빅이슈(The Big Issue)를 팔던 남자가 지나가던 나에게 욕을 한 적은 있었다. 사지 않고 주변에서 약간 머뭇거린 것이 그의 눈에 거슬렸던 것 같다. 그 후 그 잡지와 판매원에 대해서 알고는 쓸데없이 그 주변에서 머뭇거리지 않았다. 호기심도 좋지만 외국 여행 때는 매사 조심해야 한다.

버스와 기차를 갈아타고 플리머스 숙소에 9시 가까이에 도착하였다.

02

CASTLES OF BRITAIN

Scotland

7

스코틀랜드 사람

우리가 언론, 교과서 등에서 보고 '영국인'으로 알고 있는 세계적인 유명인사 중 많은 사람들이 스코틀랜드 출신이다. 열거해 보면 전화를 발명한 알렉산더 그레이엄 벨, 시인 로버트 번스, 역사가 토마스 칼라일, 앤드류 카네기, 아서 코난 도일, 알렉산더 플레밍, 데이비드 흄, 존 녹스, 데이비드 리빙스턴, 찰스 매킨토시, 월터 스콧, 아담 스미스, 로버트 루이스 스티븐슨, 제임스 왓트, 그리고 숀 코네리, 룰루(Lulu) 등… 사람 이름이나 상표에서 자주 볼 수 있는 McDonald, Dunlop, Maxim 등도 아마 스코틀랜드인과 그들의 성씨에서 유래되었을 것이다. 이렇게 스코틀랜드는 면적이나 인구 대비 인류에 과하게(?) 많은 공헌을 한 것 같다. 스코틀랜드인들이 대단한 자존심과 자부심을 가지고 있는 것은 어쩌면 당연한 듯하다. 나는 찰스 다윈도 스코틀랜드인으로 잘못 알았었는데, 그는 잉글랜드 태생으로 에든버러 대학에서 2년 남짓 의학을 수학했을 뿐이라는 것을 나중에야 알았다.

1980년대 초 쿠웨이트에서 약 1년쯤 근무한 적이 있었다. 수도 쿠웨이트 시의 해변 고급 아파트 건설 현장에 있을 때는 위치가 서울로 치면 강남쯤 되는 곳이라 그랬는지 근처에 직업상 쿠웨이트에 거주하게 된 유럽인들이 많았고, 그들은 술과 여흥이 없는 이슬람 국가의 열악한 사교환경을 이겨내기 위해서 근무 시간 외에 사적인 모임을 만들어 지냈다. 숙소 근처에 쿠웨이트대학에서 강의하는 로버트 가넌(Robert Gannon)이라는 영국인이 거주하고 있었는데 그의 소개로 나도 극히 사적인 그들의 모임에 끼게 되어 처음으로 그들의 사교 및 파티문화를 엿볼 수 있었다. 직업은 교수, 의사, 간호사, 영어교사 등 다양했고, 체코, 불가리아 같은 동구권 사람들도 있어서 당시 조심스럽게 처신했던 기억이 난다. 처음으로 동성애자를 보고 당황했던 것이 이때였고, 파티 주인인 뉴질랜드 여교사에게 갑작스런 볼키스를 받아 서양여자에게 처음 당(?)했던 것도 이때였다. 또 처음으로 스코틀랜드인들과 어울린 것도 이때였다. 지금도 영어듣기가 신통치 않지만 당시의 내 능력으로 그들의 영어를 도통 알아들을 수 없었다. 말꼬리 부분을 스타카토(staccato)로 끊는 독특한 그들의 어투가 기억난다. 그때 처음 들은 스코틀랜드 영어는 내가 듣기론 영어가 아니었다. 그래도 잉글랜드, 아일랜드를 비롯한 유럽인들은 잘도 알아들었던 것을 보면 내 영어듣기 능력 문제일 듯 했다.

처음 스코틀랜드를 여행할 때 에든버러 하숙집 식탁에서도 똑같은 경험을 했는데, 나와 하숙집 사람들과는 그런대로 소통이 되는데, 그들끼리 서로 열변을 토할 때면 내가 전혀 끼어들 수 없을 정도로 도무지 알아들을 수가 없었다. 그런데 에든버러 영어학교에서 학생들의 방과 후를 책임지고, 주말여행에 안내인으로 동반하는 성격 좋은 젊은이 데이비드(David)는 우리가 알아듣기 아주 편리한 표준 억양으로 말을 했다. 너무 이상해 왜 당신은 스코틀랜드인인데도 알아듣기가 쉬운 표준 억양으로 말을 하느냐고 물었더니 그의 대답은 짤막했다 "Middle class(중류층)!!!" 인구 대다수를 차지하는 대중 노동계층(Working class)의 억양이 우리가 말하는 스코틀랜드 억양인 듯싶다. 중류층만 하더라도 바로 억양이 달라지는 모양이다.

영국은 다언어 국가다. 사투리가 아니라 세 언어를 공용어로 두고 있다. 영어(English), 웨일스어(Welsh), 게일어(Scottish Gaelic)가 그 세 언어다. 이것 말고 다른 언어들도 있지만 그래도 공식 언어로 지정된 것은 이 세 언어뿐이다. 영국은 여전히 지역주의에 몸살을 앓고 있는데 2008년 장기여행 때 내가 주로 지냈던 데번(Devon) 주 바로 이웃에 있는 콘월(Cornwall) 주는 지방색이 세고 여전히 2,000명 정도가 콘월어(Cornish)를 사용하고 있다. 웰일스어 인구가 전 세계 750,000명이고(웨일스 내 560,000명), 스코틀랜드 게일어 인구가 전 세계 87,000명(스코틀랜드 내 57,000명)인데 비해 2,000명의 언어 인구는 그다지 큰 영향을 끼치지 못할 것 같다. 그런데 실상은 그렇지 않은 듯 했다. 이 콘월 주에서 1999년에 발생한 작은 사건을 예로 들어본다.

잉글랜드에는 잉글리시 헤리티지(English Heritage)라는 기구가 있어서 역사적인 건축물을 보호관리하고 있고 당연히 콘월 주에 있는 고적(古蹟)도 관리해왔다. 그러다 1753년까지 콘월과 데번의 주석 광업지역의 합법적인 재산관리 기관이었던 CSP(Cornish Stannary Parliament)가 부활하여 영국 정부 지위에 대항하는 압력단체가 되었는데 CSP의 회원들은 콘월 주의 모든 고적이 잉글리시 헤리티지 대신, 코니시 헤리티지(Cornish Heritage 콘월의 문화유산)가 되어야 한다고 주장했다. 급기야는 레스토멀 성(Restormel Castle) 등 콘월 주 내의 많은 고적에서 잉글리시 헤리티지를 지우고 대신 코니시 헤리티지를 새겨 넣어 2002년 벌금형에 처해졌다. 우리나라로 바꿔 생각해보면 김해에 있는 가락국 김수로 왕릉에 있는 '대한민국(한국) 문화유산' 표시를 그 지방 사람들이 훼손하고, '김해 문화유산'이라고 고쳐 써넣은 것과 다름없는 사건이다. 이는 영국의 지역주의가 얼마나 심한가를 말해 주는 것이다. 콘월과 데번에 있는 유적에는 유독 '유적 훼손은 위법'이라는 문구가 많이 붙어있는데, 이런 배경에서 비롯된 것이다. 영어권에 꽤 많이 동화된 콘월 주의 지역색이 이러한데, 고유 언어 인구가 훨씬 더 많아 지방 언어가 영국의 공식 언어 지위에 있는 스코틀랜드와 웨일스에서의 지역감정과 지역주의는 얼마나 더 심할지는 쉽게 짐작할 수 있을 것이다.

　플리머스에서 묵었던 하숙집 주인 레이는 스코틀랜드에 대한 불만이 가득했는데, 스코틀랜드 때문에 더 많은 세금을 낸다며 TV를 보면서 투덜거리는 것을 자주 보았다. 아마 그가 스코틀랜드의 물 값이 그렇게 싸다는 것을 알았더라면 기절이라도 했을 것이다. 같은 나라지만 잉글랜드에서는 물 쓰기가 참 옹색했었는데, 스코틀랜드에서는 우리나라에서만큼 '물을 물 쓰듯' 했으니 나에게도 잉글랜드와 스코틀랜드는 분명 다른 나라로 보였다.

　스코틀랜드 하일랜드(Highlands 산악 지방, 주(州) 명칭)를 여행할 때, 여행버스 내에서 서비스 차원에서 게일어 노래를 들려 줄 때가 있다. 그때 게일어를 처음 들어보았는데 전혀 유럽 언어 같지가 않았다. 어느 아시아 산악 고지의 소수민족 언어 같은 느낌이었다. 산악 지방의 길 안내 표시와 여행 안내판에는 영어와 게일어 두 가지 언어가 표시되어있다. 안타깝게도 게일어를 쓰는 사람들은 만나볼 기회는 없었다. 그들은 인종적으로 아예 다를까하는 궁금증도 생긴다. 그런데 내부를 좀 더 자세히 들여다보면, 스코틀랜드와 잉글랜드의 반목은 이런 언어적, 인종적 다른 점에서 유래된 것이라기보다는, 다분히 정치적인 것에서 유래된 것 같다. 옛날의 스코틀랜드 지배층과 잉글랜드 지배층간의 반목에 일반 백성들을 이용한 면도 있지 않았을까 하는 생각이 든다.

　스코틀랜드인은 아일랜드인, 웨일스인, 스페인의 갈리시아인처럼 켈트족이라 한다. 그런데 내 눈에는 오히려 북유럽인과 골격에서 비슷해 보인다. 그들이 네덜란드인, 스칸디나비아인, 독일인들과 유사하다면, 잉글랜드인은 남유럽인, 특히 프랑스인 또는 라틴 사람들과 골격이 유사한 것 같다. 남자 배우로 치면, 스코틀랜드인 – 숀 코네리(Sean Connery), 잉글랜드인 – 휴 그란트(Hugh Grant)의 차이라고나 할까. 키가 각각 188cm, 180cm로 차이가 있고, 그 둘의 골격에도 현저한 차이가 있다. 숀 코네리의 우람한 체격과 휴 그란트의 평범한 체격을 생각하면 차이를 이해하기 쉬울 것이다. 물론 스코틀랜드 출신 배우로 키가 크지 않은 이완 맥그리거(Ewan Gordon McGregor)도 있다. 그는 키가 179cm다. 하지만 아일랜드 같은 그의 영화를 보면 크지 않은 키에도 몸집은 운동선수 못지않게 다부지다. 이런 다부진 체격은 휴 그란트 같은 잉글랜드 출신의 배우에게서는 기대하기 힘들다는 것이 나의 생각이다.

우리가 흔히 할리우드 영화에서 보아왔듯이 로마병사들은 투구 위에 요란스럽게 생긴 벼슬을 달고 다니는데, 이는 북유럽, 즉 게르마니아인에 대한 체격적인 열세를 감추기 위한 방편이었다는 추측이 있다. 예전 학창시절 영국에서 공부했던 교수님은 강의 중에 스코틀랜드에는 금발 미인이 많은데 바이킹 침입이 많아 그들의 피가 섞여서라고 했다. 오래전부터 이렇듯 알게 모르게 북유럽인들과 내왕이 있었던 것 같다. 역사적으로 로마인이 게르마니아(옛 독일 지방) 정복에 실패했고, 마찬가지로 칼레도니아(옛 스코틀랜드 지방) 정복에도 성공하지 못한 것은 우연의 일치라기보다는 유사한 종족에 유사한 방법이 통하지 않은 당연한 결과라고 생각해본다.

스코틀랜드 에든버러 출신으로 바로 위에 예를 들었던 유명한 배우 숀 코네리는 2000년도에 영국 여왕으로부터 기사작위까지 받았지만, 스코틀랜드가 그의 생전에 꼭 독립하리라고 믿으며 현재 서인도제도의 바하마(The Bahamas)에 살고 있다. 스코틀랜드가 독립을 하면 그때 돌아오겠다고 했다. 그의 이런 언행과 행동은 현재의 스코틀랜드인들의 정서를 대변한다고 생각한다.

조금 다른 얘기지만 스코틀랜드와 잉글랜드의 경계를 1000년 된 국경선이라며 '세계에서 가장 오래된 국경'이라고 요란을 떨고 선전을 하는데 두 군데를 가서 본 바로는 내 눈에는 우리나라로 치면 영호남을 가르는 경계 정도의 감흥뿐이 나지 않았다.

8

잉글랜드 플리머스에서
스코틀랜드 인버네스(Inverness)로 이동

이번 여행에서 제일 기대 했던 곳은 인버네스였다. 예전 여행에서 경험한 짧은 1박만으로도 이 도시가 좋았다. 에든버러에 숙소를 정한 뒤 하일랜드 여행을 하느니보다 이곳에서 먼저 며칠을 지내면서 하일랜드를 먼저 둘러보겠다는 생각으로 일단은 인버네스로 이동하였다. 기차 여행도 괜찮을 성 싶어 가격을 알아본 결과 2~3번을 갈아타면서 가격은 버스의 2~3배다. 굳이 기차를 고집할 이유를 찾지 못해 플리머스에서 4월 9일 오후 4시 40분 출발이고 글라스고에서 한 번 갈아타는 버스 일정을 정했다. 가격은 90.10파운드다. 여행을 할 때면 거의 출발과 도착을 아주 짧게나마 캠코더에 담는다. 시간을 기록하기 위함이다. 캠코더 기록에 의한 일정은 다음과 같다.

9일 16:41 플리머스 출발

10일 06:22 글라스고 도착 환승

08:33 글라스고 출발

12:32 인버네스 도착

버스는 많은 도시를 들렀다. 운전기사는 꼭 두 명이 탔다. 화장실이 뒤에 있고, 휴게소에도 들르기 때문에 불편한 점은 없다. 버스를 타고 가며 영국의 산하를 차창을 통해 실컷 구경하는 것은 나에게는 커다란 재미다. 사실 하일랜드를 제외하면 산다운 산도, 큰 내도 없는 영국에 산하(山河)라는 말을 쓰기는 좀 그렇긴 하다.

스코틀랜드 글라스고 버스 역에 내려 우유, 소시지, 달걀로 아침을 먹었다. 항상 그렇듯 기록과 기념으로 버스 역 대합실을 카메라에 담는데 안전요원이 와서 제지한다. 이곳은 런던이나 잉글랜드와는 다른 분위기다. 인버네스에 도착해서는 더욱더 불편한 일들이 나를 기다리고 있었다. 내 원래 취향 상 자유여행 시 숙소 등을 미리 정해놓지 않고 움직이기 때문에 감수해야할 몫이기도 하다.

인버네스에 도착하자마자 대합실에 있는 <Ticket & Information>이라고 크게 써진 곳으로 가서 주변 하일랜드 여행에 대하여 물었다. 당일치기 관광여행상품을 파는 여행사를 알고 싶었다. 젊은 여자직원은 이곳은 표를 파는 곳이지 관광안내를 하는 곳은 아니라며 목소리를 높였다. 그럼 그런 안내를 하는 관광안내소는 어디냐고 반복적으로 물었으나 그녀도 지지 않고 반복적으로 '이곳은 그런 곳이 아니라 표를 파는 곳'이라는 말만 했다. 목소리가 커져 옆자리의 남자가 그녀에게 뭐라고 주의를 주니 그때에야 붉으락푸르락한 얼굴로 시내 지도가 그려진 종이를 꺼내더니 가지고 있던 볼펜으로 팔을 커다랗게 움직여서 한곳을 쫙 찍어보였다. 상관에게 한소리 들은 것에 대한 반작용이다. 찍은 곳이 내가 원하는 관광안내소인 모양이다. 더 이상 그녀가 한 말을 귀담아 듣지 않고 그곳을 나왔다. 버스에서 한잠도 자지 못하였고, 커다란 짐 가방에다 배낭을 멘 상태다. 먼저 숙소부터 찾아들어서 씻고 우선은 자야

한다. 처음에는 인버네스에 오면 며칠간은 제법 좋은 호텔에 투숙하며 하일랜드 여행을 만끽하겠다는 계획을 세웠었는데 나중에 생각하면 이 생각대로 하지 않아 또 다른 불편함을 경험하게 된다.

인버네스 숙박시설에 대한 자료를 인터넷에서 찾아보던 중에 한 한국 청년의 글을 읽었는데 확실한 정보는 아니고 '푸트브리지 건너서 이름이 로즈 뭐라 하는 곳인데, 싸고 현지 주인아주머니가 친절했고 등등'라는 글이었다. 우선 푸트브리지를 찾아서 문제의 이 숙소를 찾아보았으나 눈곱만큼도 비슷한 곳이 없었다. 며칠을 그 주변에서 지내면서 그가 왜 그런 착각을 했는지 짐작 할 수 있었다. B&B 중 영어로 GARDEN이 들어가는 곳이 있었는데 한국인들은 가든하면 무조건 장미가든 즉 로즈가든을 연상하는 버릇이 있는 것 같다. 가든이라는 말은 기억에서 사라지고 무의식중에 갖다 붙인 로즈만 세월이 지나서도 기억에 남아있었던 것으로 추리된다. 연약한 인간의 약점이다. 하여간 이 숙소를 찾는데 실패했으니 무거운 가방을 밀고 먼저 관광안내소(Information Centre)를 찾아야 한다. 그래야 내일 공치지 않는다.

묻고 또 물어 찾아가 다음 날인 월요일에 있는 당일치기 여행 상품을 구매하였다. 상품명은 〈일린 도난 성과 스카이 섬〉이다. 가격은 55파운드지만 양보 가격으로 52파운드. B&B가 많이 있는 구역도 물어보고 안내소 직원이 대신 찾아주겠다는 것을 마다하고 숙소를 찾아 나섰다. B&B 숙소는 많고 만원이라는 표시는 거의 없어 곧바로 숙소를 잡을 수 있을 줄 알았는데 그게 아니었다. 당시의 내 몰골은 하룻밤을 꼬박 버스에서 새어 녹초가 된 상태로, 커다란 이민 가방에 배낭을 메고 있었다. 카메라와 캠코더는 목에 걸지 않고 배낭 속에 집어넣은 상태였다. DSLR 카메라가 부의 상징은 아니지만 최소한 '노동 이민자' 혹은 '불법 체류자'가 아닐 거라는 힌트는 될 수 있다. 이런 힌트도 없이 녹초가 된 상태의 동양인이 초인종을 누르니 폐쇄회로를 통하여 관찰하고는 아예 문을 열어주지 않는 것 같았다. 한 곳은 초인종을 계속 누르니

얄밉게 생긴 아줌마가 나와서 방이 없다며 화를 내고 들어가기도 하였다. 그러나 죽으라는 법은 없다. 드디어 한 곳에서 친절한 초로의 여주인이 환영을 해주었다. 영국식 아침을 포함해 하루 35파운드로 3박을 했다. 호텔은 아무리 싸다하더라도 두 배이상은 줘야한다. 방은 작지만 커피포트 등 호텔에서 제공하는 것은 다 있다. 레이와 마가렛 집에서는 너무 추워서 가지고 온 침낭에서 잤었는데 이곳은 더울 정도였다.

인버네스는 게일어로 '네스 강의 입구'라는 뜻인데 영국인들은 인버네스의 마지막 음절인 '네스'에 강세를 주지 않으면 어느 도시를 말하는지 알아듣지 못한다. 인구는 약 45,000명이고 역사적으로 중요한 도시며 오늘날에는 네스 호와 하일랜드를 여행하는 데 중요한 길목이다.

인버네스

네스 강

9

일린 도난 성
(Eilean Donan Castle)

인버네스 B&B 아주머니는 나에게 아침은 언제 먹을 것인지 묻더니, 검은 푸딩을 좋아하냐고 묻는다. 대답을 머뭇거리자 아마 좋아하지 않을 거라면서 조금만 주겠다고 해 그러라고 했다. 아침은 영국식으로 처음에 시리얼과 우유를 먹고, 구운 토스트를 주더니 그 후에 달걀프라이, 햄, 소시지, 콩, 삶은 토마토를 담은 접시를 가져다 줬다. 그리고 첫날과 마지막 날은 검은 푸딩, 두 번째 날은 해기스(Haggis)가 나왔다.

아침식사

4월 11일 월요일, 어제 관광안내소를 통해 구매한 당일치기 여행의 미니버스 출발지인 음식점 '벨라 이탈리아' 앞으로 일찍 갔다. 출발 시간은 9시 15분. 여행객은 열 댓 명. 젊은 인도계 남녀 4명, 중국 고등학생 정도의 청소년 남녀 4명, 웨일스 70대 여자 등이었다. 중국 청소년들은 계속 담배를 피웠는데 아주 매끈하게 차려입은 것을 보면 부잣집 아이들로 영국 조기유학생인 것 같았다. 그들의 행동이 예뻐 보이지 않아서 한 번도 그들과 말을 섞지는 않았다. 안내인 겸 운전기사는 성격이 좋을 것 같은 젊은 남자로 이름은 게리(Gary)였다.

나는 내심 네스 호 호반의 어커트 성도 들릴 것으로 생각했으나 차창 밖으로만 보아야 했다. 일린 도난 성은 희망자에 한해서 돈을 내고 입장하고 다른 사람들은 밖에서 1시간을 기다려야 한다. 그 다음으로 스카이 섬으로 들어가자마자 한 음식점에 들러 점심을 먹고 포트리(Portree)에 내려 자유시간을 보낸 뒤, 몇 군데 중간 중간 내려 구경하고 저녁 7시 20분경에 인버네스에 도착하는 일정이었다. 사실 일린 도난 성 외에는 드라이브용 여행 상품인 것이다.

일린 도난 성은 스코틀랜드 서부 하일랜드 해안가 도니(Dornie) 마을에서 1km 떨어진 세 호수, 두이치 호(Loch Duich), 롱 호(Loch Long), 알쉬 호(Loch Alsh)가 만나는 곳에 있는 아주 작은 섬에 있고 지금은 다리로 접근할 수 있다. A87 도로가 다리 앞을 지나고 조금만 더 가면 스카이 섬으로 들어가는 큰 다리가 나온다.

성에서 본 두이치 호

성은 예전보다 더 깔끔하게 단장되고 정리된 느낌이다. 자료들도 보강된 것 같다. 영주가 거주하는 곳, 부엌, 대강당 등에서의 사진 촬영은 여전히 금지되어 있다. 그래서 실내 사진이 많지 않다. 성채 내로 들어가자마자 방 중앙에 긴 사각형 탁자가 있고 탁자 가운데에는 바꿀 수 있는 화면 장치가 있어 시대별로 화면을 바꿔가며 성의 역사를 볼 수 있게 되어있다. 방 벽 쪽에는 짙은 밤색 두건이 달린 수도사 옷을 입고 두 손으로 십자가를 쥐고 있는 도난주교의 밀랍인형이 서있고, 밀랍주교를 사이에 두고 두 개의 커다란 직사각형 스테인드글라스(stained glass)판이 세워져있다. 밀랍 주교의 오른쪽 스테인드글라스 판에는 섬의 이름이 6세기 아일랜드 성인 주교 '도난'의 이름에서 유래했다는 글과 도난의 모습 그림이, 그리고 왼쪽 스테인드글라스판에는 도난이 617년 4월 17일 픽트 여왕에 의해 순교했다는 글과 여왕 모습 그림이 새겨져있다.

성 내부 전시실

성에 대해 설명하는 글을 걸어놓은 곳 외에서는 전혀 사진 촬영을 할 수 없어서 아쉬웠다. 층별로 대강당, 생활공간, 부엌 등이 이어졌다. 크지 않은 성이니 그 규모가 대단하지는 않다. 성 외부를 둘러보는데도 시간이 많이 걸리지 않는다. 뒤쪽으로 돌아가 보니 예전에 없던 약간은 특이한 모양의 추모비가 있다. '1914–18 맥크레 씨족 명예의 전당(CLAN MACRAE ROLL OF HONOUR)'이라고 써진 것을 보면 1차 대전 때 전사한 씨족 일원의 이름이다. 그 숫자가 몇 백 명은 될 듯싶다. 내 맘을 울컥하게 한 것은 그 아래 써놓은 헌시다. 프랑드르는 지금의 벨기에로 1차 대전 격전지다. 시를 쓴 사람은 역시 같은 씨족 존 맥크레 중령(Lt.Col. John MacRae)이다. 그는 캐나다 군인으로 군의관이고 시인이었다. 그도 1918년 프랑스 불로뉴(Boulogne)에서 죽었다는 글이 옆에 붙어있다.

우리는 죽었다.
불과 며칠 전만 하더라도, 우리는 살아있어서, 새벽을 느꼈고, 석양빛을 보았다.
사랑을 했고, 사랑을 받았다. 그런데 지금은 프랑드르에 누워있다.

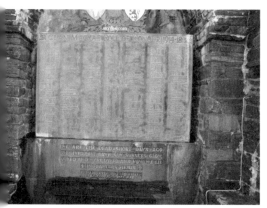

씨족 전사지 추모비

일린 도난 성 근거리 모습

일린 도난의 이야기

역사적으로 바이킹의 브리튼 섬 침략은 스코틀랜드 서부와는 좀 거리가 있는 잉글랜드 북부 브리튼 섬 동쪽에서부터 시작되었다. 793년, 우리에게는 바이킹이라는 명칭이 더 익숙한 스칸디나비아인이 탄 긴 배(Long Ship) 세 척이 노섬브리아(Northumbria) 해안에 가까운 성스러운 섬 린디스판(Lindisfarne)에 정박한다. 이어서 수도승이 학살당하고 수도원이 약탈당하고 불에 태워진다.(이곳도 이번 여행에서 아주 잠깐이지만 둘러보았다. 그 이야기는 나중에 좀 더 할 것이다.) 이것은 전브리튼 섬에 걸친 총체적인 긴 파괴의 시작이었다. 동해안인 노섬브리아에 출몰한그들이 서해안 북쪽인 스카이(Skye) 섬까지 나타나는 것은 시간 문제였다. 794년의얼스터 연대기(Annals of Ulster)에 스카이 섬의 피해 상황이 기록된 것을 보면 브리튼 섬 서쪽에도 비슷한 시기에 롱 십이 나타난 것으로 보인다. 중학생 때 본 '롱 십'

이라는 리차드 위드마크가 주연했던 영화가 생각나는데, 바이킹이 긴 배를 타고 살인과 약탈을 자행하는 공포스러운 영화였다. 영화의 시대 배경이 이때쯤일 듯싶다.

　일린 도난은 스카이 섬과 브리튼 본섬 사이 해협의, 본섬에 바싹 붙어있는 아주 작은 섬이다. 스코틀랜드는 지형적 특성상 주민들이 흩어져 살았기 때문에 힘을 합쳐서 저항할 수 없었다. 길고 끈질긴 싸움 끝에 스카이 섬을 비롯한 북서쪽의 섬, 만 섬(Isle of Man) 그리고 스코틀랜드 북쪽이 바이킹 왕국으로 귀속된다. 12세기까지 이들 지역은 거의 모두가 스칸디나비아 왕국 소유였다. 해안선을 따라 생긴 스칸디나비아 지명이 이를 증명해준다. 그러나 바이킹 왕들은 정복한 땅을 관리하고 운영하는 데는 젬병이었다. 13세기 중엽부터는 고토 탈환의 염원을 안고 있는 신생 스코틀랜드 왕국의 반격에 직면하게 된다.

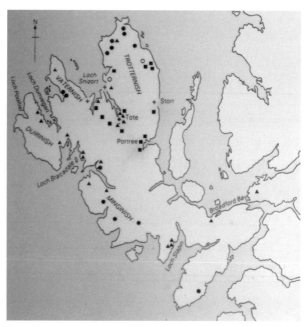

바이킹 거주지

1263년 노르웨이 왕 하콘 4세(Haakon IV)의 대함대가 로할쉬 해협(Kyle of Lochalsh) 남쪽으로 항해해 일린 도난을 지나 락스(Largs)에서 스코틀랜드 알렉산더 3세와 싸워 패배한다. 바이킹 함대는 부서진 나머지 배를 이끌고 스칸디나비아로 철수하여, 이로써 거의 4세기 반의 스칸디나비아 지배가 끝난다. 1266년 퍼스조약(Treaty of Perth)으로 북쪽 땅과 섬들이 스코틀랜드 왕가로 귀속되었고, 싸움에서 공을 세운 로스 백작(Earl of Ross)은 스카이 섬과 그 맞은편 본섬의 많은 땅을 소유한다. 자연히 일린 도난도 그의 소유가 되었다.

성의 외부에 공개된 유적 중 13세기 이전 것은 전혀 없고, 대부분 14세기 이후에 지어진 것이다. 그러나 발굴을 해보면 탑과 외부 성벽에 스칸디나비아인의 흔적이 있다. 이는 13세기 이전 바이킹 식민지 시대부터 성이 존재 했다는 이야기가 된다. 외부 방어벽에 아주 경미한 13세기 말의 흔적이 보인다. 전설로는 알렉산더 2세(Alexander II) 때 성이 지어졌다고도 한다. 현대인들은 이것도 스코틀랜드 독립 영웅인 로버트 더 브루스(Robert the Bruce)와 연결을 지어 설명하고 있다. 즉 이 흔적이 브루스 시대와 일치하니 브루스가 독립전쟁을 벌이고 다닐 때 일린 도난 성이 그에게 피난처 중 하나였을 수 있다는 것이다. 개연성이 전혀 없는 것은 아니지만 아무런 증거도 없이 추측하는 것은 무리가 있어 보인다.

성에 관하여 동화 같은 전설도 있다.

매더슨 족(Mathesons)의 부유한 족장이 처음 아들에게 술을 주며 까마귀 두 개골 잔에 따라주었다. 여기에 술을 받아마신 아들은 새의 말을 알아듣는 능력을 갖게 되었다. 족장이 아들에게 "새들이 뭐라고 하든?"이라고 묻자 아들은 "언젠가는 아버지께서 저를 섬기는 하인이 되신다고 합니다."라고 대답했고 크게 놀란 족장은 아들을 세상 밖으로 내쫓아 버렸다. 쫓겨난 아들은 프랑스에 상륙했다가 프랑스 왕이 짹짹거리는 새소리 등쌀에 스트레스를 심하게 받고 있는 것을 알고 새의 말을 알아듣는 능력으로 이 문제를 해결해 주었다. 평화롭고 조용히 지낼 수 있게 된 프랑스 왕은 그 답례로 선원이 갖춰진 아름다운 배 한척을 그에게 선물했다. 그는 이 배를 타고 여행을 계속했다. 젊은이는 먼 나라의 왕의 만찬에 초대받기도 하였는데 이번에는 궁정에 득실거리는 쥐를 고양이를 풀어 없애주었다. 여기서도 역시 선물로 황금 한통을 받았다. 이렇게 수많은 사건과 모험을 경험하였다.

마침내 어느 날 한 젊은이를 태운 아름다운 배가 토타이그(Totaig/스카이 섬 북쪽에 있는 마을)에 정박했다. 사람들은 아름다운 배와 호화로운 옷을 입은 젊은이를 보고 궁금해 했다. 머리가 새하얀 늙은 족장은 저녁 만찬에 젊은이를 초대해 만찬 식탁에서 이 낯선 젊은이의 시중을 들었다. 이는 새의 예언 대로였다. 그들은 아버지와 아들이었던 것이다. 사실을 안 족장은 아들과 화해하고 젊은이를 후계자로 쾌히 인정했다. 아들의 능력과 지식은 알렉산더 2세의 관심을 끌었는데 왕이 그를 신임하게 되어 일린 도난 성을 짓고 백성들을 노르웨이인들로부터 보호하라는 임무를 주었다. 알렉산더 2세가 등장하는 전설대로라면 이곳은 바이킹들이 물러가기 전, 즉 퍼스 조약 전에 탈환되었다는 이야기다. 전설은 전설이지 사실과는 거리가 있기 마련이지만 스코틀랜드인들의 염원이 담겨 있는 이야기일 것이다.

일린 도난(Eilean Donan)은 '도난의 섬(Island of Donan)'이라는 뜻이다. 일린은 게일어로 섬이다. 도난은 앞에 잠시 언급했듯이 6세기 아일랜드의 성인 도난의 이름에서 유래했다. 그는 580년에 스코틀랜드에 왔고, 스카이 섬 아이그(Eigg)에서 617년 4월 17일에 순교했다. 추측컨대 6, 7세기에 그와 초기 기독교인들이 아이그에서 암자를 짓고 지냈을 것이다. 성 이름에 대한 다른 전설도 있다. 이름에 대한 전설은 게일어 쿠 돈(Cu-Donn)에서 나온 말로 오터(otter)를 뜻하고 이는 누렁이 개라는 말이다. 이는 또 오터스(Otters)왕을 뜻하는데 그는 은빛과 흰색의 코트를 입었다. 그가 죽은 후 성의 기반이 되는 곳에 그의 코트를 묻었다. 그래서 도난이 되었다는 것이다. 혹시 기록에는 없는 선사시대 족장의 이름이 오터스가 있었는지도 모르겠다. 전설과 신화는 다 이유와 뜻이 있는 법인데…

　애거서 크리스티의 미스터리 류의 영국 영화에서 가끔 볼 수 있는, 잉글랜드의 재산 상속자들과 인척 관계에 있으면서 스코틀랜드에 사는 병약한 어느 귀족 피상속인을 그릴 때, 성의 외관 풍경에 이어 주인공이 방 침대에 누워있는 장면에 자주 등장하는 성이 바로 일린 도난 성이다. 물론 병상 장면이야 촬영장 세트겠지만, 스코틀랜드 냄새를 물씬 풍기면서 아름다운 귀족 성으로서의 극적 이미지를 높이는 곳은 이 성만한 곳이 없다고 본다. 그 정도로 스코틀랜드의 특성이 강하게 나타나면서 원거리에서의 모습은 아름답고 신비스럽기까지 하다. 이런 연유로 결혼식과 영화 촬영지로 각광을 받아왔다. '황금기의 엘리자베스(Elizabeth, The Golden Age 2007)', '네스 호(Loch Ness 1996)' 등 많은 영화를 이곳에서 찍었다.

　일린 도난 성은 귀신과 유령의 출몰지로서도 손색이 없어 보인다. 특히 스페인 병사 유령이 유명하다. 그것도 본인의 잘린 목을 팔에 끼고 고통스러워하는 유령이다. 출몰 장소는 한때는 기념품 매장이 있었고, 현재는 안내 전시실로 사용하는 방, 바로 내가 성에서 처음 들어갔던 스테인드글라스로 된 그림과 전시 탁자가 놓여있는 방이다. 당시 이곳은 맥킨지 씨족(Clan Mackenzie)과 맥크레 씨족

(Clan MacRae)의 근거지였다. 그들은 재커바이트에 동조하는 세력이었기 때문에 자연히 성은 재커바이트의 근거지가 된다. 1719년 재커바이트 봉기인 더 나인틴(The Nineteen) 때 스페인 왕은 재커바이트를 지원하기 위하여 킨테일에 300명의 스페인군을 상륙시킨다. 이때 성을 접수했으나 영국 정부군의 반격으로 성에서 붙잡혀 참수 당한 45명(46명? 50명?)의 스페인 병사 중 한 사람의 유령이다. 우리의 귀신과는 달리 영국 유령 중에 유독 목이 없는 유령이 많다.

성은 더 나인틴 때 정부 측 군함 두 척의 포격으로 파괴됐었는데, 이후 폐허로 존재하다가 20세기 들어 맥크레 씨족에서 복원하여 오늘에 이르고 있다.

원거리 성 모습

10

돈이 되는 허구(虛構)

잉글랜드의 성을 이야기 할 때 아서 왕과 틴타젤 성을 비교적 자세히 설명했다. 그러면서 아서 왕의 전설은 허구고 틴타젤 성과의 관련이 있다는 것도 허구지만 그래도 관광객들은 그곳을 찾는다는 것도 이야기 했다. 틴타젤처럼 사실과 허구 사이에서 '긴가민가'한 가운데 많은 관광객을 유치하는 곳이 스코틀랜드에도 있다. 영국인들은 모두 아주 작은 연결고리도 놓치지 않고, 설령 허구라는 판명이 낫더라도 '긴가민가'로 관심을 유지시키는 탁월한 능력을 가지고 있다는 것이 내 생각이다.

네스 호의 괴물

스코틀랜드 하면 전통복인, 치마처럼 생긴 킬트(kilt)를 입고 전통악기 백파이프(bagpipe)를 부는 남자가 연상되지만, 이에 못잖게 강력하게 연상되는 것이 네스 호(湖)와 그곳에 산다는 괴물 네시(Nessie), 네스 호의 괴물(Loch Ness Monster)이다. 우리들 세대에서는 초등학교 때는 '어린이', 중고등학교 때는 '학원'이라는 월간 잡지가 있었는데, 우리들은 이 두 잡지를 통해서 네스 호와 괴물 네시에 관한 무섭지만 신비스러운 이야기를 처음 접했다. 요즘 아이들은 아마 TV 애니메이션을 통해 네시를 접할 것 같다.

신문, 잡지, TV 등 매체에서 읽고 보아서 각인된 네스 호는 음산하고, 무섭기까지 한데, 실제로는 그냥 평범한 호수다. 이 평범한 호수가 괴물이 출현했다는 소문으로 세계인의 호기심을 불러일으켜 수많은 관광객을 불러들이는 관광명소가 되었다. 영화의 소재가 되어 적잖은 돈벌이에도 기여한다. 먼저 이 호수에 대하여, 그리고 괴물 소문에 대한 자초지종을 엮어본다.

네스 호는 스코틀랜드 하일랜드 주 인버네스에 있는 호수로, 칼레도니아 운하와 연결되어 있다. 스코틀랜드에서 로몬드 호(Loch Lomond) 다음으로 큰 호수인데 수량으로 따지면 깊이 때문에 네스 호가 단연 가장 큰 호수다. 호숫가 근처도 수심이 깊어 수생 식물이 거의 살지 않고, 호수 밑바닥에 사는 동물도 드물다. 그러나 수생 괴물이 살고 있다는 전설은 오래 전부터 있어왔다. 그럼 네스 호의 괴물(Loch Ness Monster), 즉 네시(Nessie)이야기의 전말을 알아보자.

차창 밖 네스 호

정진동(靜振動)

네스 호로는 오이크 강, 엔리크 강이 흘러들어와 북해 연안의 모레이 만으로 흘러들어간다. 길이는 37km, 넓이 1.6km, 수심 198m 이상(가장 깊은 곳 230m)이다. 또한 네스 호는 정진동 현상이 있는 곳이다. 정진동이란 호수와 소만(小灣), 항구처럼 부분적으로 육지에 둘러싸인 해협에서 발생하는 주기적 진동현상을 말하는데, 영어(사실은 불어)로는 seiche(saysh로 발음)라고 한다. 정진동은 불과 몇 년 전까지만 해도 우리나라 영어사전에서 찾아 볼 수도 없었던 생소한 단어였다. 스위스 레만 호에서 처음 발견된 현상이라 스위스 프랑스어 방언에서 유래했는데 '앞뒤로 흔들림'이란 뜻이다. 오랫동안 알프스 고산지대에서 그곳 호수에서의 진동을 묘사해왔던 것으로 추측되는 말이다.

1933년 5월 2일 네스 호의 관리인이며, 비상근 기자 알렉스 캠벨(Alex Campbell)이 인버네스 통신(The Inverness Courier)지에 기고한 기사에서부터 모든 이야기는 시작되었다. 그는 며칠 전, 우연히 젊은 부부가 호수 중앙 쪽에서 정체불명의 생물을 보았다는 이야기를 듣고 이 목격담을 기사로 썼다. 같은 해 8월 4일, 같은 신문에 런던에서 온 조지 스파이서(George Spicer)의 목격담이 대서특필 됐다. 그는 아내와 함께 차를 타고 호수 주변을 가던 중 용(龍) 혹은 선사시대 동물을 아주 가까이서 보았는데, 문제의 동물은 입에 다른 동물을 물고 호수 쪽의 도로를 가로지르고 있었다고 주장했다. 1933년 9월 어느 날, 또 다른 제보가 들어왔는데 이번 목격자는 수의학을 공부하는 학생으로 그도 어느 날 밤 조지 스파이서의 주장과 비슷한 장면을 봤다고 주장했다. 이러한 이야기는 삽시간에 영국은 물론 세계 여러 나라로 퍼졌고 괴물 물고기, 바다 큰 뱀, 또는 용 등으로 다양하게 칭해지다 결국 네스 호의 괴물(Loch Ness Monster)로 호칭이 굳어졌다.

1933년 12월 6일 휴 그레이(Hugh Gray)가 찍은 괴물이 공개되었고, 즉시 스코틀랜드 정부산하 국무부(Secretary of State for Scotland)는 경찰에게 괴물에 대한 어떠한 공격도 금지하라는 명령을 시달한다. 이 후로도 네시를 목격했다는 많은 제보가 인버네스 통신에 들어왔다.

1934년 4월 21일 데일리 메일(The Daily Mail)지에 사진이 한 장 실렸다. 바로 우리가 잡지와 신문에서 흔히 볼 수 있는, 수면 위에 목을 길게 내놓은 네시의 사진으로 런던의 종생태학자며 외과의사인 로버트 케네스 윌슨(Robert  Kenneth Wilson)이 찍은 사진이었다. 그 후로도 사진은 심심치 않게 나타났다.(그러나 윌슨은 죽기 전에 사진은 조작한 것이라고 고백했다.)

이 즈음에 뜻 있는 작가들은 옛 기록물들을 뒤지기 시작했다. 그리고 드디어 7세기에 아돔난(Adomnan)이 쓴 6세기의 인물, 아일랜드 출신 수도승 성 콜럼바(St. Columba)의 생활을 담은 '성 콜럼바의 생애(Life of St. Columba)'에서 수중 괴물(Water Beast)의 기록을 찾아냈다. 이 발견은 네시의 역사를 6세기까지 늘려놓았다. 나는 영국인들의 이러한 끈기와 능력에 감탄하곤 한다. 만약 네시 관련 영화나 애니메이션에서 옛 수도승이 등장한다면 이 기록물에 근거한 것이라고 보면 된다. 이런 경우 보통 한국에서라면 가짜냐 진짜냐를 가리는데 총력을 기울이며, 특히 대중은 가짜라고 밝혀내는 편에 설 가능성이 높다. 반면 영국인들은 '네시는 진짜다'라고 군힌 것 말고도 그 역사를 천년 이상 늘여놓았으니 대단한 사람들이다. 1994년 네시 연구가 알러스터 보이드(Alastair Boyd)는 외과의사의 사진이 가짜임을 밝혀낸다. 하지만 그는 이 사진이 가짜라고 다른 증거들이 다 가짜일 수는 없고, 네시는 존재한다고 여전히 굳건히 믿고 있다.

그럼 실제는 무엇일까. 여러 가지 추측이 있다. 이상하게 생긴 큰 나무, 정진동이

나 지진현상, 착시, 지진 가스라는 주장, 난류, 뱀장어, 헤엄치는 코끼리, 사슴 등의 주변 동물, 심지어 바다표범이라는 주장도 있다. BBC를 비롯한 믿을만한 연구소를 통하여 현재 네스 호에 괴물은 존재하지 않는다는 결론이 널리 알려진 최근까지도 네시를 찍은 사진, 비디오가 심심치 않게 나왔고, 아마 앞으로도 계속 나올 듯싶다. 흥미로운 것은 조사 후 네스 호에 괴물이 없다는 결론을 내리는 어법이 우리와는 다르다는 점이다. 그들의 어법에서는 '괴물이 없다'는 결론에 도달함을 매우 안타깝게 생각하며, 어떻게든 허구가 아닐 수도 있다는, 있을 지도 모른다는 불씨를 죽이지 않으려는 노력이 역력히 나타난다. 이를테면 이런 식이다.

2008년에 로버트 라인스가 이끄는 응용과학 연구소는 수중음파탐지기의 의미 있는 반응이 부족하고, 목격자의 숫자가 현저히 줄었음을 언급하며 괴물이 멸종되었을 가능성이 있다는 이론을 세웠다. (중략) 라인스는 이 생명체는 지구 온난화의 결과인 온도 변화에 적응하지 못한 듯 하다고 믿고 있다.

(로버트 라인스는 무려 35년이나 네시 탐사에 심혈을 기울인 미국인이다. 영국인들은 이 미국인이 네시의 존재를 입증해주길 바라며 그에게 상패까지 수여했지만, 안타깝게도 이 염원은 충족되지 못했다.)

이 연구소의 말은 지금은 멸종되고 없지만 과거에는 있었다는 말 아닌가? 그리고 딱 그렇다는 말도 아니고, 그럴 '가능성이 있고', '~듯 하다고 믿고 있다'는 것이다. 원문을 보면 might have p.p. 대신 may have p.p.로 써서 옹색하게나마 더 진실에 가깝게 하려는 노력을 보였다. 나중에 과거에도 현재에도 존재하지 않았다는 진실이 명백히 밝혀지더라도 빠져나갈 구멍을 만들어 놓은 표현이지만, 진실에서 좀 더 멀어지는 might를 두고 may를 썼다는 점에서 이 연구소의 의도를 짐작할 수 있다.

그럼 BBC가 후원한 조사 결과를 살펴보자. 그래도 BBC는 세계적인 언론사답게 객관성을 유지 하고 있어서 다행이다.

2003년에 BBC는 600개로 분리된 수중음파탐지 빔과 인공위성 추적 장치를 사용해 네스 호 전체 탐사를 후원하였다. 탐사는 작은 부표라도 건질 수 있을 만큼 충분한 장비를 가지고 진행됐다. 그러나 괴물 크기의 어떠한 동물도 발견되지 않았다. 큰 희망을 품었음에도 불구하고, 탐사에 참석했던 과학자들은 네스 호의 괴물은 단지 하나의 신화라고 인정했다.

나는 이유가 어찌됐던 네스 호의 괴물을 '100% 허구'로 생각하는데, 부러운 것은 이 허구로 영국이 지금까지도 적지 않은 돈을 벌고 있다는 것이다. 관련 저작물, 영화, 그리고 짭짤한 관광 수입이 장난이 아닐 것이다.

네시 목격담의 다수는 어커트 성에서 이루어졌다. 그러니 어커트 성을 관광할 때는 필히 카메라나 캠코더를 지참하고, 뭔가 나타나면 즉시 촬영하여 돈방석에 앉게 될 자신을 기대해 봐도 좋으리라.

로슬린 예배당

스코틀랜드 수도 에든버러(Edinburgh)에서 30분 쯤 차를 타고 남쪽으로 내려가면 로슬린(Roslin, Rosslyn 또는 Roslyn)이 있는데 그곳에 로슬린 예배당(Rosslyn Chapel)이 있다. 이곳도 네스 호 못지않게 많은 사람들의 호기심을 모으는 곳으로 관광객이 많다. 이곳이 항상 사람들의 관심을 샀던 것은 아니다. 내 생각으로는 1960년대 이전에는 관심을 두는 사람이 많지 않았을 것으로 본다. 시작점은 1962년 영국인 트레버 래븐스크로프트(Trevor Ravenscroft)가 '20년 동안 성배(聖杯)를 찾기

성배

성배가 도대체 뭐 길래 성배 탐색에 열을 올릴까. 성배는 예수가 마지막 만찬 때 사용했던 술잔이다. 성배가 예수의 혈통과 자주 혼용되고, 같은 선상에서 이야기 되는데 그 이유는 두 단어의 우연한 유사성 때문이라고도 한다. 라틴어로 성배는 SAN GREAL이고, 왕족의 피는 SANG REAL인데 왕족의 피, 즉 예수의 혈통을 뜻하는 SANG REAL에서 G를 뒤로 붙여 읽는 바람에 졸지에 성배가 되었다는 설에 설득력이 있다. 아무튼 성배와 예수의 혈통을 찾아 헤매는 사람이 지금도 있다고 한다.

위한 탐색을 이곳에서 끝냈다'고 주장한 후부터였을 것이다. 그는 성배가 예배당 안에 있는 도제 기둥(Apprentice Pillar) 속에 있다고 주장했고, 그 후로 성배 탐구자들은 자주 이곳을 방문했다. 이 성배가 어찌어찌하여 스코틀랜드 시골 예배당 기둥에 들어있다는 주장인데, 예전 어느 일본인이 쓴 책에 성배가 일본에 있다는 주장을 한 것을 보고 실소를 금치 못한 적도 있었다. 힘이 생기면 역사를, 또는 어떤 사건을 '창조'해 보려는 욕구가 인간에게는 있는 것일까.

금속탐지기로 기둥에서 적합한 크기의 금속을 발견한 적도 있다는데, 주교는 금속 탐지기까지는 허락했지만 엑스레이는 못 찍게 했던 모양이라 더 이상 탐사가 진전되지는 못했다. 그 기둥을 깨부숴야 성배가 진짜 있는지 없는지가 밝혀지겠지만, 영원한 수수께끼로 남게 될 공산이 크다. 혹시 성배가 없으면 어쩌나 하고 이런저런 이유를 핑계로 탐사를 그쯤에서 조기에 끝냈는지도 모른다. 화성 표면에 뭐가 있는지도 알 수 있는 세상인데 한낱 건물 기둥 속에서 성배의 존재 여부를 모를까.

트레버 래븐스크로프트 이후로 또 한 번, 이번에는 세계적으로 로슬린 예배당이 유명하게 된 사건이 일어났다. 2003년, 미국인 댄 브라운(Dan Brown)의 소설 '다 빈치 코드(The Da Vinci Code)'가 세계적으로 크게 히트한 것이다. 역시 전통적으로 영국과 미국은 한통속인 모양이다. 이 소설의 마지막 장면 배경이 로슬린 예배당이다. 영화로도 만들어 졌는데 실제 촬영도 이곳에서 했다. 톰 행크스(Tom Hanks) 와 프랑스 여배우 오드리 토투(Audrey Tautou)가 주연을 했는데 오드리 토투가 선택된 이유는 그녀가 예수의 혈통이라는 설정에 맞는 검은 머리와 유대인과 같은 모습 때문이었으리라.

그런데 이 작품의 작가 댄 브라운의 주장은 많은 부분에서 사실과 다르다. 댄 브라운은 책이 출판 될 때까지도 이곳에 한 번도 방문한 적이 없고, 그의 대부분의 자료는 이미 전에 출판된 자료에 근거했다고 한다. 예를 들어 이 예배당을 성전기사단 (템플기사단 Knights Templar)이 세웠다는 것은 사실이 아니다. 예배당의 돌 마루에 새겨져 있다는 다윗의 별도 사실은 없다. 다빈치 코드에서는 로버트 랭던과 소피가 예배당 밑바닥에서 지하실을 발견하고 내려가 각종 성스러운 자료들을 확인하는데 로슬린 예배당에 그런 지하 격실은 없다. 나는 이 사실에 대한 영국인의 해결책을 보고 또 한 번 이들의 능력에 감탄했다.

이 예배당에는 지하격실이 존재하지 않습니다. 만약 존재한다면 그것은 아직 발견되지 않았습니다.

로슬린 예배당에 붙어있는 문구다. 어느 한국인이 '만약 존재한다면 그것은 아직 발견되지 않았습니다'라는 문구를 생각해 낼 수 있겠는가? 소설은 소설일 뿐 현실과 다르지만 대중이 이를 명확히 구분하길 기대하기는 어렵다. 배경이 실제로 존재하는 곳이고, 이미 트레버 래븐스크로프트의 '성배가 있다'는 주장으로 유명한 곳이기 때문이다. 영화까지 로슬린 예배당에서 촬영했으니 누가 100% 픽션으로만 생각하겠는가?

이 예배당은 15세기 중엽 싱클레어(Sinclair 또는 세인트 클레어St.Clair)가의 윌리엄 싱클레어(William Sinclair)에 의하여 세워졌다. 예배당에 성전기사단의 상징물이 조각되었다며 끊임없이 성전기사단과의 관계성을 주장하는 사람들이 있다. 그러나 1307년 10월 13일 금요일에 성전기사단이 해체된 것은 역사적 사실이고, 이 예배당은 그로부터 150년 후인 15세기에 지어진 것이기에 사실 성전기사단의 상징물은 새겨 질 수가 없다.

에든버러에서 외국인 젊은이들과 단체를 만들어 현지 무명작가의 안내를 받으며 반나절을 시내 문학관광을 한 적이 있었다. 그가 월터 스콧, 코난 도일, 스티븐슨, 찰스 다윈 등이 다녔다는 학교 건물로 우리를 안내한다며 에든버러 대학교의 고고학/고대사(Archaeology) 건물로 데리고 갔다. 월터 스콧 등 그들은 모두 에든버러 대학을 졸업했거나 중퇴했다. 코난 도일은 의학, 스티븐슨은 공학 나중에는 법률, 찰스 다윈은 의학을 공부했다. 1783년 월터 스콧은 12살 때 고전학(classics) 전공으로 1년간 에든버러 대학을 다녔다.(우리나라 성균관이 지금과 다르듯, 영국의 대학도 지금과는 달랐던 모양이다.) 1년 중퇴라지만 이 고고학/고대사 건물에 '한 번도 와본 적이 없다는 증거가 없기 때문'이겠지만, 이 안내 작가는 건물 출입구 가까이의 벽에 낙서가 난무한 곳을 보여 주며 여러 낙서글자 중에서 W와 S를 찾아 가리키며 말했다.

"이곳은 월터 스콧(Walter Scott)이 드나들었던 곳이다. 이 글자를 봐! 그가 쓰지 않았다는 증거는 없다. 혹시 모르잖아? 당신들의 상상에 맡기겠다."

그는 이 알파벳 글자를 월터 스콧이 썼다고는 하지 않았다. 하지만 썼을 수도 있다고 은근히 돌려 말했으며, 실제로 그가 썼으면 하는 바람을 가지고 있는 것이다. 문제의 희미한 글자 W와 S가 월터 스콧의 필체라는 사실 아닌 사실로 굳혀져 그것을 보려고 돈을 내고 줄을 설날이 올 것 같은 기분을 떨쳐 버릴 수가 없었다.

네스 호, 로슬린 예배당, 틴타젤 성에서 확인한 영국인의 탁월한 능력 –만인으로부터 지탄받을 사기꾼이 되지 않고서도 '100% 허구'로 돈을 쓸어 담을 수 있는 능력– 은 확실히 대단하다.

11

네스 호(Loch Ness)와
호반의 어커트 성(Urquhart Castle)

게리(Garry)가 이끄는 일일 당일치기 여행 이튿날 전날 여행에서 빠진 어커트 성을 대중교통을 이용하여서 다녀왔다. 다시 인버네스 버스 역 대합실 한편에 크게 자리한 매표소(Tichets & Information)에 갔다. 이번에는 첫날 나와 실랑이를 했던 여자를 피해 바로 옆자리 남자에게 갔다. 옆자리 젊은 여자는 나를 알아보고 멋쩍게 씽긋 웃어보였다. 여기서도 왕복표를 팔지만 돌아오는 버스가 정해져 있지 않았던 런던이나 플리머스와는 달리, 돌아오는 버스를 미리 결정해야 하고 특정 시간 버스를 놓치면 표는 무용지물이 되는 체계였다. '11시 15분발 13시 30분 돌아옴'으로 표를 끊었는데 표를 받자마자 숫자로 찍힌 시간을 보고 맘이 바뀌었다. 오후 1시 30분이면 촉박할 것이라는 생각이 들어 돌아오는 버스를 15시 31분 차로 바꾸겠다고 했더니 위약금으로 1.50파운드를 더 내라고 했다. 위약금은 이해가 가지만 30초만의 위약금치고는 고액이 아닌가 하는 불만이 생긴다. 아무 때나 탈 수 있도록 시간대가 열려있고, 변덕에도 위약금이 없는 관대한 체계로 운영되는 잉글랜드와는 다른 체계에 이곳이 스코틀랜드라는 것이 실감났다. 사실 이런 갑갑한 제도는 스코틀랜드의 제도라기보다 인버네스의 규칙이며, 에든버러에서는 보다 더 관대했다.

마침 전날 같이 여행했던 웨일스인 헤이즐을 대합실에서 만났다. 남편과 몇 년 전사별하고 지금은 혼자 여행을 다니는 70대 여성이다. 버스 시간이 남아있어 그녀와 한참을 '스코틀랜드의 불편함'을 성토하니 속이 다 시원했다. 헤이즐은 연륜 덕분인지 나의 벅벅대는 불편한 영어도 잘 들어주는 교양 있는 여자다.

네스 호에 대해서는 이미 앞에서 물리적인 면에서의 이야기는 거의 했다고 본다. A82 도로와 B852 도로가 호수가로 나있기 때문에 대중교통을 이용해 도시를 이동할 때도 차창 밖으로 쉽게 호수를 구경할 수 있고 또 여유만 있다면 물을 직접 만져볼 기회도 있다. 이번 여행 중에는 인버네스 다음에 에든버러로 가서 그곳 여행사를 통해 다시 하일랜드를 여행했었는데 이때 포트 오거스터스(Fort Augustus)에서 호수를 관광하는 크루즈까지 타 보았지만 괴물이 나올듯한 인상은 전혀 받지 못했다. 만약 괴물이 있다면 노르웨이의 송내 피오르드나 뉴질랜드의 밀퍼드 사운드가 적합

차창 밖 네스 호

네스 호 호숫가

할 것이다. 그곳은 짠물이라서 괴물서식에 부적합한 걸까. 네스 호는 내가 보기에는 정말 평범한 넓은 아름다운 호수일 뿐이다.

크루즈를 탄 이유는 배가 성 앞까지 갈 거라고 생각했기 때문이다. 그래서 호수에서 성을 바라보는 상상을 하며 미리 좋아했었다. 그러나 포트 오거스터스에서 성 앞까지의 거리를 미처 생각하지 못하였다. 그곳까지 갈 수 있는 거리가 아니다. 가격은 13.50파운드였고, 건너편 산에 사는 야생 산양을 멀리서 구경하였으며, 크루즈 선장은 산이 무너져 내린 것도 네시와 연결 지어 이야기를 하였다. 내 영어 듣기 실력과 주위의 소음 탓에 정확히 알아듣진 못하였으나 네시가 그렇게 했다는 것으로 이해했다.

호수에 대한 이야기는 이 정도로 하고 이제 호반에 자리한 어커트 성에 대해 이야기 해보자. 인버네스에서 어커트 성까지는 딱 30분 거리였다. 성으로 들어가는 길과 절차는 예전과 별로 다르지 않다.

버스정류장에서 내려 아래로 내려가는데 허름한 팻말 하나가 눈에 띈다. 한국에서는 있을 수 없는 팻말이다. 거기에는 다음과 같은 글이 쓰여 있다.

성을 방문하는 사람들만 화장실(Toilets) 이용이 가능합니다. 가장 가까운 공중화장실은 북쪽으로 2마일 거리의 드럼나드로칫 마을에 있는 관광안내소에 있습니다.

그리고 더욱 얄미운 것은 감시카메라 그림과 함께 다음과 같은 문구를 추가했다는 점이다.

범죄예방과 공공안전을 위해 모든 모습을 감시하고 녹화합니다.

네스 호와 어커트성

　이렇게 장황하게 써놓았지만 골자는 '이곳 화장실을 절대 사용하지 말고 10리 밖에 있는 공중화장실을 이용하라. 너의 모습이 감시 녹화되고 있으니 길가에서 함부로 용변을 보지 말라'다. 유럽을 여행해본 사람이라면 화장실 때문에 스트레스를 안받아본 사람이 없을 것이다. 이 허름한 팻말이 '유럽의 화장실 인심의 극치'를 보여주는 것 같아서 씁쓸하다. 유료 화장실이라도 만들어놓고 감시하는 게 순서가 아닐까. 나는 유럽 화장실에 대해 그동안 쌓인게 많은 사람이다.

　아래로 내려가면 주차장이고 성 관광을 위한 입구이자 매표소가 있고 그곳에 사람들이 줄을 서 있다. 근처에 일본어가 포함된 6개 국어로 환영 인사가 쓰인 가격표가 있다. 어른 8.50파운드지만 할인 가격은 6.80파운드다.

　나도 잠시 줄을 서서 기다리다가 표를 사고 건물 아래로 내려갔다. 건물 아래는 매점인데 한쪽에는 영사실(映寫室)이 있어 성 관광 전에 알아야할 성의 역사를 보여준다. 담당 직원은 국적을 말하면 해당국의 자막을 넣어주겠단다. 뒤에서 누군가 "프랑스!"한다. 나도 안 되는 줄 알지만 "한국!"했는데 예상대로 정중히 "유감스럽게도 한국어는 없습니다."라고 한다. 동영상은 AD 580년에 아일랜드 수도사 콜럼바(Columba)가 이곳에 왔다는 것부터 시작하여 8분간 이어졌다. 영상이 끝나면 영사막으로 쓰이던 흰 커튼이 열리는

화장실 안내 팻말

데 커튼 너머 커다란 창문으로 네스 호와 호반 성 전체 모습이 시야에 들어온다. 이 풍경에 감탄을 머금고 건너편 문으로 나가면 이때부터 성 구경이 시작된다.

성까지 가는 거리는 몇 백 미터다. 중간에 투석기가 놓여있다. 어커트 성을 공격하는데 투석기가 사용되었다는 기록은 없으니 관람용으로 그냥 가져다 놓은 것이겠지만, 사람이 그사이 늙었듯 목재 투석기도 전에 봤을 때에 비하면 형편없이 낡아 있었다.

투석기

네스 호와 어커트성

어커트 성은, 6세기 초부터 있었던 것 같지만 정확히 언제 지어졌는지는 알 수 없다. 13세기 기록에 성이 처음 언급되고 1690년대 재커바이트 봉기 때 정부군이 주둔했었는데 성이 방어에 그다지 도움이 되지 않는다는 판단 하에 철수할 때 재커바이트 군이 사용할 수 없도록 문루 등을 파괴하였다. 그 뒤로 수리되지 못하고 지금까지 폐허로 남아 있다. 현지인들이 재활용하기 위해 돌을 빼내가고, 또 풍화작용으로 폐허화 속도가 빨라지고 있었는데, 현재는 자연과 문화유산보존을 목적으로 하는 자선단체 NTS(National Trust for Scotland)의 소유로 관리되고 있다. 요즘은 결혼식장으로도 자주 사용된다고 한다.

이곳에도 전설이 있다. 1100년대 게일인 귀족 코나카 모 맥 에(Conachar Mor Mac Aoidh)는 지방 마녀들을 장악하는 신비한 힘을 얻어 그 힘으로 마녀들에게 어커트 성을 짓게 했다고 한다. 성에 두 개의 비밀의 방이 있다는 전설도 있다. 하나는 황금으로 가득찬 방이고, 다른 한 방은 전염병으로 가득찬 방이다. 보물 사냥꾼들은 황금 방을 간절히 찾고 싶어 하지만, 전염병 방을 찾을까 두려워 아직 아무도 황금 방을 차지하지 못하고 있다는 것이다. 다른 성들의 무시무시한 전설과 비교하면 소박하고 인간적인 전설이다.

눈여겨 볼 주요 장소는 그란트 탑, 문루(門樓), 대강당, 호수 문, 요새성채 이렇게 다섯 곳 정도다. 해자 위에 있는 목재다리를 건너 문루를 통하여 성으로 들어갔다.

해자 위의 다리

문루

부엌 터

문루는 그래도 형체가 남아있어서 알아볼 수 있지만, 부엌과 대강당은 터만 남아있어 세월의 무상함을 말해준다. 과거 화려했던 연회와 각종 행사가 이곳 대강당에서 열렸을 것이다.

그란트 탑(Grant Tower)은 1509년 제임스 4세가 프레우치의 존 그란트(John Grant of Freuchie)에게 성을 하사한 직후 지어졌다. 당시 주변 성을 장악하고 있던 맥도날드 씨족 영주들과 대립하고 있던 왕을 지원해준 대가였다. 왕은 성 뿐만 아니라 넓은 토지도 함께 하사했는데 이 영지의 질서를 회복하고자 성을 보수하면서 탑도 같이 지었다. 원래의 내성 터에 거주용 탑을 건설한 후 어커트 성은 전략적 요새라기보다는 안락한 주택으로 변모했다. 그럼에도 불구하고 어커트 성을 물려받은 영주들은 다른 성에 거주하여 성을 자주 비웠다. 그란트 씨족의 근거지는 프레우치로 이곳에서 좀 거리가 있었기 때문이다. 맥도날드 씨족 등 토착민의 텃세로 영지 관리에 어려움도 있

었던 것 같다. 제임스 4세와 그의 아들 존 왕자가 잉글랜드와의 전쟁에서 사망한 혼

란기를 틈타 맥도날드 씨족이 어커트 성을 3여 년간 점령한 적도 있었다.

그란트 탑

그란트 탑 위에서 바라본 성

호수쪽 문(Water Gate)   비둘기집 터

성의 모든 생필품은 탑에서 다소 떨어진, 호수 쪽으로 난 유일한 문으로 배로 들여왔다. 특히 성이 포위공격을 받았을 때라도 몰래 이곳으로 물건을 반입하곤 하였다. 그러고 보면 성의 생명선이나 다름없다. 신선한 비둘기 고기와 알을 확보하기 위하여 벌집 모양의 비둘기 집도 만들었는데 당시 비둘기가 많이 와서 집을 짓고 알을 낳았던 모양이다.

어커트 성과 네스 호에서 찍은 영화로는 The Private Life of Sherlock Holms가 있다. 1970년에 만들어졌고 우리나라에는 '셜록 홈즈의 비공개 파일'로 소개된 영화다. 45년 전의 네스 호와 어커트 성을 구경할 수 있고 단 몇 초지만 앞서 소개한 일린 도난 성도 볼 수 있다. 그때나 지금이나 크게 변한 것은 없지만, 주변이 보다 더 자연 그대로인 것을 느낄 수 있다. 네스 호와 어커트 성을 방문하기 전에 영화를 구해 한 번 보고 가는 것도 좋을 듯하다. 홈즈와 왓슨, 그리고 네스 호의 괴물이 나오며, 네스 호 한가운데 작은 배에서 바라보는 안개 속의 신비스러운 어커트 성의 모습은 현란한 요즘 CG에 식상한 영화 팬에게 또 다른 묘미를 줄 것이다.

4월의 으스스한 날씨에 1시간 이상 성을 돌아다니니 평소보다 더 빨리 소변이 마렵지만 이 넓은 성터에 화장실이 없다. 이제는 더 있고 싶어도 화장실 때문이라도 걸어서 족히 10분은 걸릴 매표소와 식당이 있는 건물로 가야한다. 건물에 들어가 화장실부터 들렀다 식당에 가서 수프와 빵(당연하다!), 그리고 가져간 과일로 점심을 먹었다. 조금 쉬다 무사히 정해진 15시 31분 버스를 탈 수 있었다.

12

다빈치 코드의 로슬린 예배당(Rosslyn Chapel) 그리고 로슬린 성(Rosslyn Castle)

인버네스에서 3박을 한 후 잠시 고민을 하게 됐다. 여기서 좀 더 지내면서 글렌코, 사이얼 호수, 글렌핀난, 컬러든 전장 등을 둘러보고 에든버러로 갈 것인가, 아니면 바로 갈 것인가. 결국 글렌코 등의 여행은 일단 에든버러로 옮겨가서 하는 방향으로 결정했다.

에든버러까지는 인버네스 시외버스 역에서 9시 10분경에 출발하여 오후 1시 5분에 도착하였으니 약 4시간이 소요되었다. 흐리거나 비가 계속 왔으니 나로서는 다행이라고 생각했다. 비가 올 때는 관광지에 가느니보다는 장거리 이동하는 것이 경제적이고 합리적이다. 비올 때 이동하면 하루를 벌었다는 그런 기분이 든다.

스코틀랜드를 여행하면서 느낀 것은 노인층들이 여행을 많이 한다는 것이다. 특히 나들이 복장의 할머니들이 버스를 많이 타고 내린다. 가까운 장래의 우리나라의 모습이 이럴 것 같다. 퍼스(Perth) 근처에서 뒷좌석의 할머니에게 이곳이 어디냐고 물으니 '페르'라고 한다. 나중에 여행 안내인에게 같은 도시를 물으니 '페르스'라

예배당 건물

고 했다. '스'는 들릴 듯 말 듯한 발음이었다. 원래 이 지역은 스코틀랜드 '페르스'고 잉글랜드에서는 '퍼스'라 말한다. 호주의 도시 Perth도 본래는 스코틀랜드 페르스를 본 따 지은 이름이지만 누구나 잉글랜드식으로 부르고 있다. 스코틀랜드인들에게는 자존심 상할 일일 것이다. 일본으로 전수된 우리 것, 혹은 우리를 통해 넘어간 중국 것이 일본식 명칭으로 국제사회에서 굳혀진 경우는 많다. 이때 우리가 느끼는 것과 비슷한 감정일 것이다. 사소한 것 같지만 스코틀랜드의 박탈감은 이런 곳에서부터 시작된다.

에든버러 프린세스 가(街)에는 여전히 관광안내소가 있다. 예전에 혼자서 개인 여행할 때 이곳에서 도움을 많이 받았기 때문에 이번에도 이곳에 직행해 여행 계획을 짰다. 이곳 직원들은 언제나 나를 실망시키지 않는다. 심지어 휴일에도 쉬지 않는다. 여행사의 상품 중 여행객이 원하는 것을 골라 소개하고 구매까지 도와주는데 나도 로슬린을 포함한 1일 여행 상품을 구매했다.

1일 여행은 정원이 16명이지만 오늘은 10명이다. 여행 안내인 겸 기사는 앨런(Alan)이다. 8시 52분에 출발해 처음 여행지인 로슬린 예배당엔 9시 15분에 도착했다. 예배당은 9시 반부터 문을 여니 몇 백 미터만 가면 볼 수 있는 로슬린 성에 다녀오라고 해 폐허만 남은 성을 보고 왔다.

예배당 입장료는 할인가격으로 7파운드다. 예전에도 온통 비계로 둘러쌓고 외부를 수리 중에 있더니 이번에도 일부분이지만 비계가 얼기설기 건물을 덮고 있다. 하지만 언뜻 보이는 모습도 독특하고 아름답다.

예배당에 들어서면 '로슬린 예배당 조각(Rosslyn Chapel Carvings)'이라는 코팅된 큰 종이가 비치되어 있는데 여기에는 예배당내 여기저기에 있는 조각품의 번호와 명칭, 그리고 간단한 설명문이 있고, 번호로 위치도 표시되어 있다. 1번 '악마와 연인들'에

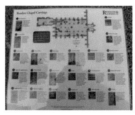

조각안내 설명문

서부터 23번 '연령초(Trillium)'까지 총 23개의 조각품이 설명되어 있다. 한정된 시간에 모두를 자세히 볼 수는 없고, 단체 관광객이 들어오면 예배당 측에서 설명도 해주지만 다 들을 시간이 나에게는 없다. 결국 중년(혹은 초로)의 여자 안내인 중 한 명에게 '영어를 빨리 읽을 수 없고, 시간도 많지 않은데, 안내 설명문을 밖으로 가져나가 사진을 찍어도 괜찮을지' 양해를 구하고 사진을 찍어 두었다.

이곳에서 유명한 것이라면 아무래도 앞에서도 언급한 도제 기둥을 꼽을 수 있다. 도제 기둥(Apprentice Pillar 혹은 Prentice Pillar), 석공장 조각, 도제 조각 등을 안내인에게 물어 자세히 보았다. 도제 기둥은 성배 외에 또 다른 이야기로도 유명하다. 애초에 '도제 기둥'이라는 이름이 18세기부터 전해 내려오는 석공장과 그의 젊은 도제 사이에 일어난 전설에서 생긴 것이다.

지붕 부분

　예배당의 기둥 작업을 할 때였다. 석공장은 정교한 기둥 설계도를 받고는 로마 등 당시 선진국의 기둥을 직접 보지 않고서는 도저히 해낼 수 없다는 판단으로 그 자신이 실물을 보고자 여행을 떠났다. 그런데 그가 여행을 떠난 동안 도제가 꿈속에서 너무나 아름다운 기둥 조각을 보고 그 기억을 더듬어 기둥을 훌륭히 완성시켜 놓은 것이다. 여행에서 돌아와 완성된 기둥을 본 석공장은 질투심에 분노가 폭발한 나머지 나무망치로 도제를 쳐 죽였다.

도제 기둥

그 죄에 대한 벌로 그의 얼굴을 도제 기둥 반대편에 조각하여 도제가 완성한 훌륭한 기둥을 영원히 바라보도록 했다.

　사실 석공장 얼굴 조각과 도제 기둥과는 좀 떨어져 있어서 기둥 보고 계속 속상하려면 석공장의 시력이 꽤 좋아야 겠구나- 같은 엉뚱한 생각을 했다.

지하실 쪽으로 내려가 보았다. 지하실 바닥에서 '다빈치 코드'에 나온 비밀 지하격실은 물론 없지만, 그래도 픽션과 논픽션이 만나는 장소라 흥미롭다.

우리가 흔히 아는 시인 '워즈워스'의 동생인 도로시 워즈워스(Dorothy Wordsworth)가 1803년 이곳을 방문해서 묘사하기를 "완벽히 녹색으로 물든 식물과 꽃의 조각품"이라 했다. 담쟁이와 이끼로 뒤덮여서 건물의 석재와 식물을 구별하기 힘들었음을 알 수 있다. 그로부터 5년 후 1808년 4월 20일자 더 스코츠맨(The Scotsman)지는 로슬린 예배당을 극찬하는 다음과 같은 글을 실었다. "세계 모든 건물 중에서 로슬린 예배당은 가장 주목할 만한 것 중 하나이다. 인습적인 것을 배경으로하고, 과감하고 근본적인 아름다움의 대담성에 건축의 법칙을 받아들였고…." 지금과는 사뭇 다른 19세기 초의 어법으로 과장하여 표현한 것이 이채롭기는 하지만 건물이 특색 있게 아름다운 것은 사실이다. 스코틀랜드의 날씨로 4월은 담쟁이 등 식물이 푸른 잎사귀를 내놓지 못한다. 그래서 기자는 석조건물의 아름다움을 방해 없이 보았을 것이고, 도로시 워즈워스는 아마 늦봄이나 여름에 방문했을 것이다.

우리는 영국의 유적지가 오래전부터 지금처럼 복원되어 깔끔한 상태였다고 착각

협곡 아래에서 바라본 로슬린 성

정면 쪽의 섬세한 성인 조각들

할 수도 있는데, 예전에는 그렇지 못했던 듯하다. 아마 산업혁명이 지나고 자본주의가 발달하고 중산층이 두터워지고 또 여행을 자유롭게 하는 풍조가 생겨나기까지는 모든 유적들이 버려진 상태로 풀과 이끼로 뒤덮여 있었을 것이다. 우리나라나 영국이나 그런 점에서는 다 마찬가지 였을 것이다. 로슬린 예배당도 예외가 아니어서 더 스코츠맨지가 이런 기사를 쓴 당시에는 사용되지 않고 버려지다시피 한 상태였다. 예배당으로서의 역할을 오랫동안 해오다가 종교개혁가들에게 장악된 1571년에 기능이 멈추어버리고 수년 후 자연스레 폐허상태가 된다. 그렇지만 건축학과 조각예술적인 면에서는 여전히 관심이 높았다고 한다.

1736년이 되어서야 제임스 세인트 클레어(Sir James St. Clair)가 복원에 착수하여 조금씩 꾸준히 복원하여 1861년에 드디어 예배당으로서의 기능을 되살리게 되었다. 복원은 계속되어 1915년에는 지붕을 아스팔트 보호막으로 덮었다. 1950년대에 습기로 인하여 내부에 심한 녹조가 끼어 문제가 되었
다. 이에 내부 사암(沙岩)을 닦아내고 시멘트로 밀폐하
여 해결하였다. 당시로서는 최선책이었으나 이는 석조
건물의 돌이 수년 동안 숨을 못 쉬게 되어 습기가 돌 속
으로 스며들어 갇히는 부작용은 어쩔 수 없었다.

로슬린 예배당은 착공에 들어간 1446년 이래 지금
까지 변동 없이 세인트 클레어가의 소유로 되어있다.

천장 녹조

1995년 현 로슬린 백작이 건물소재가 망가지는 것을 막고, 예배당을 보존하기 위
하여 로슬린 예배당 신탁(The Rosslyn Chapel Trust)을 설립했다. 수탁관리자들
은 이미 습기에 노출된 석재가 더 이상 비를 맞지 않도록 임시방편으로 철재덮개를
씌웠다. 이는 석재가 천천히 그러나 자연적으로 건조해지는 효과가 있었다. 노력은
계속되어 가열과 통풍장치를 설치하여 높은 습도와 물방울 서림으로부터 실내 환
경을 개선시켰다.

앞서 언급했듯이 2008년 방문 때는 외부 수리가 한창이었고, 이번 방문 때도 어느
일부는 수리 중이니 계속 수리와 보수를 해나가고 있는 듯하다.

18세기부터 예배당과 성이 있는 이곳의 경치가 빼어나 '완벽한 영감'을 얻고자 많
은 화가와 시인들이 찾아왔는데 그들 중에는 월터 스콧, 윌리엄 워즈워스, 로버트 번
스, JMW 터너 등이 있다고 한다. 영국의 지형적 특색으로 영국인들에게는 이곳이
완벽한 영감을 줄만큼 빼어난 장소라는 그들의 의견에 동의한다. 그러나 한국인에
게도 이곳이 아름답기는 하지만 완벽한(perfect) 영감을 줄만큼 아름답다고는 생각
이 안 든다. 내 눈에는 아주 평범한 곳으로 밖에 보이지 않는다.

전에도 한 번, 현지 안내인이 여행을 마치고 돌아가는 길에 경치가 뛰어난 곳이라
며 들러서 사진을 찍고 가라고 강력하게 추천해준 적이 있다. 그런데 막상 가보니 보

지금도 수리가 진행 중이다.

기 싫은 곳도 아니지만 기가 막히게 경치가 좋아 시간 내서 사진을 찍고 갈 그런 경치는 아니었다. 개인적 선호도 차이일 수도 있지만 이곳 기준이라면 한국의 산하는 거의 모든 곳이 다 '빼어난' 곳이다.

영국의 경치는 단조롭다. 경치가 엉망은 아니지만 그렇다고 금수강산은 아니다. 그래서 그들 입장에서 조금 독특하다 하면 뜬다. 잉글랜드보다는 스코틀랜드가 더 아기자기하기는 하다. 그렇다고 우리 같은 금수강산이라고 보기에도 무리가 있다. 유럽인들 특히 영국인들이 갖고 있는 경치에 대한 관념은 우리의 그것과는 다르다.

관광 안내인이 경치가 좋다며 내려준 곳

유럽인들의 경치에 대한 생각을 좀 더 알아보자. 스코틀랜드 여행을 좋아하는 사람들은 주로 스페인, 그리스, 이탈리아 등 남유럽인들이 많다. 그 반대로 태양의 나라 남유럽을 찾는 사람들의 태반이 북유럽인이다. 그들이 갖지 못한 기후를 갖기 위해서다. 하일랜드를 여행할 때 남유럽인들과 같이 한 적이 있었다. 한 스페인여자가 글렌코 근처에서 "비디, 이 얼마나 아름워요!! 그렇지 않아요?"라며 자지러지게 호들갑을 떨었다. 나는 아름답다고 동의를 해주었지만 그녀처럼 호들갑을 떨 정도는 아니었다. 그럼 그녀가 과장했을까. 그녀에게는 조금도 과장이 아니라는 것을 나는 안다. 반대로 스코틀랜드인 등 북구인들이 남유럽에 가면 또 자지러질 것이다. 모두가 자기 집에 없는 것은 다 신기하고 감탄스러운 법이다. 그럼 한국인은 왜 북쪽 유럽이든 남쪽 유럽이든 놀랄 정도로의 감탄사는 나오지 않는 걸까. 나의 분석은 이렇다.

어디서 읽은 적이 있는데 한반도는 지리적으로, 생태학적으로 유럽대륙을 축소해 놓은 것과 비슷하다는 것이다. 기후도 유럽을 압축해 놓은 것과 비슷하며, 따라서 동식물의 서식분포도 유럽의 압축이라는 것이다. 다소 과장된 일면이 있지만 생각해 보면 터무니없지는 않다. 보자, 한반도는 사계절이 뚜렷하고 더구나 여름과 겨울이 극과 극이다. 남유럽의 햇빛 쨍쨍한 여름이 있는가 하면, 북유럽의 혹독한 겨울이 있다. 이 좁은 땅에서 계절에 따라 수영과 스키를 얼마든지 즐길 수 있다는 것도 복이면 복이다. 똑같진 않지만 비슷한 것을 집에서 동시에 느낄 수 있기에 스페인의 해변에서도, 스코틀랜드의 하일랜드 산악지방에서도 그저 좋다고 느낄 뿐이지 '자지러지지는 않는다'는 것이 당연지사라는 나의 분석이다.

계곡 위에 육중한 석재 다리가 있고 이 다리를 건너면 로슬린 성으로 들어갈 수 있다. 영화 다빈치 코드에서 톰 행크스(로버트)와 오드리 토투(소피)가 마지막으로 헤어지는 장면을 이 다리 위에서 찍었다.

다빈치 코드에서 두 주인공이 마지막으로 헤어진 장면 촬영지

로슬린 성(Rosslyn Castle)의 역사부
터 살펴보자. 세인트 클레어(St.Clair)
가는 이 성을 1304년경 성을 짓기 시
작했는데 그 후 350년 동안 '난공불락'
이라 불리며 보강되고, 포격당하고, 재
건축하고, 확장하고 불에 타기까지 하
다가 1650년 결국 거의 파괴됐다. 몽크
(Monck) 장군이 이끄는 크롬웰의 군
대에 의해서다. 난공불락의 성일지라
도 대포공격에는 어쩔 수가 없었다. 그
후 1778년까지 세인트 클레어가가 대
를 이어 주택으로 이용하여 살았다. 현

재는 랜드마크 트러스트(Landmark Trust)가 고액의 유지비를 감당하면서 관리하
고 있는데 잉글랜드에서 나를 고생시켰던 킹스웨어 성처럼 성의 일부를 숙식이 가능

하도록 만들어 관광객에게 빌려주고 있다. 언뜻 보면 전체가 다 폐허처럼 보이지만 저쪽 한편의 동은 출입을 할 수 없도록 막아놓았는데 아마도 그곳이 관광객을 유치하는 시설인 듯하다.

관광객 숙식시설과 출입 제한 울타리

성이 온전했을 때는 잉글랜드의 성과는 달리 외형이 매우 독특하고 아름다웠을 듯싶다. 이곳 로슬린 골짜기(Rosslyn Glen) 토양의 색깔은 독특하게도 불그스름한 빛을 띠는데 이곳 돌로 지은 예배당과 성도 모두 불그스레한 빛을 띠고 있다. 이런 점도 두 건물을 신비스럽고 독특하게 하는 요소 중 하나다.

폐허 부분

잉글랜드와 스코틀랜드 경계 카터 바(Carter Bar)와 하드리아누스 성벽(Hadrian's Wall)

다음 행선지는 멜로스 수도원이고 그 다음은 하드리아누스 성벽이다. 한꺼번에 여러 유적을 이야기 할 때는 이야기 순서를 어떻게 해야할 지 고민스러울 때가 종종 있다. 역사적 순서와 나의 여행 순서가 비슷하면 이상적으로 여행 순서대로 설명하면 된다. 그러나 보통 여행 순서는 온통 뒤죽박죽일 수밖에 없다. 이때는 어떻게 순서를 잡아야 듣는 사람들이 편리할까를 고민하게 된다. 이런 연유로 멜로스 수도원을 한참 나중으로 미루고 로마가 지배했던 AD 400년대의 이야기를 시작하겠다. 연대 순서대로라면 제일 먼저 했어야 했다. 노르만 정복 후의 유적도, 또 아서 전설의 틴타젤 유적도 하드리아누스 성벽을 쌓은 로마군 주둔 이후이니 이제까지 12세기에서 14세기까지를 주로 이야기 하다가 거의 천 년 전으로 돌아가는 셈이 된다.

우리는 먼저 스코틀랜드와 잉글랜드의 경계를 넘게 된다. 1237년 9월 25일 잉글랜드의 헨리 3세와 스코틀랜드의 알렉산더 2세가 요크에서 맺은 요크조약(Treaty of York)으로 확정되어 그어진 경계선이다. 이 조약으로 노섬벌랜드, 컴벌랜드, 웨

2016년 4월 카터바

스트모얼랜드가 잉글랜드 영토로 확정되었다. 이 후 스코틀랜드는 남쪽으로 더 이상 영토를 넓히고자 하는 시도를 하지 않는다. 로마시대 때는 하드리아누스 성벽이 스코틀랜드를 구분 짓는 경계였겠지만 그 후 경계선이 위로 좀 더 올라오게 되었기에 지금은 로마군 성벽이 잉글랜드에 있다. A68도로에서 내려 본 경계는 소박하다. 양쪽에 잉글랜드와 스코틀랜드라고 크게 써진 큰 돌 경계비와 주변에 설명문 간판이 전부다. 이번에는 잉글랜드 쪽에는 잉글랜드기가 계양되지 않았고, 스코틀랜드 쪽의 스코틀랜드기만 펄럭인다. 이곳을 카터 바(Carter Bar)라고 한다. AD 79년 이후 로마군이 이곳에서 8km 동쪽 지점에 데레 가도(Dere Street 요크에서 스코틀랜드까지 가는 로마길)을 건설하였는데 토착부족들을 제압 정복한 시기와도 비슷하다. 당시의 기록이 없어서겠지만 이곳의 설명에는 정작 기대했던 로마인과의 전투 이야기는 없고 켈트족, 색슨족 그리고 잉글랜드와 스코틀랜드와의 전투에 대한 이야기와 고대 시인들의 전쟁 관련 시, 그리고 잉글랜드와 스코틀랜드의 통합 과정만 설명되어 있다.

카터 바에서 한 시간 쯤 더 남으로 내려가서 하드리아누스 성벽에 도착해 양보가격 6.20파운드를 내고 입장표를 샀다. 매점에서 큰 종이컵에 커피 대신 뜨거운 물을 담아 계산을 같이 하고자 했는데 친절하게도 물 값은 받지 않는다. 뜨거운 물을 손에 들고 20분 정도 걸어 들어가면 검표소 겸 박물관 건물이 나온다. 구경하고 나와 5분 쯤 더 걸어가면 유적이 있다.

카이사르의 브리타니아 정복 후, 로마는 칼레도니아까지 이어서 손에 넣으려고 했다. 하지만 결국 실패하자 그들의 관점으로는 야만인인 북쪽 사람들이 침입하는 것을 막기 위해, 불법 이주자 입국방지용으로, 또 교역세관 체계를 확립하기 위해서라도 무슨 방책이 필요했다. 그래서 하드리아누스 황제가 브리타니아 현장을 방문한 후 그의 명에 의해 AD 122년부터 6년에 걸쳐서 완성한 것이 이 하드리아누스 성벽이다.

Extra story - 성벽 건축의 역사적 배경

좀 더 구체적으로 당시의 상황을 살펴보자. 로마가 브리타니아를 침공한 후 26년 동안 강력한 브리간테 족(Brigantes)을 포함하여 브리타니아 북쪽 부족들은 로마와 협약으로 간섭받지 않은 상태로 지낸다. 그런데 AD 69년 브리간테 부족 내에서 내전이 일어났고 로마와 맺은 협약 이행이 어려운 상태까지 간다. 이에 2년 후 로마군이 진주하여 북쪽을 평정하게 된다. 이 후부터 13년 동안 로마는 칼레도니아(스코틀랜드) 깊숙이 들어가 정복전쟁을 치룬다. 그러나 AD 84년 로마의 정책이 급선회하여 칼레도니아에서 철수한다. AD 100년경 경계는 타인강과 솔웨이 사이에 있는 로마도로 스테인게이트(Stanegate)에 따라 있었다. 이때도 로마의 브리타니아 북쪽에 대한 장악력은 탄탄했다. 당시 브리간테족 등 토착부족들은 소수단위의 마을을 형성하여 흩어져 살았고 큰 마을은 단지 몇 개 뿐이었다. 물론 로마의 지배로 이제까지의 토지소유권, 세금, 조공 등의 사회체계는 당연히 붕괴된 상태였다. AD 122년 로마황제 하드리아누스가 현지 시찰로 브리타니아를 방문한다. 이때 마침 현장에서 심각한 군사적 충돌이 있었고, 즉시 모든 정책이 변하게 된다.

전시실에는 성벽 건축 결정까지의 지난 시대의 역사를 일목요원하게 연대별로 설명해주고 있다.

AD 43   로마군 남동(南東) 잉글랜드에 상륙한다.

AD 43-47   남부 잉글랜드가 제압된다. 그러나 지도자 카라타쿠스
             (Caratacus)의 영도아래 저항이 계속된다.

AD 51   카라타쿠스는 전투에 패해서 브리간테 부족으로 피신한다.
             브리간테 여왕 카티만두아(Cartimandua)는 그를 배신하고
             그를 묶어 로마군에게 넘긴다. 브리간테부족은 로마의 점령
             은 피하지만 로마보호하에 종속국이 된다.

AD 52-57   브리간테 부족의 첫 반란. 여왕의 전남편 베누티우스(Ve-
             nutius)가 주도하여 반란을 일으키나. 로마군에 의하여 진
             압되고 카티만두아는 전과 다름없이 종속국의 여왕으로 복
             귀한다.

AD 60-61   동 앵글리아(East Anglia)의 이케니(Iceni) 부족의 반란.
             로마도시 런던, 콜체스터(Colchester) 세인트 알반스(St.
             Albans)가 파괴된다. 이케니 반란은 결국 진압된다.

AD 69   두 번째 브리간테 부족 반란. 베누티우스에 의하여 카티만
             두아가 왕좌에서 퇴위된다. 그녀는 로마군에 의하여 구출된
             다. 더 이상은 왕좌에는 복귀하지 못한다.

AD 71-74   로마는 브리간테 부족에 대한 종속국정책을 포기한다. 로마
             군은 북부 잉글랜드 정복정책을 시작한다.

AD 74-78   남웨일스 실루리아 부족(Silures)의 영토를 정복한다. 이어
             서 북웨일스 오르도비시아 부족(Ordovicia)을 정복한다.

AD 78–84	북부 잉글랜드의 장악을 공고히 하고 스코틀랜드 하일랜드 깊숙이 전진하여 몬스 그라우피우스(Mons Graupius)에서 칼레도니아 부족들과의 전투에서 승리한다.
AD 84–96	로마제국 내 여러 곳에서 전쟁을 치루어야 하기 때문에 스코틀랜드에서 철수한다. 스코틀랜드 로랜드(Lowlands)에 있는 전초기지와 더불어 타인–솔웨이 사이에 강력한 방위선을 구축한다.
AD 100–105	코부리지(Corbridge)의 로마 전초요새와 주둔지가 불에 탄다. 아마 계획된 철수에 따른 것이겠지만, 부족들의 공격의 결과일 가능성도 있다.
AD 118–122	잉글랜드 북쪽지방에서 전쟁을 재개한다.
AD 122	하드리아누스 황제가 제6군단(The VI Legion)과 함께 브리타니아에 도착한다. 성벽 건축이 시작된다.

하드리아누스 황제 사망 후 새 황제인 안토니우스 피우스(Antonius Pius)는 이 기존 성벽을 뒤로하고 160km 북쪽에 안토니우스 성벽(Antonine Wall)을 새로 만들고 더 많은 요새를 축성해 북쪽 부족을 정복하려고 했으나 실패했다. 약 30년 후 등극한 마르쿠스 아우넬리우스(Marcus Aurelius) 황제 때는 이전과는 반대로 안토니우스 성벽을 포기하고 하드리아누스 성벽을 다시 주 방위선으로 하여 군대를 주둔시켰다. 그리고 로마가 브리타니아에서 철수할 때(410년)까지 이 성벽을 유지 시켰다.

하드리아누스 성벽은 타인(Tyne)강의 올센드(Wallsend/옛이름 Segedunum)에서 솔웨이(Solway)만 해안까지 총 117km에 이르는데, 돌과 이탄(turf)으로 만들었다. 3~6m 폭, 3.5~6m 높이로 넓이와 높이에는 구간마다 다소 변화가 있는데 이는 해자는 포함되지 않은 수치다. 최대 1만 명 이상이 주둔 한 적도 있었다고 하니, 대륙 갈리아 너머 게르마니아 못지않게 로마로서도 신경을 많이 쓴 경계였던 것 같다. 북쪽 칼레도니아(스코틀랜드) 야만인들이 결코 만만치 않았다는 증거이기도 하다. 1 로마마일(1,480m)마다 망루를 세웠고, 큰 요새 17개를 5~11km 간격으로 세웠다.

내가 도착한 곳은 이 17개의 요새 중 하나로 하우스스테드 로마요새(House-steads Roman Fort, 또는 베르코비키움(Vercovicium, 로마식으로 언덕이 많은 곳이라는 뜻))라는 곳으로 노섬벌랜드 주 바돈밀(Bardon Mill) A69 도로 근처에 위치해 있다. 에든버러에서 약 3시간 거리인데, 124년에 축성되었고, 409년까지 로마군이 주둔했던 곳이다. 다른 요새들은 모두 성벽 북쪽으로 돌출해서 만들었는데, 유독이 요새만은 남쪽으로 돌출해서 만들어진 것이 독특하다. 흐르는 물이 없고, 그래서 빗물과 우물물을 사용했을 것이다.

요새는 끊임없는 변형을 거쳤다. 짓고, 헐고, 고치고, 새로운 용도에 따라 변화했다. 그러나 다른 요새들이 겪은 대규모 파괴의 경험은 없었다. AD 138년 안토니우스 성벽으로 방어선이 이동하여 하드리아누스 성벽이 방치되었을 때도 이곳은 군단병력이 주둔했다. 이곳에 주둔했던 로마군은 군단(Legion)과 외인부대(Auxiliary)로 나뉜다. 군단은 5,300명의 보병과 하나의 기병대대로 되어있다. 군단은 로마시민권자로 백인대장이 이끄는 80명으로 구성되는 60개의 백인대로 조직되어있다.(80x60＝4,800으로 계산이 맞지 않지만 정확이 80명도, 정확히 60개의 백인대도 아니었을 것이다)

브리타니아의 로마인들은 4세기까지 대체적으로 번영했다. AD 367년과 AD 400년에 픽트족(Picts)으로부터 공격을 받아 하우스스테드 요새 생활은 전보다 더 위험해졌고 방어시설 보강에 힘쓰게 되었다. AD 406년 게르마니아 전선에 '야만인들'

이 침입했고 이는 로마제국의 혼란의 시작이었으며 아울러 브리타니아의 로마인도 영향을 받게 된다. 지휘체계가 무너진 브리타니아를 포기한 것이다. 브리타니아 로마인들은 콘스탄티누스 3세(Constantine III)를 황제로 옹립했고 그는 주력 야전군 부대를 대리고 대륙으로 건너갔다. 한번 떠난 주력 야전군 부대는 영영 브리타니아로 돌아오지 않았다. 하드리아누스 성벽의 모든 요새의 로마군인들이 한꺼번에 같이 떠난 것은 아니다. 일부는 요새를 지키며 현지 체계에 적응하여 살기도 했던 것 같다. 하우스스테드 요새에서는 AD 430년에 국경수비대가 떠난 것으로 보고 있다. 이로써 로마인의 베르코비키움의 역사는 끝난 것이다.

북부 브리타니아가 역사에 재등장 할 때는 앵글로색슨왕국 데이라(Deira)와 베르니시아(Bernicia)를 통해서였다. 이 두 왕국은 통합되어 AD 604년에 노섬브리아(Northumbria)를 이루게 된다. 그러나 이는 로마 혹은 로마유적과는 다른 또 다른 이야기의 시작이다.

유적지는 1,500년 이상이 지났지만 중세 어느 유적지보다도 더 인상적이다. 로마 문명의 힘이 뚜렷하게 느껴진다. 더 후에 지어진 켈트인의 성과 비교했을 때 몇 세기 전의 로마유적이 오히려 더 선진문명으로 보이는 것은 선입견 때문만은 아닐 것이다.

하드리아누스 황제 재임(AD 117-138) 이전부터 로마는 제국 전역 어디서나 적용 가능한 일정한 모형을 만들어 요새를 건설해 왔다. 로마병사들은 군인이면서도 장인이었다. 요새와 그 안에 지은 시설물들이 어디서나 매우 비슷했다. 규격과 모양이 같아 분리하여 다른 곳으로 이전하여 재사용하기에도 편했다. 보통은 현지 지형에 맞춘다거나 전략적 필요에 의하여 모형에 변화를 주고, 건축 조건에 따라 변형되었지만 그래도 여전히 건축방식은 로마식을 유지하였다. 하우스스테드 요새가 로마

제국의 끝자락 변방이라고는 하지만, 여전히 로마식의 독특함은 살아있다. 갈리아나 게르마니아 출신이 보조부대가 주둔하는 요새일지라도 로마식의 문화적 통일성은 남아있다. 이는 정복지에 로마식이 널리 퍼졌다는 말이 된다.

유적 전경

요새 상상도

곡식창고는 화재, 곰팡이, 해충으로부터 보호되어야 하고, 통풍과 비 피해에도 대비해야했기에 지붕을 더 넓게 하거나 마루를 올리는 등 다른 건물과 달리 설계되었다. 밀 뿐만 아니라 모든 식재료를 보관했는데 800명을 먹여야하니 규모가 컸다.

곡식창고 터

병원 터

요새에는 꽤 큰 규모의 병원도 있었다. 모든 로마군대에는 약품에도 일가견이 있는 전문 지식을 갖춘 외과의사가 있었다. 이정도로 규모 있는 병원이 보조 부대 주둔지인 이 지역에 있는 것은 이례적이라고 한다. 지역적으로 그만큼 위험하고 민감한 지역이며 전투가 잦고 치열했음을 말해준다.

요새와 성벽을 거니는 동안 날씨는 변덕이 죽 끓듯 했다. 햇볕이 나는가 하면 진눈깨비가 앞을 가리기도 했다. 고르지 못한 날씨에 다 둘러보고 버스 출발시간에 맞추어 매표소에 오니 앞에 날씨 안내 간판이 보인다. 흰 분필

글씨로 오늘 요새 날씨 예보를 적어 놨다. "이따금 햇볕이 납니다 그러나 진눈깨비를 조심하세요!"라는 예보다. 1600년 전의 로마병사들도 아마 이곳 날씨 때문에라도 지중해 연안의 고향을 더 그리워했을 법도 하다.

성벽

1974년 내가 해군제대 후 복학한 그해 여름 서울, 충무로에 있는 사설 영어회화학원에 잠시 다닌 적이 있었는데, 그때 영어강사는 20대 초반도 안 될 것 같은 영국 아가씨였다. 수원 가까이에 있는 그녀의 집에 나와 또 한명의 학생이 초대받아 간 적이 있다. 밥 때가 되었는데도 음료수만 얻어먹고 허기져 돌아 왔는데, 이때가 마침 8월 15일 광복절 즈음이라서 안경 끼고 깐깐해 보이는 그녀의 어머니에게 내가 어설픈 영어로 '영국에서는 8월 15일을 무슨 날이라 부르느냐'고 물었었다. 그녀의 대답은 사뭇 엉뚱했다. "We have never been occupied by any…(우리는 누구로부터 결코 점령당한 적이 없었는데….)" 너무 황당한 답이라 지금도 잊혀지지가 않는다. 아글쎄, 무슨 대답이 이래라고 속으로 삭이고, "로마로부터 점령당하지 않았느냐, 그 잔재가 맨체스터 등 도시 이름에 여전히 남아있지 않느냐"고 했는데, 이번에는 고개를 갸우뚱하는 게 내 말을 잘 이해하지 못하는 것 같아 영어 발음 문제일지도 모른다고 생각하고 그냥 화제를 다른 곳으로 돌려 넘어간 일이 있다. 지금 생각해보면, 내 영어가 너무 빈약하여 그녀와의 소통이 잘 안 된 것인지도 모르겠다. 그녀는 2차 대전 때의 경우만 국한했고, 나는 민감하게 받아 들여 고대사까지 걸고 넘어졌고… 하지만 영국도 동남아와 태평양에서 일본과 치열한 전쟁을 했기 때문에 일본의 항복일 8월 15일을 어떻게 부르고, 어떻게 기념하는지에 대한 것을 물은 건데 '우린 한 번도 외세에 점령당하지 않았다'는 말이 왜 나왔는지 모르겠다. 지금도 그녀의 답변에 섭섭함이 있다. 브리튼 섬은 켈트인이 정착한 뒤로도 대륙 여러 종족들의 침입을 받았다. '정복왕'이란 명칭을 받은 왕까지 있지 않은가? 정복왕과 함께 온 노르만 후손들은 지금도 당시 얻은 토지를 소유하고 영국에서 잘살고 있으며, 영국의 허리에는 아직도 하드리아누스 성벽의 유적이 벗을 수 없는 멍에로 길게 둘러져 있는 것을 그 사람은 몰랐던 것 같다.

14

에든버러 성(Edinburgh Castle)과
검은 만찬(Black Dinner)

맑은 날의 에든버러 성

 맑은 하늘 아래 산언덕 위의 에든버러 성은 평화롭게 보인다. 이곳에서 청동기시대의 인간 자취가 발견되었으니 인간 거주지로서의 역사는 꽤 깊다 할 것이다. 왕궁으로서의 역사는 12세기 데이비드 1세부터이니 이 또한 짧다고는 할 수 없다. 천년에 가까운 성의 역사는 스털링 성과 더불어 스코틀랜드의 역사와 그 궤를 같이하여 '스코틀랜드의 운명이 바로 에든버러 성의 운명'이라고 말해도 결코 과장이 아닐 정도다.

 에든버러 시내 어디에서든 성을 바라볼 수 있는데 안개속의 성을 바라보는 사람들에게는 성에 대한 또 다른 상념을 불러일으킨다. 적어도 나에게는 그랬다. 어떤 평범한 성이라도 성은, 더구나 왕궁으로서의 성은 수많은 역사적 사실과 이야깃거리를 남긴다. 에든버러 성도 예외일 수는 없다. 어느 나라 어느 곳에서도 마찬가지일 것이지만 그것을 기술하려면 책 한 권으로는 턱도 없이 부족할 것임은 자명하다. 이 책에서는 1440년 11월 24일 저녁만찬, 후세 사람들이 검은 만찬(Black Dinner)이라고 부르는 것을 이야기하려고 한다. 검은 만찬이 있었던 그날 저녁은 온 세상이, 어쩌면 에든버러 성 주변만이라도 짙은 안개로 뒤덮여있지 않았을까 하는 상상을 해본다.

'검은 만찬'은 스코틀랜드인들의 오래된 풍습 중, 무섭고 괴기스럽기까지 한 '만찬 쟁반 위의 검은 황소머리'와 관련되어 있다. 만찬의 마지막 순서로 나오는 커다란 쟁반-보통 은쟁반-의 내용물이 검은 황소머리면, 이는 그날 주빈으로 초대된 손님의 '죽음'을 의미한다는 것이다.

검은 만찬

당시 왕궁에서는 왕 면전에서 이런 일이 벌어졌다고 한다. '검은 만찬'은 가해자와 피해자가 명확히 밝혀져 있어 애거서 크리스티 식의 미스터리는 아니지만, 이야기 전개방식은 꼭 이 추리 여왕의 소설 '0을 향하여(Towards Zero)' 방식을 취한다. 무슨 사건이 발생하면 대게 발생 시점과 장소에서부터 시작하여 조사하고 수사를 하여 사건을 해결하는데 이 작품의 전개 방식은 그 반대로 사건의 발생을 0(Zero)으로 보고 여러 가지 사건에서 시작하여 결국 0의 지점으로 모아지는 귀납적(歸納的) 방식을 취한다.

시간적인 0의 지점은 가볼 수가 없지만, 공간적인 면에서의 0의 지점이 되는 곳은 물리적으로 우리가 가서 볼 수 있다. 그러나 같은 시간이 아닌 공간이 큰 의미가 없을 수도 있다. 더구나 파괴와 재건의 연속으로 당시의 장소는 변해있기 마련이다.

성은 관광객들을 위하여 문루(GATE HOUSE)를 1번으로 하여 40여개의 볼거리 장소에 번호를 붙여놓았다. 16번 반달포대(HALF-MOON BATTERY) 다음 17번으로 데이비드의 탑(DAVID'S TOWER)이 있는데 이곳이 사건의 0(零) 지점이다. 14세기 데이비드 2세의 거처로 처음 건축되었기에 이런 이름이 붙여진 듯하다. 지금은 반달포대 계단 아래 밑에 묻혀 지하 유적만이 남아있고 사건이 일어났던 지상건물은 모두 없어졌다. '검은 만찬' 130 여 년 후 대포위(大包圍 Lang Siege) 때 포격으로 크게 파손되었고, 결국 포대인 현재의 모습으로 탈바꿈된 것이다. 이곳 지하공간은 여러 가지 의미가 있는데, 2차 대전 중에는 독일군의 침입에 대비하여 왕실 보물, 왕관, 홀(笏), 칼을 이곳에 묻어 숨겼다. 이 지하실에서는 근래까지도 유골이 나왔는데 명예혁명 때의 유골이다. 잉글랜드의 명예혁명은 무혈혁명으로 알려져 있는데, 스코틀랜드에서는 달랐던 것 같다.

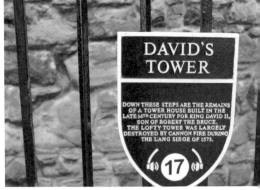

데이비드 탑

1437년 스튜어트 왕조의 3대왕 제임스 1세가 암살당했다. 그의 아들 제임스 2세가 6살의 나이로 왕위를 계승하였으나 아직 어렸기 때문에 왕대비 조안(Queen

Mother, Joan Beaufort)과 귀족들의 섭정은 불가피했다. 에든버러 성주 윌리엄 크라이턴 경(Sir William Crichton), 스털링 성의 성주 알렉산더 리빙스턴 경(Sir Alexander Livingston), 그리고 더글러스가(家)의 5대 백작 아치볼드 더글러스 백작(Archibald Douglas, 5th Earl of Douglas) 등이 당시 주요 귀족으로 꼽힐만 했다. 조안 왕대비와 아치볼드 더글러스 백작이 공동으로 정부수반의 지위에 있었는데, 정확히 밝혀진 바는 없지만 아마도 건강상의 이유로 백작은 나랏일에 도통 관심이 없었고 그래서 국정이 혼란스러워 졌다. 이 틈을 타 리빙스턴과 크라이턴은 서로 경쟁관계가 되고 누가 어린 왕 제임스 2세를 보호하고 있느냐로 권력의 향배가 판가름 나는 시기였다.

왕과 모후 조안이 윌리엄 크라이턴의 보호 하에 에든버러 성에 있을 때 일이다. 하루는 모후 조안이 크라이턴에게 순례를 갈 테니 자신의 부재중 어린 왕을 잘 부탁한다며 길을 떠났다. 그런데 사실은 어린 왕을 상자에 담아 짐으로 위장해 성을 빠져나와 곧장 스털링 성으로 도망간 것이었다. 이제 왕과 모후는 알렉산더 리빙스턴의 보호 하에 들어가게 됐고 권력의 추도 자연히 그에게 돌아가게 된다. 에든버러 성의 크라이턴은 그냥 참고 있지만은 않았다. 2년 후 리빙스턴이 스털링 성을 비운 틈을 타, 어린 제임스 2세가 아침에 말을 타고 산책 나오는 길목에 100명의 기병과 함께 매복해 있다가 불과 몇 명의 부하만 대동한 어린 왕을 납치하다시피 에든버러 성으로 다시 데려온 것이다. 이렇게 되면 권력의 추는 에든버러 성주 크라이턴에게 돌아오게 됐다.

다시 왕이 에든버러 성에 거주할 때인 1439년 6월, 정부수반 위치에 있던 아치볼드 더글러스 5대 백작이 사망하고 고집 세고 젊은 윌리엄 더글러스가 6대 백작으로 승계한다. 당시 더글러스 가문은 스코틀랜드 최고의 재력과 권력을 가진 가문이었다. 젊은 평민들의 로망이 더글러스가의 사병으로 취직하는 것이라는 말이 있을 정도로 유명한 가문이었던 모양이다. 이즈음 모후 조안은 재혼을 했다. 재혼의 이유 중의 하나는 새 남편의 힘을 빌려 귀족들의 영향력에서 벗어나는데 조금이라도 도움이 될까 싶어서였다. 그러나 남편 제임스 스튜어트 경은 론의 흑기사단 소속으로 이는 더글러스 가문을 지지하는 단체여서 모후 조안이 뜻하는 목적대로 되지 않았던 것 같다.

젊고 고집 세며 유능한 젊은 윌리엄 더글러스 6대 백작(William Douglas, 6th Earl of Douglas)의 등장으로 리빙스턴과 크라이턴은 경쟁을 당분간 멈추고 권력을 분점하고 서로 협력하자는 데 합의하게 된다. 공동의 정적이 나타난 것이다. 권력뿐만 아니라 왕권에도 장애가 된다고 생각하여 윌리엄 더글러스 백작을 제거할 필요성을 느끼게 된다. 그들은 백작과 그의 추종자들에게 반역죄를 물어 기소하기는 쉽지만 그의 성에 들어가 백작을 체포하여 법정에 세우는 것은 쉽지 않다는 것을 알고 있었다. 궁리 끝에 에든버러 성주 크라이턴은 자신이 보호하고 있는 왕의 이름으로 백작을 만찬에 초대했다. 이제 많은 사건과 이유들이 만들어낸 0에 거의 가까워진 것이다.

1440년 11월 24일, 윌리엄 더글러스 백작, 그의 11살짜리 동생 데이비드, 그리고 고문 말콤 플레밍 경이 에든버러 성에 도착한다. 떠도는 이야기로는 어린 제임스 2세는 더글러스 가의 귀족들과 친구가 된다는 것에 들떠 매우 기뻐했다고 한다. 음모자 외에는 아무도 앞일을 모르고 왕을 비롯하여 모두가 즐거운 만찬으로 화기애애했다. 그래서 연회가 막바지로 치닫고 드디어 검은 황소머리가 은쟁반에 받쳐서 연회 식탁에 놓였을 때 주빈인 더글러스 백작 일행은 말 할 것도 없고, 어린 왕 제임스 2세도 소스라치게 놀랐다. 사태를 짐작한 어린 왕은 크라이턴을 붙들고 새로 친구가 된 더글러스 가 형제들을 살려달라고 애원한다. 그러나 왕의 애원에도 불구하고 그들의 목은 어린 왕 앞에서 잘려나가고 만다.

검은 만찬과 제임스 2세 초상화

후세 이야기꾼들은 다음과 같은 시까지 지어 극적효과를 노렸다.

하나님이 내린 에든버러 성, 마을 그리고 탑이
죄악으로 내려앉고,
더글러스 백작의 검은 만찬마저도
죄악의 업보려니…

사건 전개가 극적일수록 야사일 경우가 많다. 과장된 극적인 부분을 빼고 확실한 것만을 추려 이야기 하는 사람들도 있기 마련이다. 일단 들어보면:

확실한 것은 백작과 그의 유일한 어린동생 데이비드, 친구이며 고문인 말콤 플레밍이 에든버러 성에 몸소 왔고, 그들은 급히 반역죄로 체포, 즉결 재판에 회부되어 성 언덕에서 참수 당했다. 백작과 동생 데이비드는 당일 사형 당했고, 말콤 플레밍은 나흘 후에 형이 집행되었다. 내부적으로 그의 처형에 이견이 있었던 모양이다. 정사에서는 리빙스턴이나 크라이턴 모두 검은 황소머리를 등장시키는 극적인 대단원을 연출할 만한 성격들은 아니라고 보는 듯 하다. 하여간 죽은 자의 입장에서는 검은 만찬이 사실이건 아니건 비극적으로 죽은 것은 사실이다. 그들의 죽음에 소품으로 검은 황소머리가 등장했든 안 했든 당시를 안개에 파묻힌 에든버러 성으로 상상해도 좋으리라.

안개 속의 에든버러 성

　검은 만찬의 조연에 불과했던 제임스 2세지만 어른이 된 후에는 평범한 왕은 아니었다. 선천적으로 얼굴에 분홍 반점이 있어서 별명이 '화 난 얼굴'이었고, 정말로 불같은 화를 자주 냈다. 17살이 되자 왕으로서의 권리를 행사하기 시작해 20세가 되는 1451년에는 완벽하게 왕권을 회복했는데 '검은 만찬' 12년 후 스털링 성에서 이번에는 그 자신이 8대 더글러스 백작을 칼로 찔러 죽이기도 했다. 그의 죽음도 그의 생애만큼이나 예사롭지 않았다. 스털링 성에는 스튜어트 역대 왕들을 1대 로버트 2세부터 마지막 14대 앤 여왕까지 가계도로 간단히 설명해 놓았는데 그의 이름 밑에는 '자신의 대포에 의하여 날아감'으로 적혀 있다. 록스버러에서 잉글랜드 군을 몰아냈는데 그곳에서 그가 애지중지했던 대포 중 하나가 폭발하여 비극적으로 죽은 것이다. 1460년 그의 나이 30세였다.

Extra story - 번호가 붙은 성의 볼 거리

성에 담긴 이야기가 어디 검은 만찬뿐이겠는가? 성을 둘러보면서 몇 가지를 더 이야기 해보고자 한다. 더 로얄마일 거리는 퀸스 거리나 프린스 거리에 비하여 높은 언덕에 있다. 성은 로얄마일 거리 동쪽 끝에 위치했으며 입구에는 광장이 있는데 축제 때는 이곳에서 벌어지는 타투라고 하는 군대의 야외 분열 행진이 유명하다. 광장을 지나서 해자 위 다리를 지나 성으로 들어간다. 성문 왼쪽에는 로버트 더 브루스의 동상이, 오른쪽에는 윌리엄 월리스 동상이 서있다.

로버트 더 브루스 동상

윌리엄 월리스 동상

광장과 에든버러 성

4. 1시 포(ONE O'CLOCK GUN)

입구에서 조금 들어가면 1시 포가 있는데 일요일 외에는 지금도 오후 1시에 포를 쏜다. 1861년부터 시작 했는데 당시 항구의 배에게 시간을 알려주기 위함 이었다.

1시 포

11. 성 마가렛 예배당(ST. MARGARET'S CHAPEL)

12세기 건물로 성내에서 가장 오래되었다. 데이비드 1세가 어머니에게 헌정하고 왕가의 예배당으로 이용하기 위하여 1130년경에 지었다. 현재도 결혼식, 세례 등 각종 종교 행사로 사용된다. 약 25명 수용 가능할 정도의 작은 크기다. 이곳은 스코틀랜드에서 가장 성스러운 장소 중 하나였다. 왕족들은 종종 이곳에 와서 예배를 보았다. 이번 내가 갔을 때 1시간 정도 관광객이 못 들어가게 통제해서 무슨 일이냐고 물으니 어린아이 세례식이 있다고 했다. 어린아이 울음소리가 들렸다.

스코틀랜드의 영웅 로버트 더 브루스는 1314년 성을 잉글랜드로부터 탈환하고 잉글랜드 군이 더 이상 군사적으로 이용할 수 없도록 모든 건물을 파괴하였으나, 이 성스러운 예배당만은 제외하였다. 그러므로 오늘날의 모습이 옛모습 그대로인 셈이다. 마가렛은 색슨족 공주로 1066년 노르만인이 잉글랜드를 정복했을 때 스코틀랜드로 피신해 왔다. 그녀는 세익스피어 희곡에 나오는 멕베스(Macbeth)라고 알려진 스코틀랜드 왕 마엘 콜루임(Mael Coluim) 또는 말콤 캔모어(Malcom Canmore)와 결혼했다. 후에 그녀의 깊은 신앙심과 학식으로 유명하게 되었다. 1093년 죽은 후에, 그녀의 시신은 성을 포위하고 있었던 군사 사이를 뚫고 몰래 성 밖으로 운구되어 던펌린(Dunfermline)에 매장되었고 150년이 지난 1250년, 신앙심과 자선활동 등을 이유로 성녀(Saint)로 추서되었다. 1566년 스콧의 여왕 메리는 미래의 왕 제임스 6세를

성 마가렛 예배당

분만할 때 수호성인으로 모시던 그녀의 보호를 받기위하여 마가렛의 머리가 들어있는 금박 입힌 용기를 지니고 있었다.

12. 몬스 멕(MONS MEC)

몬스 멕은 1457년 제임스 2세가 부르군디 공작 필립으로부터 선물 받은 거대 중세 공성포다. 잉글랜드와의 전쟁 때 사용하였고, 이성에 두고 예포로 사용하였다. 1651년 포신이 터지는 사고가 난 후 버려진 후 다시 복원되어 이곳에 두었다. 제임스 2세의 대포 사랑은 유명해서 대륙에서부터 선물을 할 정도니 짐작이 간다. 결국 대포 옆에서 죽었지만…

13. 개묘지(DOG CEMETERY)

좀 특이한 것은 13번 개묘지다. 빅토리아 시대의 정원으로 병사들의 마스코트와 장교들의 애완견 묘지다. 성 마가렛 예배당과 몬스 멕 아래로 배산임수의 묘 자리는 아닐지라도 대를 이어 애완견 묘지로 사용하기에는 과분한 경치다. 개묘지 너머로 에든버러 시가지, 녹지, 바다가 한눈에 들어온다.

16. 반달포대(HALF—MOON BATTERY)

반달포대는 뒤에 있는 왕궁을 포격으로부터 보호하기 위하여 만든 포대다. 반달처럼 둥근 원호 형태로 되어있고 포신이 성 밖으로 향한 포들을 전시하고 있 다. 관광객에게 즐거움을 주기 위해 전사복장의 장정 한 명이 구식 총을 들고 절도 있는 동작도 연출하고 관광객과 같이 사진도 찍어준다. 포대 특성 상 앞은 시야기 트여있어 전망이 좋다.

18. 왕궁(ROYAL PALACE)과 19. 스코틀랜드의 영광: 스코틀랜드 왕가의 보물(The Honours of Crown Jewels)

　왕궁은 15, 16세기 스튜어트 왕과 여왕의 거주 궁이었다. 제임스 6세가 태어난 곳이며 메리 여왕 제위 시 사용했던 왕가의 보물인 왕관, 홀(笏), 검이 스콘의 돌(Stone of Scone)과 함께 옛 왕실 방에 진열되어있다. 예전에는 보물만 찍지 못하게 하더니 이번에는 왕궁에 들어서자마자 아무것도 찍지 못하게 규칙이 강화 되어있다. 중국어, 일본어를 포함하여 여러 나라 말로된 유인물이 비치되어 있는데 한국어와 영어 유인물은 없다. 나 같은 경우에는 영국인만큼 빨리 읽어가기 힘드니 중요한 골자만 훑어가며 읽고 나머지는 유인물이 있다면 좋고, 아니면 사진으로 찍어 나중에 읽는다. 그런데 여기서는 사진도 못 찍고 유인물도 없으니 어쩌란 말인가? 독일어 유인물을 하나 집어 들었지만 100% 해독하기는 어렵다.

　왕가의 보물에는 내가 전부터 보고 싶은 것이 추가되어 있었다. 스콘의 돌

왕궁 외부

(Stone of Scone)이다. 이 돌은 다른 말로 운명의 돌(Stone of Destiny)이라고도 하는데 스코틀랜드 왕의 대관식을 이 돌 위에서 했다. 1296년 에드워드 1세가 스코틀랜드에서 가져가 웨스트민스터 사원에 두고 잉글랜드 왕들의 대관식 때 사용하기 시작했는데, 엘리자베스 2세도 마찬가지로 이 돌을 두고 의식을 치렀다. 1996년 11월 700년 만에 스코틀랜드로 반환되어 이곳에 전시된 것이다. 무게 152kg, 크기 66 x 41 x 28cm다. 눈앞에서 보니 여러 가지 생각이 든다.

40. 메리 여왕의 방(QUEEN MARY'S CHAMBER)

1566년 6월 19일, 그녀의 유일한 아이 제임스를 낳은 곳이다. 앞서 언급한 세인트 마가렛의 머리가 든 황금빛 성스런 용기를 들고 산고의 고통을 참았던 곳이 이 방이다. 출산 후 1년이 채 안될 때 핏덩이의 제임스에게 왕위를 넘기고 폐위되고 말았지만, 여왕이 18세의 나이로 프랑스에서 돌아왔을 때는 180cm 정도의 키에, 붉은 머리, 갈색 눈동자로 단연 돋보이는 모습이었다. 몇 년 후 태어난 아이가 스코틀랜드의 제임스 6세이자 잉글랜드의 제임스 1세로 스코틀랜드와 잉글랜드 통합 왕이 된다.

방에는 여왕, 여왕의 첫 남편 프랑수아 2세 등 여러 사람들의 전신 초상화가 벽에 붙어있다.

20. 대강당(GREAT HALL)

이곳은 제임스 4세를 위하여 지은 곳으로 검은 만찬이 있었던 대강당과는 다른 곳이다. 제임스 4세는 1513년 플로든 전투에서 전사하기 몇 달 전 아일랜드 지도자 휴 오도넬을 이곳에서 접견하고 대 잉글랜드 전쟁에 대한 조약을 맺었다. 휴 오도넬에게 새로 건축하여 단장된 대강당을 보여주고 싶었을 것이다. 메리 여왕이 프랑스에서 영구 귀국했을 때 이곳에서 환영 만찬을 열었고 크롬웰 시대에는 군 병영으로 전환되었다. 그러다 1891년 현 상태로 복구하여 지금은 국가와 왕실 행사 때 사용한다. 지붕만 중세식이고, 벽 판넬, 스테인드글라스, 벽난로 등은 모두 빅토리아 시대 것이다. 전시된 갑옷과 투구는 런던 탑 병기고에서 빌린 것이라고 설명되어 있었는데 지금은 설명이 사라졌다. 그냥 설명만 없앤 건지 자체에서 새로 구했는지는 알 수 없다.

24. 군사감옥(MILITARY PRISON)

흥미로운 곳으로 군사감옥이 지하실에 있다. 1842년에 설치한 것으로 법을 위반한 주둔 병사들을 수용하는 작은 빅토리아식 감옥으로 주둔군이 철수한 1932년에 폐쇄되었다. 당시 감옥에 갇혔던 병사의 모형이 있고 죄명이 적혀있는데 그중 한 병사의 이름은 로버트 유닝, 24세로 던바턴셔의 본힐 출신이다. 4년간 복무하던 중, 에든버러 성에서 주둔하며 보초를 서다 술을 마셔 체포됐다. 2개월 중노동과 2개월 독방 감금 처분을 받았는데 그는 전에 방문했을 때, 그러니까 8년 전 여름에도 그 모습 그대로 있었다. 다시 방문하여 여전히 갇혀있는 모습을 보니 안쓰럽다. 옆에서 같이 보던 사람들에게 "저 친구 8년 전에도 갇혀 있더니 아직도 석방이 안됐구먼!"하니 다들 웃는다. 이제는 그만 가둬 놓아도 되지 않을까. 창문을 새로 만들어줘서 방이 밝아졌고 방이 더 깨끗하게 페인트칠이 되어있어서 다행스럽긴 하다.

22. 전쟁포로수용소

프랑스와의 7년 전쟁, 미국 독립 전쟁, 나폴레옹 전쟁 등 잦은 전쟁을 겪던 시기, 1757년부터 1815년까지 58년 동안 포로수용소를 두었다. 주로 영국 근해에서 붙잡힌 수병, 목수, 요리사, 급사, 사략선 선원 등이 수용되어 있었고, 국적별로는 프랑스, 스페인, 네덜란드, 미국, 아일랜드, 심지어 스코틀랜드인도 있었다. 그중 프랑스인이 제일 많았는데 한때 프랑스인 포로가 600명이 넘을 때도 있었다. 장교 포로는 다른 곳에 있었다.

전쟁 포로의 낙서가 새겨진 나무 문

수용소 내부

에든버러 성은 그 역사가 긴 만큼 '믿거나 말거나' 류의 귀신과 유령 출몰 소문이 많다. 예를 들면 북 치는 소년을 꼽을 수 있는데, 성이 공격 받기 전에는 목 없는 작은 소년이 나타나 북을 친다는 이야기다. 파이프 연주자 유령도 있다. 에든버러 성 앞의 거리인 로얄마일(Royal Mile) 밑으로는 여러 곳으로 연결되는 지하 통로가 많은 모양이다. 오래 전, 이 지하 통로를 처음 발견했을 때 파이프 연주자를 탐사자로 들여보냈다. 나머지 사람들이 파이프 소리를 듣고 그를 쉽게 추적하기 위해서였다. (스코틀랜드이니 분명 백파이프였을 것이다.) 한참 파이프 소리가 들리더니 갑자기 뚝 그쳤고, 사람들이 그를 찾아보았지만 흔적도 찾을 수가 없었다. 그 후 종적을 찾을 수 없는 연주자의 모습 대신 파이프 소리만 종종 들리는데, 지금도 여전히 그 소리가 가느다랗게 들릴 때도 있다고 한다. 주로 에든버러 성 쪽에서….

Extra story –
스코틀랜드 여행을 위해 기본적으로 알아야할 이야기들

모두가 알고 있는 명언이지만 여행가와 관광객이 특히 새겨들어야 하는 말로 '아는 만큼 보인다'를 들고 싶다. 스코틀랜드 여행을 하려고 하면 기본적으로 미리 알고가야 할 것들이 있다. 어디, 여행이나 관광뿐이겠는가? 영화를 하나 보더라도, 문학 등의 예술작품을 감상하더라도 그 배경을 알아야 진정한 감상이 가능할 것이다. 이를 테면 멜 깁슨(Mel Gibson)이 특유의 호주억양을 애써 죽이면서 열연 했던 브레이브하트(Braveheart)도 기본적인 역사 배경을 조금이라도 아는 것하고, 전혀 모르는 것하고는 감상의 깊이가 많이 달라진다. 앞에서 여러 성을 소개하면서 로버트 더 브루스니 재커바이트니 여러 번 언급했는데, 앞으로 본격적으로 이들과 관련된 성을 언급해야 하기에 이쯤에서 스코틀랜드에 대한 꼭 알아야 할 키워드 혹은 필수단어를 좀 더 자세히 설명하려고 한다.

스코틀랜드를 여행하고자 한다면 최소한 이 다섯 가지만은 기본적으로 숙지해야 한다고 본다.

1. 로버트 (더) 브루스(Robert (the) Bruce)
2. 스튜어트 왕가(House of Stewart/Stuart)
3. 재커바이트(Jacobite)
4. 윌리엄 월리스(William Wallace)
5. 스콧의 여왕, 메리(Mary, Queen of Scots)

이 다섯 가지를 알지 못하면 스코틀랜드를 제대로 이해할 수도 없다. 이것을 모르고 스코틀랜드를 여행한다면 황량한 자연환경과 폐허의 혹은 복원된 돌무더기(성곽)만 보고 올 것이다.

2014년 9월 18일 스코틀랜드 32개 지역에서 치러진 분리 독립 주민투표 집계 결과는 반대 55.3%, 찬성 44.7%로 부결되었다. 이 결과로 당분간은 조용히 지낼지는 모르겠으나 어떤 계기만 마련되면 이 문제는 언제라도 불꽃이 일듯 다시 일어날 수 있다. 사실 스코틀랜드와 잉글랜드는 민족과 국가 간의 지배와 피지배, 침탈과 피침탈의 관계보다 복잡하고 독특한 관계다. 같은 핏줄이 아니면서도 정말 끈질긴 인연의 고리로 묶여있다고 보아야 할 것이다. 때문에 그리 쉽게 갈라설 수는 없을 듯도 하다. 아마 단순한 침략 대 피침략의 역사였더라면 이미 오래 전에 분리되었을 것이다.

그럭저럭 나쁘지 않은 관계를 유지하던 잉글랜드와 스코틀랜드가 반목하게 된 건 1286년 스코틀랜드 왕 알렉산더 3세(Alexander III)가 낙마사고로 사망한 이후부터로 본다. 한 통치자의 죽음은 예나 지금이나 역사의 흐름에 많은 영향을 주기 때문에 우리가 여전히 주시하는 점이기도 하다. 더군다나 알렉산더 3세는 통치기간 동안 안정된 경제와 잉글랜드와의 호의적인 관계를 유지했었다.

왕이 사고로 죽은 후 공주와 왕자는 그보다 일찍 죽어 정해진 후계자가 없었기 때문에 귀족들은 노르웨이에 있는 왕의 4살 손녀 마가렛(Margaret, Maid of Norway)을 여왕으로 옹립하고 마가렛이 성인이 될 때까지 임시정부를 구성하여 공동통치하기로 한다.

잉글랜드의 에드워드 1세(Edward I)는 스코틀랜드가 불안정한 기회를 놓치지 않았다. 발 빠르게 벅함 조약(Treaty of Birgham)을 체결하는데 '스코틀랜드 여왕 마가렛과 잉글랜드의 왕자 에드워드(Edward, Prince of Wales)를 약혼시키며, 스코틀랜드는 분리된 왕국을 유지한다.'는 내용이었다. 그러나 1290년, 노르웨이에서 돌아오던 도중 마가렛이 병사하고 만다. 고작 7살이었으니 당연히 뚜렷한 왕위계승권자가 없었고, 계승권 전쟁이 일어날 판이었다. 이때 역사에 등장하는 인물이 바로 로버트 더 브루스와 존 베일리얼(John Balliol)이다.

현명했던 이들은 내전이라는 최악의 사태를 피하기 위해 잉글랜드의 에드워드 1세를 중재자로 끌어 들인다. 중재를 해주는 조건으로 에드워드 1세는 스코틀랜드의 최고영주(Lord Paramount of Scotland)의 지위를 요구했고 이 조건은 받아들여졌다. 1292년 11월 초 법적절차를 밟은 후 17일에 잉글랜드 왕 에드워드 1세는 스코틀랜드의 왕으로 존 베일리얼(John Balliol)을 공포한다. 그러나 이후 에드워드 1세는 스코틀랜드의 법과 관습을 무시하고, 스코틀랜드와의 조약 등을 전혀 지키지 않았으며, 존 베일리얼 왕을 보통죄인으로 잉글랜드 법정에 소환까지 한다. 여러 차례의 조약 이행 요구에도 거절당하자 존 베일리얼은 잉글랜드와의 관계 파기(실제적으로는 충성맹세의 파기)를 선언하기에 이른다. 이에 에드워드 1세는 스코틀랜드를 침공하여 반대 세력을 학살하고 7월 존 베일리얼 왕을 폐위시키고, 8월에 약 1,800명의 스코틀랜드 귀족들을 모아놓고 그들로부터 충성서약을 받아 낸다. 스코틀랜드 왕권의 상징인 스콘의 돌(Stone of Scone)도 이때 빼앗아 갔다. 윌리엄 월리스는 이 시기 민중 영웅으로 등장한 인물이다.

윌리엄 월리스(William Wallace, 1272〈1276?〉-1305)

1995년에 제작된 할리우드 영화 브레이브하트(Braveheart)는 스코틀랜드의 전설적 영웅 윌리엄 월리스의 일대기를 그린 작품으로 오스카상 10개 부문 후보에 올라 5개 부문에서 상을 거머쥐었고 해외에까지 스코틀랜드에 대한 관심을 불러일으켰다. 그런데, 2009년 타임지(The Times)가 선정한 '역사적으로 가장 부정확한 영화(A list of most historically inaccurate movies)'에서 2위에 오르기도 했다. 역사가들의 의견을 일견한 후에 이 영화를 본다면, 윌리엄 월리스가 잉글랜드에 대항했고 결국 런던에서 처형당했다는 것 외에는 거의 다 픽션임을 알게 될 것이다. 이 영화를 비판하는 사람들의 말을 옮겨보면,

1. 이 영화는 역사적 사실을 거의 다 왜곡 했다.

2. 옛 시에서는 용감한 심장, 브레이브하트(Brave Heart)는 로버트 더 브루스(Robert the Bruce)를 뜻하지, 윌리엄 월리스를 지칭하지 않는다.

3. 프랑스 공주 이사벨라(소피 마르소 扮)와 윌리엄 월리스는 서로 만난 적이 없고, 월리스가 처형당할 때 그녀는 10살 미만이었기 때문에 그 둘은 사랑을 나눌 수가 없다.

4. 영화 속 복장은 전혀 엉뚱한 것으로, 미국 독립 전 사람들에게 21세기 정장을 입혀 놓은 꼴이다.

5. 사건 정황 자체, 날짜, 인물, 이름까지 어느 하나 정확한 것이 없다.

6. 로버트 더 브루스가 윌리엄 월리스를 배신했다고 나오는데, 사실은 배신한 적이 없다.

반면 영화를 통해 스코틀랜드에 대해 적지 않는 부분을 알 수 있는 것도 사실이다. 스코틀랜드의 자연이 특히 그렇다. 해리 포터 시리즈도 많은 장면을 스코틀랜드에서 촬영했지만 실제 자연환경인지 만든 것인지 모를 정도로 인위적 손질(CG)을 많이 했다. 때문에 '이것이 스코틀랜드다'라고 말하기 힘든 경우가 많은데, 이 영화는 비교적 자연을 그대로 담았다.

13세기 스코틀랜드, 역경의 시대를 풍미했던 인물들이 거의 다 등장하기도 한다. 민중 영웅 윌리엄 월리스, 스튜어트 왕조의 사실상의 시작점인 로버트 더 브루스, 브루스와 왕권경쟁에서 패배한 존 베일리얼, 잉글랜드의 에드워드 1세 등, 비록 왜곡되어 있지만 픽션의 유혹에 넘어가지만 않는다면 스코틀랜드의 역사를 이해하는데 도움이 될 것이다. 좀 오래된 영화지만 중심을 잘 잡는 냉정한 지적 추구자라면, 스코틀랜드 여행 전에 이 영화를 보고 가는 것이 도움이 될 것이다.

윌리엄 월리스는 굵고 짧게 살다간 인물이다. 30대 초에 처형당해 짧은 생을 살았으나 오늘날 스코틀랜드 이곳저곳에 있는 그의 동상과 기념탑이 대변하듯, 여전히 스코틀랜드인의 영웅으로 남아있다. 우리나라로 치면 독립 운동의 대표적 인물인 안중근, 유관순 정도로 보면 된다. 그의 행적과 이야기는 13세기 것이라 확실한 역사적 증거가 부족한데 그래서 역사적 기록보다는 15세기의 서사시인 '눈먼 해리(Blind Harry)의 시'나 다소 과장된 전설에 의존하고 있는 것도 특징이라면 특징이다. 그가 죽은 해는 기록으로 남아 있어 확실하지만 태어난 해부터가 확실치 않다, 평민이라는 설도, 귀족이라는 설도 있다. 잉글랜드 군에게 저항하게 된 직접적인 계기도 전설과 야사로 된 여러 가지 설이 있을 뿐 확실한 것은 아니다. 이를 테면, 영화에서처럼 잉글랜드 군이 사랑하는 여자를 죽였기 때문일 수도, 아이샤이어의 전설에서처럼 래너크(Lanark) 시장에서 시비 끝에 잉글랜드 병사를 살해해서일 수도, 성 바울 성당의 안내문에 써진 대로 그와 그의 가족을 모욕한 잉글랜드인 지배자의 아들을 살해한 것이 개기가 되어 독립전쟁을 시작하게 되었을 수도 있다. 분명한 것은 그가 잉글랜드 군에게 쫓기게 되었고, 독립군들 사이에서 그의 존재감이 커졌다는 것이다. 연도별로 간략하게 정리하면 다음과 같다.

1297년 9월   스털링다리 전투(Battle of Stirling Bridge)에서 잉글랜드 군에 승리하고 '스코틀랜드의 수호자(Guardian of Scotland)' 칭호를 얻음
1298년 7월   폴커크 전투(Battle of Falkirk)에서 패배
      9월   로버트 더 브루스, 존 커민의 뜻에 따라 수호자 칭호를 내놓음
1305년 8월   체포되어 에드워드 1세 잉글랜드 왕에게 넘겨져 런던에서 처형됨

로버트 (더) 브루스(Robert (the) Bruce, 1274–1329)

로버트 브루스는 윌리엄 월리스와는 달리 50대 중반까지 살았다. 스튜어트 왕조의 발원자로 역사에 기록될 충분한 시간이 있었던 것이다. 그의 동상은 에든버러 성문 옆, 스털링 성 앞 등 스코틀랜드 여러 곳에 있다. 스코틀랜드 역사에서 윌리엄 월리스가 안중근이나 유관순이라면, 당시의 강대국 잉글랜드의 제도권에서 때로는 타협하고, 때로는 항거했던 로버트 더 브루스는 우리 역사에서 당시의 강대국 일본의 제도권내에서 분투했던 유력한 황족 중의 한 사람과 같다고나 할까. 알렉산더 3세가 죽지 않고 평화스런 시대가 계속되었더라면 힘 있는 귀족으로서 사치를 하며 평화스럽게 일생을 보냈을 터인데 불행인지 다행인지 난세의 영웅으로써 온갖 고초를 겪게 된다.

당시 로버트 더 브루스는 캐릭 백작이자 아난데일(Annandale)의 7대 영주로서 스코틀랜드에 거대한 영지와 재산, 그리고 수많은 식솔을 거느리고 있었다. 그보다는 적지만 잉글랜드 지역에도 재산이 있었으며 그의 영지 사람들은 모두 왕권은 그들의 영주에게 있다고 믿어 의심치 않았다. 하지만 당시 상황으로는 왕좌에 집착하게 되면 'All or Nothing', 온 세상을 거대한 전쟁으로 몰아넣고 만약 실패한다면 그가 거느린 사람들을 비롯해 가진 모든 것을 잃으리란 것을 그 자신이 가장 잘 알고 있었다.

그는 잉글랜드와 스코틀랜드 사이에서 줄을 타듯 이쪽저쪽으로 지지를 변경하곤 했다. 때문에 스코틀랜드 왕국 재건을 원하는 독립군 단체에서는 그를 믿지 못했다. 그의 유력한 경쟁자 중의 한사람인 존 코민은 잉글랜드에 대한 보다 단호한 견해를 가지고 있었고, 당연히 코민 쪽 사람들은 로버트 브루스의 왕권 도전에 심하게 제동을 걸었다.

어쨌든 이 무렵 그에겐 거사를 도모할 의사가 있었던 것 같다. 진위 여부는 알 수 없지만, 브루스가 주도하여 잉글랜드에 대항해 군사를 일으킨다면, 코민은 브루스의 토지를 받고 왕권은 포기한다는 밀약이 있었다고 한다. 그리고 이 밀약 때문에 존 코민과 결정적으로 틀어지게 된다.

브루스가 잉글랜드에 있을 때 잉글랜드의 에드워드 1세는 그를 체포하려고 했다. 이때 왕의 사위인 친구 랄프 드 몬더머(Ralph de Monthermer)가 이를 알고 귀띔해 주어 밤에 그의 부하와 함께 탈출 스코틀랜드로 돌아왔는데, 군사를 일으키기도 전에 에드워드 1세가 브루스를 체포하려 한 것이 바로 코민이 밀약을 에드워드 1세에게 알렸기 때문이라는 것이다.

1306년 2월 10일 브루스는 덤프리스(Dumfries)에 있는 그레이프라이어스 교회(Church of Greyfriars)에서 코민과 회합을 가졌다. 이때 코민의 배반을 추궁하며 다투던 끝에 제단 위에서 코민을 죽이게 된다. 브루스는 즉시 글라스고(Glasgow)의 주교 로버트 위샤트(Robert Wishart)에게 가서 고백을 하고 용서를 빌어 사면을 받았으나, 결국 이 죄로 파문 당한다. 이제는 이 판사판, 주사위는 던져졌다. 왕이 되지 않으면 도망자가 될 처지다. 마침내 '스코틀랜드 왕'을 자처하고 나섰다.

코민 살해사건

하지만 잉글랜드의 기록은 다르다. 코민 살해는 브루스가 왕권에 대한 욕심으로 미리 계획한 것이며, 그래서 에드워드 1세가 주교에게 서신을 보내 그를 파문하도록 했다는 것이다. 에드워드 1세가 브루스의 배신을 코민 살해 이전에 알았다는 증거는 아직도 없다. 코민 살해사건을 사건 며칠 후에야 알았다는 것이다.

3월 25일 스콘(Scone)에서 잉글랜드 몰래 숨겨 놓은 왕족의 옷을 입고 주교 윌리엄 드 램버턴(William de Lamberton)의 주관으로 대관식을 치루고 로버트 1세(Robert I)로 즉위한 이후, 그는 6월 메드번(Methven)과, 8월 스트래스필렌(Strathfillan)에서 연속

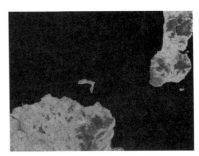
섬의 항공사진으로 부메랑 닮은 섬이 그 섬이고, 가까운 곳은 아일랜드, 위 먼 곳은 스코틀랜드다.

해서 패배한다. 결국 아내 등 가족을 동생 닐 브루스(Neil Bruce)에게 맡기고, 소수의 인원만을 대리고 북아일랜드 해안에 있는 작은 래슬린 섬(Rathlin Island)으로 도망간다.

다음 해 2월, 스코틀랜드로 돌아온 브루스는 부대를 둘로 나누어 게릴라투쟁을 전개한다. 봄이 되자 에드워드 1세는 다시 스코틀랜드를 공략했고. 브루스 즉 스코틀랜드의 왕 로버트 1세의 토지를 몰수하고 측근들에게 나누어주고, 그의 파문을 세상에 공포한다. 왕비 엘리자베스, 공주, 왕의 여동생 등을

잡아 몇 년 동안 감옥에서 고생시켜 죽게 했고, 브루스의 동생 닐을 체포하여 처형했다. 그러다 브루스에게도 행운이 찾아왔다. 7월 7일 에드워드 1세가 사망한 것이다. 에드워드 1세가 없어서 인지 차근차근 성을 점령해 나갔다. 이후의 행적은 다음과 같다.

1309년 3월	세인트 앤드류(St. Andrew)에서 왕국의 첫 의회를 열음
8월	테이(Tay)강 북쪽 대부분을 수중에 넣음
1310년	스코틀랜드의 교회 교단은 파문에도 불구하고 브루스를 왕으로 승인. 이는 정치적으로 큰 의미가 있음
1311~13년	3년 동안 많은 성과 지역을 점령해나감
1314년	배넉번 전투(Battle of Bannockburn)에서 승리하여 외교적으로는 아니지만, 군사적으로 잉글랜드로부터 독립성 확보
1315~18년	아일랜드 공략 실패
1320년 4월 6일	독립선언서(Declaration of Arbroath)를 교황 요하네스 22세(Pope John XXII)에게 제출. 결과적으로 브루스의 파문이 철회됨.
1328년 5월	잉글랜드 왕 에드워드 3세(Edward III)는 조약(Treaty of Edinburgh-Northampton)에 서명하고, 스코틀랜드를 하나의 독립된 왕국으로 승인하고, 브루스를 왕으로 인정함

재커바이트(Jacobite)

스코틀랜드를 여행하게 되면 안내문, 또는 현지 관광안내인으로부터 재커바이트(Jacobite)라는 말을 자주 듣게 된다. 사전 지식이 없다면 한동안은 불편할 수밖에 없다.

사전식으로 간단히 정의하자면 재커바이트(Jacobite)는 1688년 명예혁명으로 왕위에서 축출된 스튜어트 왕가의 제임스 2세/7세(JAMES II/VII)의 추종자 및 제임스 2세/7세(JAMES II/VII) 후손의 추종자를 뜻한다. 제임스(James)는 라틴어로 야고부스(Jacobus)인데 여기에서 Jacobite라는 말이 나오고, 영어식으로 재커바이트가 된 것이다. 재커바이트가 있으면 당연히 재커비티즘(Jacobitism)이라는 것도 있을 것이다. 재커바이트의 주장은 크게 두 가지이다. 하나는 왕권은 신성하다는 것이고 다른 하나는 제임스 2세/7세는 합법적이지 않은 의회에 의하여 폐위되었기에 그 폐위는 불법이라는 것이다.

17세기 후반의 영국(당시는 아일랜드 포함)은 정치 종교적으로 매우 혼란한 시기였다. 찰스 1세(Charles I)를 참수하고 세운 올리버 크롬웰(Oliver Cromwell)의 공화정이 끝나며 찰스 2세(Charles II)의 왕정복고가 이루어졌고, 성공회를 재건하고 영국국교정부를 수립했다. 하지만 찰스 2세가 죽은 후 동생인 제임스 2세/7세(JAMES II/VII, 잉글랜드/스코틀랜드)가 뒤를 잇자 구교도(가톨릭)였던 그는 당연히 구교에 관대한 정책을 실시한다. 왕의 정책은 종교적, 정치적 긴장을 불러 온다. 왕의 맏딸 메리(Mary)와 결혼한 네덜란드의 오렌지 공 (William of Orange, Prince of Orange)은 이를 이용해 당장 메리에게 왕위를 넘기라며 공작을 폈으나 영국 내 정치 엘리트들은 망설인다. 왜냐하면 왕은 이미 50대로 당시 기준으로 볼 때 고령이고, 따라서 재임 기간이 얼마 남지 않았다고 생각했기 때문이다. 더구나 계승 서열 1위인 메리가 신교도이니 서두르지 않아도 조만간 정권이 자동으로 신교도 측으로 넘어갈 거라고 생각했다. 그러나 역사는 예측대로만 진행되지는 않는 법이다.

1688년 왕의 두 번째 부인 메리(Mary of Modena)가 아들을 낳는다. 왕자는 즉시 가톨릭 식으로 세례를 받았다. 이제는 상황이 바뀐 것이다. 이에 영국의 귀족 7명(Immortal Seven)은 연서한 서신, '윌리엄에게 보내는 초청장

(Invitation to William)'을 오렌지 공에게 보냈다. 내용은 윌리엄과 메리가 와서 왕을 폐위시키고 영국 왕이 되어 달라는 것이었다. 서신을 받은 오렌지 공은 11월 4일 토베이(Torbay)에 도착, 바로 그 다음 날 브릭스험(Brixham)에 상륙하고, 제임스 2세/7세는 옥쇄를 템즈 강에 버리고 프랑스로 도망한다. 이것을 영국사에서는 명예혁명(Glorious Revolution)이라고 한다.

제임스 2세/7세가 프랑스로 망명한 후 오렌지 공은 윌리엄 2세/3세(William II/III)로, 제임스의 맏딸 메리는 메리 2세(Mary II)로 공동으로 왕위에 오른다. 그러나 대부분의 가톨릭 구교도와 왕당파(Tory Royalist)는 여전히 제임스 2세/7세를 합법적인 군주로 지지한다. 스코틀랜드는 오렌지 공을 왕으로 받아들이는데 상대적으로 더디었다. 소규모의 저항이 있었고 우여곡절이 있었으나 같은 해 4월 11일 에든버러에서 소집된 의회에서 윌리엄과 메리 2세가 왕이라는 것을 공포하고 다음 달 5월에 런던에서 대관식이 치러졌다.

재커비티즘(Jacobitism)의 온상은 종교적으로는 로마 가톨릭과 성공회 쪽이고, 지리적으로는 구교가 75% 이상이며 스튜어트 왕가에 호의적이었던 아일랜드다. 스코틀랜드 하일랜드(Highlands)에서는 양상이 좀 달랐다. 하일랜드 씨족(Clan)들에게는 종교적인 면 보다는 씨족간의 정치적인 갈등이 더 중요했다. 제임스 7세(잉글랜드에서는 2세)는 이전의 왕들과는 달리 하일랜드의 평화를 위하여 중요한 사항을 씨족장들과 함께 호의적인 입장에서 처리했기 때문이다. 그래서 씨족장들 중에는 재커비티즘을 그들의 영토에 침입한 호전적인 현 정부에 대항하는 수단으로 여겼던 사람도 있다. 이들은 사병을 유지할 수 있는 세력이있딘 지라 재기바이트 봉기 때 많은 군대를 지원할 수 있었다. 정부 정책에 불만을 품은 휘그당원들도 재커바이트 봉기에 동참했는데 주로 봉기가 성공했을 때를 대비해 보험을 들어둔다는 생각이었다. 또 모험가들도 봉기에 참여했다.

15

로버트 더 브루스의 심장이 묻혀있는 멜로스 수도원(Melrose Abbey)

로버트 1세(Robert I)가 죽고 아들 데이비드 2세(David II)가 5살에 즉위한 후, 로버트 1세(브루스)의 몸은 던펌린 수도원(Dunfermline Abbey)에, 심장은 멜로스 수도원(Melrose Abbey)에 묻혔다.

14세기 연대기 작가 존 바버(John Barbour)에 의하면 모레이 백작(Earl of Moray)이 브루스의 심장을 멜로스 수도원에 묻었다고 했다. 그렇게 하라고 죽기 전인 1329년에 브루스가 몸소 요청했다는 것이다. 그리고 아들과 이후 왕위 계승자들에게 수도원에 돈을 지불하라는 말을 남겼다고 한다. 세상은 이 심장에 대하여 그리 관심을 두지 않았던 것 같다. 현장 설명에 의하면 1997년 여름 참사회 회의장에서 브루스의 심장이 들어있을 것으로 생각되는 원뿔 납 용기를 발굴했다. 이는 1921년에 최초 발굴하여 되묻은 것으로 판명됐는데 이번에도 마찬가지로 다시 묻었다.

그의 방부처리 된 심장은 십자군 원정 때 부적처럼 여겨져 무어인들의 도시인 그라나다(Granada)까지 십자군과 함께 이동된다. 스페인에서 벌어진 테바(Teba) 전투에서는 스코틀랜드 파견대의 부적으로 이용되었다. 그의 심장을 가져온 친구 제임스 더글러스도 이 전투에서 전사했는데, 그의 심장도 분리하여 묻었다. 중세 유럽에는 죽은 후 몸을 분리하여 여러 곳에 묻어 여러 곳에서 사자를 기리는 풍습이 있었는데 특히 잉글랜드 왕조와 프랑스 왕조에서 이런 풍습이 있었다. 하지만 로버트 더 브루스나 제임스 더글러스의 경우, 격렬한 이론적 토론 끝에 1299년, 이미 교황령으로 풍습이 금지된 후라 그다지 일반적인 풍습을 따른 것이라곤 하기 어렵다.

멜로스 수도원은 1136년 데이비드 1세의 명에 의하여 시토교 수도사들이 건축하였다. 잉글랜드와의 경계에 있으니 필연적으로 여러 차례의 파괴가 지나갔고 결국 폐허로 남을 수밖에 없었다. 브루스의 심장외 알렉산더 2세 등 여러 왕과 귀족들이 이곳에 묻혀있다. 현재 히스토릭 스코틀랜드(Historic Scotland)가 관리한다.

예전에 왔을 때는 역사적인 설명이 주를 이뤘었는데, 지금은 수도원 생활에 대한 설명이 많다. 수도사들의 생활은 기도와 노동이 전부로 매일 매일의 행동은 모두 종교의식화 되어있었다. 잘 때도 수도사는 예복을 착용하고 이불 위로 두 손을 모으고 자야 했다. 항상 조용해야하고 침묵을 깨는 것은 주변 다른 수도사들에게 종교서적을 읽어줄 때 뿐 이었다. 수도원의 생활을 요약하자면 "음식은 부족하고, 옷은 남루하며, 시냇물을 마시고, 책 위에서 잔다.(리보 수도원의 수도원장 알리드Abbot Aelred of Rievaulx)"

수도사는 수도원 밖에서 사는 것이 허용되지 않는다. 규칙에 따라 거소는 수도원 내 이어야하고, 시간 맞추어 농장에 가야하고, 그곳에서도 오래동안 머물러서는 안된다. 수도사가 생활하고 일하는 속은 이방인들의 눈에 띄지 않는 곳이어야 한다. 중세 수도원 생활은 힘든 구도의 길이었던 것 같다.

브루스 심장무덤   전망대의 나

16

스튜어트 왕가 그리고 메리 여왕

나는 그리스 신화 이야기를 좋아한다. 신화 이상의 의미를 내포하고 있기 때문이다. 그런데 그리스 신화에 나오는 신들의 가계도는 말할 필요도 없고, 그곳의 인간 왕가 혹은 영웅들의 가계도는 우리 한국인들의 상식선에서는 받아들일 수 없을 만큼 심히 복잡하다. 현실과 동떨어진 신화이기 때문이려니 했는데, 영국 왕가의 계보를 살펴보면 신화 속의 그것 못지않게 얽히고 설키어 있어 신화가 현실을 반영한 것이라는 걸 알 수 있다. 신화도 인간이 만들어낸 것이니 인간의 본성이 반영되지 않을 수 없으리라. 아니면 교육을 통하여 일리아드, 오디세이와 그리스 신화로부터 형성된 서구인들의 인문학적 의식구조가 그리스 신화 속에 나오는 것을 은연 중에 따라서 하게 만드는 지도 모르겠다. 이를테면 제우스와 헤라 사이에서 난 아들 아레스와 제우스의 할아버지인 우라노스의 딸인 아프로디테 사이에서 에로스가 태어난다는 식의 가계도는 영국 왕 계보도에 드물지 않다는 말이다.

우리의 역사와 의식구조가 다른 영국인의 역사와 왕가를 살펴보면 우리의 상식으로 이해 안 가는 부분이 많은데, 그중 하나가 동일한 왕의 명칭이 스코틀랜드 왕일 때와 잉글랜드와 아일랜드의 왕일 때의 명칭이 다르다는 점이다. 이를테면 스코틀랜드의 제임스 6세는 잉글랜드 왕으로서는 제임스 1세가 되는 것이다. 이는 일인이왕(一人二王), 같은 사람이 또 다른 군주의 역할을 한다는 의미일 것이다. 아직도 스코틀랜드와 잉글랜드가 정치적으로나 법률적으로 통합된 것이 아니어서 서로 각각의 법률과 의회 및 정부가 존재하고 단지 그 정점인 군주만 사정에 의하여 동일한 사람이라고 이해하여야 할 것이다.

  앞서 로버트 더 브루스(Robert the Bruce) 즉 로버트 1세(Robert I)가 죽고, 5살 난 아들 데이비드 2세(David II)가 즉위할 때까지를 언급했다. 데이비드 2세는 47년을 통치했지만 후계자 없이 세상을 떠난다. 이에 스코틀랜드 왕관은 데이비드 2세의 배다른 누이 마저리의 아들인 로버트 스튜어트(Robert Stewart)에게 돌아간다. 그가 바로 로버트 2세(Robert II)이자 스튜어트 왕조의 첫 왕이 된다.

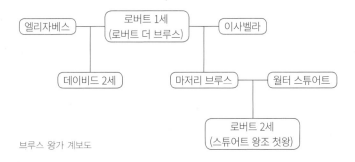

브루스 왕가 계보도

  스튜어트 왕가 중 가장 흥미로운 건 단연 메리 여왕이다. 잉글랜드와 스코틀랜드의 갈등이 전적으로 이 여왕 때문인 것은 아니지만 그래도 가장 격렬한 갈등 시기를 겪었고, 그의 아들 제임스 1세/6세가 드디어 잉글랜드/스코틀랜드의 통합 왕으로 군림하게 되기에 그녀의 시대가 분기점이 되기도 했기 때문이다. 먼저 처음 왕부터 마지막 왕까지 간단히 살펴보고, 그 다음 메리 여왕을 심층적으로 살펴보려고 한다. 여왕의 일대기는 그의 정치 편력, 남성편력, 그 유명한 엘리자베스 1세와의 갈등 등으로 드라마나 영화 속에서 엄청나게 많이 다뤄지고 있다. 덧붙이자면, 또 다른 메리 여왕, 튜더왕가의 '블러디 메리'(잉글랜드의 메리 1세 Mary I)와 혼동하기 쉬워 헷갈림에 주의해야 한다.

스털링 성에는 스튜어트 왕가의 모든 왕에 관하여 초상화와 함께 비교적 자세히 설명되어 있다. 또 지금은 없어졌지만 예전에는 스코틀랜드의 국화인 엉겅퀴 꽃 아래 스튜어트의 14대 모든 왕을 순서대로 표시하고 대표되는 간단한 코멘트를 달아 놓은 그림도 함께 걸려 있었다.

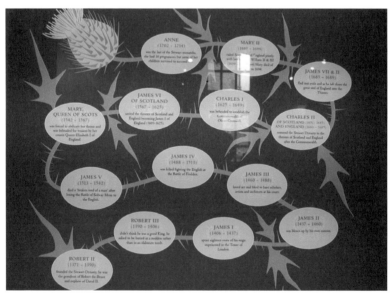

스튜어트왕 계보 엉겅퀴

1. 로버트 2세 (ROBERT II) (1371-1390)

스튜어트 왕조(Stewart Dynasty) 세움. 로버트 더 브루스의 외손자. 데이비드 2세의 조카

2. 로버트 3세 (ROBERT III) (1390-1406)

좋은 왕은 아님. 호화묘지가 아닌 초라한 묘에 묻어 달라고 요구

3. 제임스 1세 (JAMES I) (1406-1437)

치세 중 18년 동안 런던 탑(Tower of London)에 갇혀 지냄

4. 제임스 2세 (JAMES II) (1437-1460)

자신의 대포에 의하여 날아감

5. 제임스 3세 (JAMES III) (1460-1488)

예술을 사랑하고, 궁정에 학자, 예술가, 건축가들이 머무는 것을 좋아함

6. 제임스 4세 (JAMES IV) (1488-1513)

잉글랜드와의 전투 플로든 전투(Battle of Flodden)에서 전사

7. 제임스 5세 (JAMES V) (1513-1542)

잉글랜드와의 전투 솔웨이 모스 전투(Battle of Solway Moss)에서 패배 후 신경쇠약에 걸려 죽음

8. 스콧의 여왕 메리 1세 (Mary I, Queen of Scots) (1542-1567)

강제 퇴위 당함. 할머니 쪽으로 5촌인 잉글랜드 엘리자베스 1세 여왕(Queen, Elizabeth I)에 의하여 대역죄로 참수됨

9. 제임스 6세 (James VI of Scotland) (1567-1625)

스코틀랜외 잉글랜드의 왕좌가 통합뇌어 잉글랜드의 제임스 1세 (James I of England)(1603-1625)가 됨

10. 찰스 1세 (Charles I) (1625-1649)

올리버 크롬웰(Oliver Cromwell)의 공화정 수립으로 참수 당함

11. 찰스 2세 (Charles II of Scotland (1651-1685)/England(1660-1685))

공화정 후 스튜어트 왕조 복원되고, 스코틀랜드와 잉글랜드 왕위에 오름

12. 제임스 7세/2세(James VII/II) (1685-1689)

망명하기 위하여 도망. 잉글랜드 옥쇄(인장)를 도망가면서 템스 강에 버림

13. 메리 2세(Mary II) (1689-1694)

남편 윌리엄 2세/3세(William II/III) (1689-1702), 일명 오렌지 윌리엄(William of Orange)과 그녀가 천연두로 사망할 때까지 공동 통치함

14. 앤 (ANNE) (1702-1724)

스튜어트 왕조의 마지막 왕. 18번을 임신했으나 살아남은 아이가 없음

다음 도표는 16세기 스튜어트 왕가(스코틀랜드), 발루아 왕가(프랑스), 튜더 왕가(잉글랜드) 사이의 기본적인 계보도인데, 아래 가계도에서는 보이지 않지만 튜더 왕 헨리 8세의 뒤를 이은, 메리와 결혼시키려했던 에드워드 6세, 메리(튜더) 1세, 엘리자베스 1세 세 왕은 각기 어머니가 다른 헨리 8세의 아들과 딸이다.

스콧의 여왕 메리는 프랑스 기즈 가의 피, 스튜어트 왕가의 피, 튜더 왕가의 피가 섞여있고, 그녀의 두 번째 남편이자 제임스 6세의 아버지인 헨리 스튜어트 로드 단리는 튜더 왕가의 피와 스튜어트 왕가의 피가 섞여있다.

가계도 마지막에 위치한 통합 왕 제임스 6세(제임스 1세)에 이르러서는 기즈 가, 튜더 왕가의 피와 스튜어트 왕가의 피가 이중으로 섞여 있음을 알 수 있는데, 피의 농도로만 봐도 스코틀랜드와 잉글랜드의 통합 왕으로서 자격을 갖추었다고 할 수 있다.

메리와 엘리자베스 1세를 두고 여러 가지 이야기를 만들어내는데 정작 그들 사이의 촌수에 대해서는 많이들 헷갈려한다. 메리 아버지의 외사촌 누이가 엘리자베스 1세다. 촌수를 매긴다면 5촌인데 우리 옛 관습으로는 외할머니 쪽의 권리를 인정하지 않지만 당시 유럽 관습에서는 충분히 인정받고 있는 듯하다. 엘리자베스 1세 입장에서의 메리는 영어로는 '한 세대 떨어진 첫 번째 조카(the first cousin once removed)', 쉽게 말해 사촌의 딸이다. 호칭에 대한 문제는 설명이 너무 복잡해 생략한다.

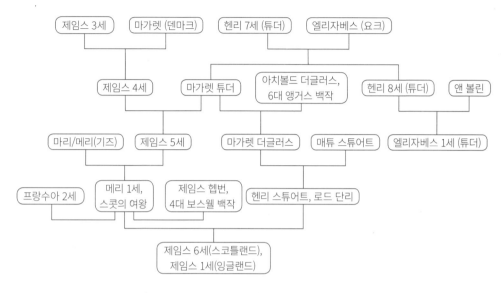

스콧의 여왕 메리 (Mary, Queen of Scots)

2008년 나는 7월에서 8월 사이의 한여름 근 한 달 동안 에든버러에 있으면서 스코틀랜드를 눈여겨 본 적이 있었다. 당시에는 관광 안내인을 포함 현지인들이 로버트 더 브루스, 윌리엄 월리스를 많이 언급하였다. 이번 여행에서는 이 두 인물보다는 스콧의 여왕, 메리를 더 많이 홍보하고 있는 듯 한 인상을 받았다. 스코틀랜드의 정체성과 민족적인 사안에서는 앞의 두 인물이 중요하겠지만 외국인에게 들려 줄 수 있는 통속적인 이야기거리 홍보용으로는 메리 여왕 편이 몇 배 더 효과적일 것이다. 스튜어트 왕가의 성격과 프랑스 및 잉글랜드와의 관계를 입체적으로 숙지하려면, 또 지적 흥미를 위해 스코틀랜드 역사를 이해하고자 한다면 이 여왕을 좀 자세히 알아야 한다. 물론 영국 여행, 특히 스코틀랜드 여행에도 필수적인 지식이다.

동아시아 역사에서도 일본의 귀족이나 왕조를 세밀하게 들여다보려면, 가까운 대류 한반도를 살펴야하듯이, 섬나라인 영국에서도 마찬가지다. 가까운 대륙 프랑스를 살펴봐야 한다. 특히 프랑스 로렌(Lorraine) 지방의 기즈(Guise) 가(家)를 눈여겨 봐야한다. 이 집안은 한때 프랑스와 스코틀랜드를 섭정으로서 좌지우지 했다. 그리고 그 중심에 스콧의 여왕 메리 1세가 있다.

1538년 제임스 5세는 프랑스 최고의 권력가인 끌로드 드 기즈(Claude de Guise)의 장녀 마리 드 기즈(Marie de Guise, Mary of Guise)와 결혼한다. 결혼 4년 후 1542년 12월 8일, 드디어 메리 1세, 스콧의 여왕이 린리스고 왕궁에서 태어나고, 그 일주일 후 잉글랜드와의 모스 전투(Battle of Moss)에서 패배한 아버지 제임스 5세가 신경쇠약증으로 죽는다. 때문에 생후 9개월 된 스콧의 여왕 메리는 스털링 성에서 대관식을 치르고 왕위에 오르게 된다. 생후 9개월짜리에게 왕관을 씌우면서 하는 대관식의 장면은 어떠했을 지는 각자의 상상에 맡긴다.

제임스 5세와 왕비 마리 드 기즈 전신 그림

After her husband, James V's, untimely death in 1542 Mary of Guise carved out a powerful political career and fought for the rights of her infant daughter Mary Queen of Scots.

마리 드 기즈 초상화

9개월짜리 여왕을 위해 어머니인 마리 드 기즈가 섭정을 맡는데 이는 당연히 기즈 가문이 스코틀랜드에서 실권을 잡게 됐다는 뜻이다. 메리가 여섯 살이 됐을 때 프랑스의 왕세자 프랑수아(The Dauphin Francis, 미래의 프랑수아 2세)와 약혼하는데 이는 아버지의 외삼촌인 잉글랜드의 헨리 8세를 견제하기 위해서였다. 이로서 기즈 가(家)는 프랑스에서도 왕세자의 외척으로 실권을 쥐게 된다.

Extra story

여기서, 왜 메리가 프랑스로 가야만 했는지를 짚어볼 필요가 있다. 제임스 5세가 죽은 다음해인 1543년은 스튜어트 왕가에서는 참 다급한 해였을 것이다. 잉글랜드 헨리 8세는 이 시기 아들 에드워드(미래 에드워드 6세)와 메리를 결혼시킴으로써 해묵은 숙제인 잉글랜드와 스코틀랜드의 통합을 이루려는 야망을 가지고 있었다. 메리가 생후 6개월이 되었을 때 양국 간에 그린위치 조약(Treaty of Greenwich)을 맺었는데, 이 조약의 요점 중 하나가 두 사람이 성장한 후 결혼한다는 것이었다. 그것으로만 끝났으면 좋았을 것을, 헨리 8세는 메리의 교육을 직접 감독하기 위하여 그녀가 잉글랜드로 옮겨오기를 원했다. 더하여 당시 스코틀랜드는 가톨릭(구교)이었고 헨리 8세는 영국국교(Englican Church)를 창시하여 로마교황청과 분리된 상태였다. 이는 최초의 브렉시트(Brexit)로 잉글랜드는 유럽 대부분의 국가로부터 '셀프 왕따'였던 것이다. 지금 브렉시트에서도 스코틀랜드는 유럽 대륙과 함께하기를 바라는데 당시에도 마찬가지였으니 우리는 '역사의 반복'을 보고 있는 셈이다.

스코틀랜드는 처음 섭정권을 추기경 비턴(Beaton)이 갖고, 가톨릭과 프랑스와의 협정을 존중하는 정책을 썼는데, 헨리 8세은 스코틀랜드가 프랑스와 교황과의 관계까지 파기할 것을 강요한다. 중세판 브렉시트에 동참하라는 압력에 독립 왕국인 스코틀랜드가 응할 리가 없었다. 섭정 마리 드 기즈는 3,500명의 무장병사들의 호위 하에 메리를 해안에서 먼 스털링 성으로 옮겼고, 이곳에서 약 한달 후인 9월 9일 대관식을 치른다. 그린위치 조약은 결국 그해 12월에 의회에서 거부된다. 이 후 헨리 8세의 거친 구애(rough wooing)가 시작된다. 잉글랜드의 허포드(Herford) 후작이 군대를 이끌고 퍼스 오브 포스(Firth of Forth)에 상륙해 에든버러 함락과 메리 납치를 시도했지만 마리 드 기즈가 딸을 스털링 성 비밀 방에 숨겨 위기를 모면하기도 한다. 이후 몇 년 동안이나 수차례 스코틀랜드와 프랑스 영토를 침입하는데, 500,000파운드 이상의 비용과 수많은 인명을 잃고 나서야 1551년 7월, 중단됐다.

1547년 9월 10일, 검은 토요일(Black Saturday), 스코틀랜드 군은 핀키 클루(Pinkie Cleugh) 전투에서 처절하게 패배하여, 마리 드 기즈는 딸을 잠시 인치마홈(Inchmahome) 수도원에 숨기고 프랑스에 도움을 요청한다. 프랑스의 새로운 왕 앙리 2세는 메리를 3살 된 아들 프랑수아와 결혼시켜 두 나라를 통합시키자고 한다. 마리 드 기즈로서는 선택의 여지가 없었다. 1548년 7월 7일 스코틀랜드 의회는 프랑스와의 결혼조약을 비준한다. 이 조약 때문에 메리는 만 5살의 나이에 프랑스로 가 13년간의 프랑스 생활을 시작한다. 당연히 작은 궁정을 구성하는 수행원을 대동했는데 두 명의 귀족 영주, 두 명의 이복 남자형제 그리고 동화에서나 나옴직한 '4명의 메리'와 동행했다. 4명의 메리는 모두 스코틀랜드에서 최상급 귀족집안으로 비턴(Beaton) 가, 세턴(Seton) 가, 플레밍(Fleming) 가, 리빙스턴(Livingston) 가에서 차출된 이름과 나이가 여왕과 같은 소녀들이었다.

2살 연하인 남편 프랑수아가 키도 작고 말을 더듬었다고 전해지는 것과 달리, 메리는 아름다웠고 영리했다. 프랑스 궁중에서 지위에 걸맞은 교육을 받앉다. 스코틀랜드어, 프랑스어, 라틴어, 그리스어, 스페인어, 이탈리아어를 유창하게 할 수 있었으며 두 가지 악기를 다룰 수 있었고, 산문, 시, 마술(馬術), 매사냥, 심지어 바느질까지 익혔다.

파리의 노틀담(Notre Dame de Paris)에서 프랑수아와 결혼식을 올린 1558년, 잉글랜드의 메리 1세가 죽고 엘리자베스 1세가 왕위를 물려받는다. 프랑스의 앙리 2세는 평소에도 잉글랜드 왕위를 자기 아들과 며느리가 승계해야한다고 주장해왔는데, 이 때문인지 이때부터 메리는 자기의 문장(紋章)에서 사자를 지운 적이 없었다. 사자는 튜더 왕가의 상징으로 메리의 잉글랜드 왕좌에 대한 집념을 볼 수 있는 일이다.

혈통적으로 보면 엘리자베스 1세가 메리 스튜어트 보다 우선이지만 가톨릭 교리에 따르면 법적으로 사생아인 엘리자베스는 계승권이 없기에 메리에게 우선권이 있다. 하지만 잉글랜드는 카톨릭 국가가 아니라는 점과 1543년 헨리 8세 때 만들어진 '세 번째 왕위 계승법(The Third Succession Act of 1543)'이란 것 때문에 엘리자베스가 여왕이 되었으니 가톨릭을 국교로 삼은 프랑스와 스코틀랜드 왕가에서는 당연히 엘리자베스의 왕위 계승을 인정할 수 없었다. 자연스레 메리와 엘리자베스 1세 간에는 긴장 관계가 형성됐고 이 문제는 메리의 인생에 지대한 영향을 주게 된다.

프랑스의 앙리 2세가 죽은 후 메리와 남편 프랑수아 2세가 프랑스의 공동 통치자가 된다. 하지만 바로 다음 해인 1560년에 남편 프랑수아 2세가 죽고 그 동생이 샤를 9세(Charles IX)로 즉위, 시어머니 카트린느(Catherine de' Medici)가 섭정에 들어가며 메리는 프랑스 생활을 마치고 1561년 8월 19일 스코틀랜드로 돌아온다. 그 4년 후, 스튜어트 가의 헨리(로드 단리 Lord Darnley)와 결혼하는데 이 결혼은 잉글랜드 여왕 엘리자베스 1세를 더욱 긴장시켰다. 왜냐하면 헨리도 튜더의 피를 이어 받았고, 잉글랜드 왕위 계승을 주장한 처지기 때문이다. 이 혈통은 먼 훗날 두 사람 사이에서 태어난 아들 제임스가 '정당하게' 통합 왕위에 오를 수 있었던 이유지만, 또한 메리가 제명대로 살지 못한 이유이기도 하다.

미래의 통합 왕 제임스가 에든버러 성에서 태어난 다음 해인 1567년 2월, 새 남편 헨리 스튜어트가 암살된다. 보스웰 백작 제임스 헵번(James Hepburn, 4th Earl of Bothwell)이 연루되었으나 형식적인 재판 후 같은 해 4월 무죄 사면되자, 이 모든 과정에서 여왕 메리도 민중의 의심을 사기 시작했다. 무죄 방면된 바로 그 달, 스털링 성에서 아들을 만나고 에든버러로 돌아오던 메리를 보스웰 백작이 던버성 (Dunbar Castle)으로 납치하는데 한 달 후 그와 함께 에든버러로 돌아온 메리가 홀리루드하우스(Holyroodhouse) 궁에서 신교 식으로 세 번째 결혼식을 올렸기 때문이다. 백작은 결혼식 12일 전에 이혼한 상태였다. 당연히 귀족들은 이 결혼을 탐탁찮게 여겼고, 새로운 권력자로 부상한 보스웰 백작과 불화가 있을 수밖에 없었다. 이는 귀족들이 메리 여왕에게 반기를 든 계기가 된다. 결국 결혼 한 달 만에 카베리 힐 (Carberry Hill)에서 귀족들과 군사적으로 대치한 여왕은 남편(보스웰 백작)이 도망가도록 길을 터준다는 조건으로 귀족들의 의견에 따르겠다고 약속하고 사태를 수습하려 하지만, 귀족들은 약속을 깨고 그녀를 리븐 호수(Loch Leven)의 성, 로크리븐 성(Lochleven Castle)에 감금하고 폐위 시킨다. 보스웰 백작은 도망에 성공해 스칸디나비아로 탈출했지만, 그 후 둘은 영원히 만나지 못한다.

약 1년여의 감금 끝에 메리는 로크리븐 성을 탈출하는데 성공한다.(로크리븐 성에서의 일은 그 성을 설명할 때 자세히 할 것이다.) 여왕의 소규모 군대는 랑사이드 (Langside) 전투에서 패배했지만 배로 솔웨이 하구(Solway Firth)를 건너 잉글랜드로 넘어간다. 그 후 그녀는 잉글랜드의 여러 성을 전전하면서 구금상태로 지낸다.

메리는 잉글랜드의 엘리자베스 1세가 그녀를 스코틀랜드 여왕으로 복귀 시켜주길 내심 바랐다. 하지만 엘리자베스 1세는 신중했고, 메리가 두 번째 남편인 로드 단리의 암살에 관여되어 있는 지를 조사했다. 이 문제를 두고 요크(York)와 웨스트민스터(Westminster)에서 기소인 자격으로 온 스코틀랜드의 영주들과 잉글랜드 정부 사이에 협의회가 열렸지만, 엘리자베스 1세는 메리를 살인죄로 기소하는 것도, 그렇다고 사면하는 것도 원하지 않았다. 여러 정치적 이유로 사건을 어정쩡한 상태로 봉합하고, 구금상태를 풀어주지도 않았다. 반면 메리는 스스로 여전히 공식적인 왕이라고 생각했기 때문에 자기가 받는 어떠한 재판의 권위도 인정하지 않았으며, 엘리자베스 1세가 무죄 판결을 보장하지 않는다면 어떠한 서면 변호서도 제출하지 않겠다고 강경한 입장을 고수한다. 물론 엘리자베스 1세는 무죄 판결을 보장하지 않는다. 그리고 원고인 스코틀랜드 영주들은 집으로 돌려보내고, 피고 메리를 보호 억류한다. 1587년 2월 8일 메리가 목을 잘려 형장에서 죽을 때까지 엘리자베스 1세는 그녀를 주로 세필드 성(Sheffield Castle)과 저택 등에 억류했다.

엘리자베스 1세의 입장에서 메리는 아주 난처한 존재다. 만약 죽으면 구교도국인 프랑스, 스페인 그리고 메리의 아들 스코틀랜드의 제임스 6세(JAMES VI)에게 연합으로 잉글랜드를 침공 할 구실을 주게 될 터이고, 살려두자니 잉글랜드 왕좌까지 욕심내는, 메리를 옹립하는 국내외의 구교도 세력들의 움직임을 두려워하지 않을 수 없게 된다. 오죽하면 신임이 두터운 마지막 보호감독관에게 사고사를 가장해 제거할 방도를 물었겠는가? 물론 그 감독관은 가문에 두고두고 오점이 남을 그런 방법을 거절한다. 아무개 보호감독관의 감독 소홀로 이러저러한 사고로 스콧의 여왕 메리가 사고사 했다는 역사 기록을 두려워했던 것이다.

그 사이, 메리가 연루된 엘리자베스 1세 시해 음모가 여러 건 발각된다. 대표적으로 1570년의 리돌피 음모(Ridolfi Plot)는 북쪽의 가톨릭이 봉기하면 동시에 스페인 군대가 침입해 엘리자베스를 암살하고 메리를 여왕으로 앉히겠다는 음모였다. 사전에 발각되어 주모자인 노포크 공작을 비롯한 여러 명이 처형되고, 스페인의 필립 2세와 노포크 공작을 연결해주던 플로렌스(피렌체)의 은행가 로베르토 리돌피가 도망한 사건이다. 이때 잉글랜드 법정은 메리의 연루를 입증하지 못했다. 리돌피 음모에서 간신히 빠져나와 위태위태하게 목숨을 부지하며 지내던 메리는, 1586년에 발각된 바빙턴 음모에서는 빠져나가지 못한다. 안소니 바빙턴(Anthony Babington)이 주도한 이 계획은 리돌피 때와 마찬가지로 가톨릭과 스페인을 가담시켰는데 예수회 교단을 이용했고, 교황의 승인까지 받은 계획이었다. 하지만 엘리자베스의 첩보수장 프란시스 월싱엄(Francis Walsingham)이 사전에 덫을 놓았고 메리가 걸려들어 이번에는 확실한 '연루 증거'가 갖춰졌다. 결국 참수 하루 전 통보를 받은 스코틀랜드의 메리는 1587년 2월 8일, 파란만장한 44년의 생을 마감한다.

엘리자베스 1세는 그 후로 16년을 더 살았고, 후계자로 메리와 그녀의 두 번째 남편 헨리 스튜어트 사이에서 낳은 스코틀랜드 왕 제임스 6세(James VI)를 지목했다. 이에 제임스 6세는 스코틀랜드의 왕이자 잉글랜드(그리고 아일랜드)의 제임스 1세(James I)가 된 것이다. 이것으로 스코틀랜드와 잉글랜드의 갈등이 완전히 끝났을 것 같지만, 역사라는 것은 항상 변하는 것이어서 제임스 7세(잉글랜드의 제임스 2세) 때 또 다른 사건이 생겨 스튜어트 왕조의 종말로 치닫게 된다.

앞에서도 언급했듯이 스콧의 여왕 메리와 엘리자베스 1세에 대한 이야기는 아주 흥미로운 소재라 소설, 영화, 드라마 등 대중매체를 통해 자주 접할 수 있다. 우리나라 TV에서도 'Mary, Queen of Scots(1971년)', 'Elizabeth(1998년)', 'Elizabeth

The Golden Age(2007년)' 등을 방영했다. 'Mary, Queen of Scots'은 '비운의 여왕 메리'라는 제목으로 오래전에 EBS에서 방영했는데, 메리의 프랑스 생활에서부터 참수 때까지 파란만장했던 일대기를 그린 영화다. 오래 전에 제작된 것이라서 그런지 내가 보기에는 돈을 아껴 실제로는 훨씬 요란했을 사건도 소박하게 축소된 느낌을 주며 줄거리에만 신경을 쓴 듯하다. 노섬벌랜드의 여러 곳에서 촬영했는데 내가 한 두 번씩은 가보았고 이 책에도 소개된 아닉 성(Alnwick Castle), 밤브러 성(Bamburgh Castle), 메리가 로드 단리와 함께 신나게 말을 타고 달리는 아름다운 밤브러 해변이 담겨있다.

반면 'Elizabeth'와 'Elizabeth:The Golden Age'는 제목 그대로 엘리지베스 1세가 주인공이다. 메리 또는 마리 드 기즈는 조연에 불과하다. EBS에서 각 각 〈엘리자베스〉 그리고 〈골든 에이지〉라는 제목으로 방영했다. 특이하게도 두 영화 다 세자르 카푸르라는 외국 출신 감독에 영국인이 아닌 배우 케이트 블란쳇이 주인공으로 출연했다. 영화 엘리자베스의 촬영지에도 아닉 성과 밤브러 성이 포함되어있다. 골든 에이지도 여러 곳의 아름다운 성에서 촬영을 했는데, 특히 앞서 소개한 일린 도넌 성이 자주 나온다. 현실과는 달리 영화에서는 메리가 구금된 잉글랜드 성으로 설정되어있다.

영화는 모두 극적 효과를 보이기 위하여 역사적 사실을 왜곡한 부분도 많다. 이를테면, 메리 여왕과 엘리자베스 여왕은 평생 대면(face to face)한 적이 없다. 그러나 영화 Mary, Queen of Scots에서는 두 번이나 직접 마주한다. 한술 더 떠 'face to face'라는 말이 대화 중에 여러 번 강조되기까지 한다. 마치 역사에서는 우리가 절대 대면하여 만난 적이 없지만 영화에서만은 직접 만난다는 것을 강조나 하듯이.

엘리자베스 여왕의 애인인 로버트 더들리(Robert Dudley)는 역사에서는 끝까지 배반하지 않고 일생 신민으로서 여왕에게 충성했다. 반면 영화 엘리자베스에서는 배반하여 사형 집행 전까지 가나 여왕이 살려준다. 영화에서는 그가 유부남인 것을 모르고 애인으로 삼았는데, 실제는 처음부터 유부남인 것을 잘 알고 있었다. 그의 결혼식장에도 참석 했었으니까 몰랐을 리가 없는 것이다. 영화는 어디까지나 영화다.

17

저항의 상징 스털링 성(Stirling Castle)

이곳에 최초로 요새를 세울 때의 일화로 게일인들 사이에서 전해 내려오는 이야기가 있다. 그것은 요정에 대한 전설인데, 이번 성 방문 때 최초의 성이 시작되었던 더글러스 정원(DOUGLAS GARDENS)에 이에 대한 것이 있어 반가웠으나 'A Gaelic tale describes how a fairy was tricked into building the first castle(게일 전설에는 요정을 어떻게 속여 최초의 성을 세웠는지가 묘사되어있다)'로, 더 이상 설명은 없었다. 아마 당시 이곳에 살던 요정을 속임수를 써서 내쫓은 이야기 같은데 제법 복잡했을 구체적인 속임수가 무엇이었는지 도무지 기억이 나지 않는다.

이렇듯 스털링 성은 그 건축 시작부터 요정이야기, 다른 말로 귀신이야기와 함께 한다. 그래서 그런지 이곳은 다른 많은 특징과 역사적 이야기 외에, 출몰하는 귀신(유령) 이야기로도 단언 돋보이는 성이다. 최소한 내가 방문했던 성 중에는, 또 왕궁으로서 쌍벽을 이루는 에든버러 성과 비교해봐서도 그렇다. 에든버러 성의 귀신은 리얼리티가 부족한 반면 이곳의 귀신은 제법 리얼리티가 있어 겁이 많은 나에게는 더욱 무섭게 느껴진다. 머리 없는 귀신이 자기 머리통을 팔에 안고 나타난다는 식의 귀신이 더 무서울 것 같지만, 이 정도로 사실성이 떨어지면 그저 이야기이려니 하고 전혀 무섭지 않을 수도 있다. 하지만 그런 엽기적이고 황당한 귀신이야기는 이곳에는 없다. 대신 정말 있음직한 귀신이 스털링 성 안에서는 돌아다닌다.

19세기 초에, 스털링 성의 경비원이 하룻밤 사이에 시체로 발견된 적이 있었다. 당시 그에게 무슨 일이 있었는지 알려진 바는 없지만 엄청난 공포에 질린 표정으로 죽어있었다는 것만 알려졌다. 그리고 지금까지도 시체가 발견된 지휘관 숙소 구역에서 의문의 발자국 소리를 들었다는 보고가 끊임없이 있다는 것이다.

성에서 가장 유명한 귀신으로 녹색 숙녀(Green Lady) 귀신이 있다. 메리가 귀국한 해인 1561년 스털링 성에서 화재가 발생했다. 당시 화재는 성에서 발생하는 고질적인 위험요소였는데 지금도 중세시대 화재진압용으로 사용했을 긴 쇠막대기를 전시해 놓고 있다. 어쨌든, 이 고질적 위험인 화재가 발생했을 때 메리는 한 헌신적인 시녀의 도움으로 가까스로 살아났지만 안타깝게도 시녀는 죽었다. 녹색 숙녀 이야기는 대부분 스콧의 여왕 메리가 프랑스에서 돌아온 다음 해인 1562년부터 세상에 나오기 시작했다. 유명한 이야기는 원래 여러 방향으로 각색되기 마련인지라 이 이야기도 여러 버전이 있는데, 그중에서 가장 구체적이고 역사적 사실과 부합하며 리얼리티 있는 이야기를 먼저 소개한다.

사실이 어떤지는 모르겠지만, 이야기에서는 메리가 귀국 후 처음으로 스털링 성에서 잠을 잔 날 화재가 발생했다고 한다. 메리의 시중을 드는 시녀 중 하일랜드 출신으로 어리고 예쁘고 영리한 처녀가 있었다. 이 시녀는 놀랍게도 앞일을 예지하는 능력을 가지고 있었는데, 메리가 이 고성에서 하룻밤이라도 잔다면 '동트는 여명(黎明)을 볼 수 없을 수도 있다', 다시 말해 죽을 수도 있다는 것을 느꼈다. 고민 끝에 여왕에게 이 이야기를 하게 됐고 메리는 그녀가 좋아하는 시녀의 이야기를 친절하게

메리 여왕   여왕 수행원 그림

열심히 들은 후 자기가 자는 동안 침대 밑에서 자기를 지켜주고, 무슨 일이 있으면 자기를 깨우고 주변에 도움도 요청하라고 이 시녀에게 부탁하고 잠자리에 든다. 기독교 시대지만 여전히 미신이 판을 치는 시대였다. 메리는 이 미신 같은 시녀의 이야기를 여왕의 품위를 유지하면서 친절히, 진지하게 들어주었지만(혹은 들어주는 척 했지만), 정말 심각하게 받아들이지는 않았던 것 같다. 만약 진지하게 받아들였다면 보다 더 요란한 안전 조치를 취했을 것이기 때문이다.

피곤했던 여왕은 곧 잠이 들었지만, 반면 시녀는 안절부절 못하고 걱정할 수밖에 없었다. 시녀노 피곤하고 졸리기는 마찬가지지만, 자면 안 된다. 자신의 예지력을 믿고 있었기 때문에 여왕의 신변을 지켜야 했던 것이다. 하지만 낮 동안의 격무에 시달려 쏟아지는 잠을 어쩔 수 없었던 그녀는 방문을 단단히 잠근다. 그리고 여왕이 눈을 뜰 때 어두우면 놀라실까봐 촛불에 불을 붙여 여왕의 머리맡에 둔다. 머리맡 촛불, 깊이 잠든 여왕, 걱정으로 안절부절 못하지만 육체적으로 피곤하고 졸린 시녀... 촛불이 넘어져 여왕의 침대와 벽걸이 융단을 태우고 상황은 급박했다. 시녀가 아무리 깨워도 여왕은 꿈쩍도 하지 않는다. 불과 연기 속에서 180cm 거구의 여왕을 문 앞까지 겨우 옮길 수는 있었다. 하지만 여왕을 살리는 것을 마지막으로, 아름답고 영리했던 시녀는 생을 마칠 수밖에 없었다.

역사는 메리가 앞으로 26년을 더 여명을 본 것으로 기록했다. 그러나 주군을 살리고 대신 죽은 시녀에 대해서는 이름조차 기록에 없다. 대신 시녀는 시녀복 색깔인 녹색의 옷을 입고 성에 나타나기 시작했다. 그래서 녹색 숙녀(Green Lady)라는 명칭이 붙은 것이다. 이 이름으로 시녀는 오늘날까지도 스털링 성 이 방 저 방을 돌아다닌다. 마치 오늘밤에도 어느 방에서 불이나 나지 않을까 노심초사 하는 것처럼.

녹색 숙녀의 또 다른 이야기는 우리 주변에 흔한 러브 스토리다. 성의 경비 책임을 맡고 있는 경비사령관의 딸이 한 사병과 사랑에 빠졌다. 사령관이 이 사병을 죽이자 딸은 높은 탑 위에서 성 밖 바위로 투신해 자살한다.(사랑의 대상이 사병이 아니라 장교였는데 아버지가 실수로 죽였다는 약간 다른 버전도 있다.) 이 딸이 녹색 숙녀라는 이야기도 있다.

잉글랜드 에드워드 1세가 원인을 제공한 녹색 숙녀 이야기도 있다. 그가 성을 장기간 포위 할 때 굶어죽은 처녀의 귀신이 바로 녹색 숙녀라는 것이다. 이렇듯 여러 이야기가 있는데 혹시 녹색 숙녀 귀신이 여럿은 아닐까. 순전히 내 생각이다.

다음으로 유명한 귀신으로는 예쁜 핑크빛 가운을 걸치고 나타나는 분홍색 숙녀(Pink Lady)가 있다. 아름다운 귀신으로도 알려져 있는데, 바로 메리 여왕의 귀신이다. 하지만 전쟁 때 죽은 군인 남편을 찾아 헤매고 있는 젊은 과부의 귀신이라는 설도 있다. 분홍색 숙녀는 스털링 성 보다는 주로 성에서 근처 교회까지 걷는 모습으로 자주 목격된다. 교회 길에서 목격되었다면 메리 여왕보다는 젊은 과부 쪽이 더 설득력 있는 것 같다. 방황해야 할 곳이 너무나도 많은 메리 여왕 귀신이 왜 교회 길에서 방황하고 있겠는가? 이것도 순전히 귀신에 대한 비전문가인 나의 생각이다.

스털링 성은 에든버러 북서쪽 69km거리에 있으며 하일랜드로 가는 길목으로 전략적 요충지에 자리 잡고 있다. 역사에서 말해주듯 저항의 성이지만, 또한 앞서 말한 대로 요정과 귀신의, 유령의 성이라고도 말 할 수 있다. 하나 더, 중세 스코틀랜드를 보여주는 문화와 예술의 성이라고도 할 수 있다. 스코틀랜드에 와서 이곳을 보지 않는다면 스코틀랜드 여행을 완벽하게 했다고 말할 수 없다. 스털링 성 자체의 유명세와 하일랜드로 가는 길목이라는 점 때문에 언제든 성을 쉽게 방문 할 수 있다. 그러나 뜻있는 여행자라면 스털링에서 하룻밤 자면서 차분히 구경하기를 권하고 싶다. 에든버러 성보다 훨씬 더 볼거리가 많고 생각할 것이 많은 곳이다.

예전 처음 찾을 때와 마찬가지로 이번에도 하루를 날 잡아 대중교통을 이용하여 스털링에 갔다. 11시 15분경에 시티링크 (Citylink) 버스를 탔는데 놀라운 것은 버스 가격이다. 4파운드인데 편도나 왕복이나 값은

M9 도로상 교통 표지판

같고 돌아오는 버스는 따로 정해지지 않아 편리한 시간에 타면 된다. 인버네스와는 달랐다. 스코틀랜드 내에서도 지역과 버스 회사에 따라 요금체계가 다른 모양이다.

예전에는 38번 시외버스를 탔는데 이 버스는 여전히 같은 번호를 달고 다녀 반가운 마음이 들었다.

M9도로를 통해 12시 35분경에 스털링 시외버스 역에 도착했으니 1시간 20분이 소요된 것이다. 버스 역 매점에서 수프와 빵으로 점심을 때우고 걸어서 성까지 갔다. 충분히 걸어서 갈 거리다. 성 앞에는 로버트 더 브루스

윌리엄 윌리스 탑

동상이 있고 멀리 시가지와 윌리엄 윌리스 탑이 보인다.

연대기 작가들은 성과 로마인과의 관련설, 아서 왕과의 연관성을 이야기하나 신빙성은 없어 보인다. 실제 로마가 스코틀랜드 깊숙한 곳까지 '분탕질'을 쳤던 건 사실이지만 결코 스코틀랜드를 정복하지는 못했다. 아서 왕은 명백한 허구 세계이니 역사를 말할 때는 거론할 가치조차 없다.

성에 관한 최초의 기록은 1110년 알렉산더 1세가 이곳에 예배당을 지었다는 것이다. 그의 후계자 데이비드 1세가 스털링을 왕도로 삼았고, 성은 행정의 중심이 된다. 1174년 잉글랜드 군의 포로가 된 윌리엄 1세는 에든버러 성과 스털링 성을 포함하여 몇 개의 성을 잉글랜드에게 넘겨주게 된다. 그러나 이후 1189년 잉글랜드의 리차드 1세로부터 성을 되돌려 받고 다시 왕궁으로 자리매김한다. 윌리엄 1세에 대한 이야기는 아닉 성(Alnwick Castle)에서 좀 더 자세히 설명 할 것이다.

성의 역사가 에든버러 성 못지않게 이렇게 오래되었으나 에든버러 성이 12세기 건물 성 마가렛 예배당을 자랑하고 있는데 반해, 이곳에서는 14~16세기의 르네상

정문

브루스 동상   성 지도 설명표 간판

스 건물이 가장 오래된 건물이다. 지금 우리가 볼 수 있는 건물은 윌리엄 월리스와
로버트 더 브루스가 죽고 난 훨씬 후인 1381년 이후에 지어진 것뿐이라는 것이다.
이때가 르네상스 초기다. 그 이유는 전시실(Castle Exhibition) 벽에서 찾을 수 있다.

설명문에 따르면 오래된 건축물이 없는 이유는 이렇다. 1314년 6월 24일 월요일,
스털링 성 근처에서 스코틀랜드과 잉글랜드 사이에 배넉번 전투가 있었다. 당시 잉
글랜드 침략군은 스털링 성을 무려 10년간 점령하고 있었는데 브루스는 이 전투에
서 크게 이기고 잉글랜드 주둔군을 항복시킨 후 스털링 성이 다시는 스코틀랜드를
공격하는 거점이 되지 않도록 부하들에게 철저히 파괴하도록 지시했다고 한다. 그
후 독립전쟁이 완전히 마무리되는 1356년에야 재건을 시작할 수 있었다. 재건은 브
루스의 아들 데이비드 2세와 그의 후계자인 스튜어트 왕들의 몫이었다. 전시실에는
역대 모든 스튜어트왕의 초상화, 약력, 성의 개요, 성의 모형, 그리고 성의 보수 복원

현황을 소개하고 있다.

전시실 (Castle Exihibition)

양보가격 11.60파운드로 표를 사고 들어가면 처음 들려야 할 곳은 전시실이다.

전시실에는 843년 케네스 맥알핀(Kenneth MacAlpin)왕 때부터 연대순으로 현대에 이르기까지 성의 역사를 기록해놓았다. 이것만 다 읽어보려 해도 시간이 꽤 걸릴 것이다. 성은 독립전쟁 시 8번 포위당했는데 포위는 짧으면 하루, 길면 몇 년까지도 지속되었다. 성을 포위하는 것은 공격 측이나 방어 측이나 큰 비용이 드는 힘든 일이기에 가능한한 협상으로 해결하려고 하기 마련인데, 실패해 포위로 가면 양측 모두가 극한으로 치닫게 된다. 잉글랜드와의 독립전쟁 당시의 스털링 성에는 극한 상황이 최소한 8번이 있었다는 말이 된다.

궁전(PALACE)

전시실을 급하게 둘러보고 나오면 앞에 앤 여왕 잔디 정원(Queen Anne Garden)이 있고 그 건너에 궁전이 뒷모습을 보인다. 여름에는 꽃이 있으나 4월에는 나무가

궁전 뒷모습과 앤여왕 정원

앙상하다.

성은 아주 오랫동안 있었지만 앞서 말한 이유로 현재의 건물들은 1490~1600년 사이에 지어졌다. 제임스 4세, 5세 그리고 6세 때다. 16세기 유럽의 왕과 여왕들은 거대 건축물을 짓고 예술 활동하는데 돈을 쏟아 부었다. 이는 그들의 부와 지식, 왕권신수설을 과시하기 위함이었다. 왕궁은 바로 그 시기에 제임스 5세가 지었으며 영국 최초의 르네상스식 궁전으로 알려져 있다. 왕궁 건설은 1530년대 시작되어 제임스 5세가 죽은 1542년에는 거의 마무리 단계였지만 마리 드 기즈의 섭정 시기에도 여전히 진행되었다.

궁전 화랑에는 특히 제임스 5세에 대한 소개가 많다. 그는 1536년 프랑스 프랑수아 1세의 왕궁을 방문했는데 당시 그곳에는 레오나르도 다빈치를 비롯하여 르네상스 거장들의 위대한 작품들이 걸려있었고 아마 그것들에서 많은 영향을 받았을 것이다. 그 후 그는 벽걸이 융단(태피스트리/tapestry), 금제 식기류, 책, 보석 등의 수집가가 되었고 스털링 성은 당시 최신 르네상스 형의 수집 진열장이 되기도 하였다. 메리 여왕은 프랑스로 가기 전까지 어린 시절을 이곳에서 보냈다.

예전에 왔을 때는 궁전이 수리 중이라서 공개되지 않았기에 볼 수 없었는데, 제임스 5세 궁전이라는 목판이 벽에 있고 거기에 2011년 6월 6일에 여왕이 재개한다는 글이 쓰여 있는 것으로 보아서 이때부터 일반에게 공개 되었을 것이다.

공개 재개표시 목판

안 마당을 통해 궁전으로 들어간다. 궁전에 이번에 처음으로 들어가 보니 호화롭고 아름답다. 말로 표현 할 수 없는 스코틀랜드적인 그 어떤 것을 느낄 수 있다. 당시

왕의 외실

왕의 내실

왕비의 외실

왕비의 내실

왕이나 왕비를 만나려면 먼저 외실에 들어 가야했다. 사회적 지위가 있는 사람만이 들어갈 수 있고, 왕의 비서의 판단 하에 적합한 사람만 내실에 가서 왕을 알현할 수 있었는데, 극히 소수만이 내실에 들어가는 것이 허락됐다. 내실의 벽난로 위에는 왕의 문장이 있고 별다른 가구로 꾸미지는 않았다. 관광객에 대한 서비스로 사람이 어느 정도 모이면 중세 귀족 복장의 남자가 지팡이를 들고 열심히 내실 이곳저곳을 가리키며 설명을 해 준다. 여유가 있다면 다 들어둬도 좋을 설명이지만, 그 설명까지 다 듣는다면 관광시간은 더 늘어날 것이다.

왕과 왕비의 침실은 가장 친한 사람, 혹은 아주 중요한 사람을 만나는 데 사용됐다. 왕의 침실 벽난로 위에는 일각수(一角獸)가 있는데 이는 왕의 순수함과 힘을 상징한다. 이곳에서 옷을 갈아입고 기도도 했는데 큰 침대는 상징적인 것이고 정작 잠은 침실이 아니라 가까운 작은 방에서 잤다는 점이 재미있다. 왕비의 방에는 시녀 복장의 여자가 바느질을 하며 연극배우 같은 어투로, 혹은 왕 수다쟁이 어투로 이것저것 설명해 준다.

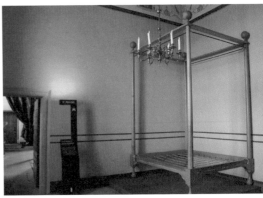

왕의 침실

왕비의 침실

궁전 아래 지하격실에는 중세 놀이거리를 소개하고 있다. 통로에는 특이하게도 긴 쇠막대기 3개를 비치해놓고 있다. 앞서 언급했던 화재진압용 장비다.

긴 쇠막대기

왕실 예배당(CHAPEL ROYAL)

궁전에서 나와 안마당(INNER CLOSE) 건너편에 왕실 예배당이 있다. 보통 다른 성에서는 마당을 베일리(BAILEY)로 표시하는데 이곳은 성당에서처럼 클로스(CLOSE)라고 하는 것이 특이하다. 종교는 스털링 성에서도 중요했다. 삶과 죽음을 지배하기 때문이다. 늦어도 1115년부터는 이곳에 기도를 위한 장소가 있었을 것으로 추정한다. 3세기 이전에 어떤 성자의 말을 듣고 이곳에 예배당을 세웠다는 전설도 있다. 1501년 제임스 4세가 예배당을 세웠고 1543년 어린 메리 여왕이 이곳에서 대관식을 치렀다. 제임스 6세가 세례를 받은 곳으로도 유명하다. 스콧의 여왕 메리는 아들의 세례를 축하하기 위하여 3일간 대강당에서 축하연을 열었다. 스털링 성의 모형을 크게 짓고 그 위에 불꽃을 드리우는 장관을 연출하였는데 이는 스코틀랜

왕실 예배당

드 최초의 불꽃놀이로 기록되었다.(이로부터 7개월 후 메리 여왕은 퇴위되고 한 살배기 제임스는 성 밖으로 나가 홀리 루드 교회(Church of Holy Rude)에서 신교식으로 대관식을 치루고 제임스 6세가 된다.)

제임스 6세는 할아버지가 세운 예배당을 허물고 새로 짓는데, 맏아들인 헨리 왕자의 세례식에 맞춘 것으로 벽걸이 융단, 조각품, 황금 천장 등으로 매우 사치스럽게 꾸몄다. 그는 잉글랜드의 엘리자베스 1세를 계승하였기에 아들의 세례식은 잉글랜드와 스코틀랜드 두 나라의 통합 왕으로서 스튜어트 왕가의 가치관을 천명하는 자리이기도 했다. 이때를 읊은 당대의 시인 윌리엄 파울러(William Fowler 1560-1612)는 이 세례식을 시로 남겼다.

옛 예배당은 완전히 사라지고,
그곳에 새것이 섯구나.
더 크고, 더 길고,
접견실에는 수많은 손님들로
기대 되누나….

그러나 불행히도 왕자는 어릴 때 일찍 죽었다.

대강당(GREAT HALL)

대강당

　왕실 예배당을 나오면 바로 옆으로 안마당 왼쪽에 대강당이 있다. 대강당은 바깥 마당(OUTER CLOSE)와 안마당 사이에 있다. 대강당은 1503년 제임스 4세 때 완공된 것으로 보는데 성내에서 가장 오래된 건물 중 하나다. 스코틀랜드에서 가장 크고, 가장 고급스러우며 가장 웅장한 중세 강당이다. 왕의 권위와 위엄을 과시하고 방문자들에게 강렬한 인상을 주기 위한 용도로 주로 쓰였다.

　지난 5세기 동안 대강당은 밤늦도록 연회와 춤의 환락의 장소였다. 왕과 여왕, 귀족과 조신(朝臣)들의 웃음과 음악 소리가 대강당 내에 울려 퍼졌다. 스콧의 여왕 메리, 그녀의 후계자 아들 제임스 6세가 자식들의 거창한 세례식 후 연회를 이곳에서 열었다. 가장 호화로운 행사로 알려진 제임스 6세 맏아들 헨리의 세례식 연회 때는 돛대가 모두 달린, 36개의 놋쇠 대포를 장착한 50m길이의 함선이 손님들에게 물고기 코스요리를 대접하기 위하여 대강당으로 끌려 들어왔다고 한다.(현장 설명문에는 5m로 되어있지만 그림으로 보아 50m가 맞는 것 같다.) 물론 이런 연회 외에도, 왕궁으로 사용될 때는 의회가 제정한 법과 결정이 이곳에서 확정되었다. 이 대강당은 여러 엄숙한 행사도 지켜본 곳이다.

제임스 6세가 잉글랜드와의 왕권 통합으로 런던으로 옮겼을 때 스코틀랜드에서 왕궁의 역할은 줄어들었다. 1600

대강당내 함선

년대 후반에 들어 대강당은 호화롭던 과거와는 달리 마구간과 마차보관 장소로 사용되었다. 그로부터 다시 1세기 후 나폴레옹 전쟁으로 병사를 위한 군대막사의 수요가 크게 늘어나 스털링 성 대부분의 건물이 군대용으로 전환되었다.

1964년 복원 계획에 따라 군대가 철수하고, 새천년을 맞이하여 옛 모습대로 복원이 이루어지고 이제는 다시 옛 영광의 시절을 엿 볼 수 있게 되었다. 대강당은 더 오랜 시간의 복원을 거쳐 1999년 현 엘리자베스 2세 여왕에 의하여 다시 공개되었다. 천장의 독특한 모습은 1700년대의 그림에서 보고 그대로 재현했다. 옛 모습 그대로일 듯싶다.

더글러스 정원(DOUGLAS GARDENS)

더글러스 정원은 성의 뒷마당(NETH-ER BAILEY)으로 가는 도중 샛길처럼 빠져나가는 쪽문으로 나가서 있다. 이곳은 신화와 살인이 깃든 곳이다. 1452년 제임스 2세는 8대 더글러스 백작 윌리엄을 살해하고 창문을 통해서 그의 훼손된 시신을 이곳에 버린다. 제임스 2세는 어린 시절 에든버러에서 6대 더글러스 백작 윌리엄이 '검은 만찬'의 희생자

더글러스 정원

로 살해당했을 때 현장을 목격했었다. 결과적으로 장소와 사람을 바꿔 재연한 형국이 된 것이다. 학습의 결과일까 검은 만찬 후 딱 12년 후였다.

2세기 이곳에는 목재 요새가 있었다. 성터의 시초다. 전설은 아서 왕과 케네스 맥알핀 왕 모두가 각각 이곳을 함락하고 근거지로 삼았다는 것이다. 후자는 역사적 인물이니 그럴 개연성은 충분하다고 보지만, 아서 왕 경우는 필요 이상으로 많이 나간 이야기다. 웨일스 사람 중에는 지금까지도 아서 왕을 실존인물로 여기는 사람이 있을 정도니, 그의 전설이 이곳에 있다고 이상할 것은 없다. 처음에 언급한 성을 지을 때 요정을 속였다는 장소도 이곳이다. 아마 여러 귀신 이야기로 '기가 센' 스털링 성터에서도 가장 기가 센 곳을 꼽으라면 이곳이 아닐까.

큰 주방(GREAT KITCHENS)과 궁정 음식

큰 주방

　큰 주방은 대강당에서 가까운 곳에 있다. 연회가 주로 대강당에서 행해지니 두 곳이 가까울 수밖에 없을 것이다. 스털링 성에는 특이하게도 다른 성과는 달리 궁정 음식과 부엌에 대하여 자세히 소개하고 있어 흥미롭다. 1543년 왕궁을 이곳으로 옮길 때 부엌 살림살이를 옮기는데 말 19필이 필요했다고 한다. 중세 때는 왕궁을 정기적으로 이 성 저 성으로 옮겼는데, 물론 남아있는 사람들이 있고 그들을 위해 최소한의 것은 남겼지만 대부분의 부엌 살림살이와 일꾼 모두가 같이 이동하였다. 주방의 일꾼들은 모두 남자였고 당시 궁정 부엌에 여자의 자리는 없었다. 1620년까지는 스코틀랜드 궁정 부엌에 여자에 대한 기록은 없다. 그러나 맥주를 만드는 곳의 안주인으로, 닭을 쳐서 공급하는 집에는 소수의 여자가 있었다.

　궁정에는 부엌과 주방을 2개두는 것이 관례인데 더 쿠신 드 부쉬(The cuisine de bouche)와 더 쿠신 드 콤망(The cuisine de commun)이 그것이다. (중세 스코틀랜드 궁정에서는 불어가 널리 사용된 듯하다.) 앞에 언급된 부엌은 왕족, 주요 조신, 공직자 및 그들의 직속 하인을 위한 곳이었다. 중요한 연회 외에는 두 곳 모두 비슷한 음식을 제공했다. 궁정 음식은 육류가 주고 사순절에는 물고기가 주였다. 자급자족이 가능했던 스털링 성에서는 밭에서 신선한 채소, 약용식물, 과일 등을 생산했는데, 재배를 책임지고 있는 사람이 충분한 양을 공급하지 못할 때는 봉급을 주지 않았다.

16세기에는 몇 개의 코스요리가 유행했다. 일반적으로 저녁만찬(dinner)의 코스는 다음과 같았다.

채소스프 → 구운 고기 → 파이(pie)와 패스츄리(pastry) → 과일 타르트(tart) 혹은 과일, 고기, 야채 튀김(fritter) → 신선한 과일, 보존 과일, 사탕 캔디

16세기에 있는 궁정 음식 문화로 계급 순 '식사 순번제(Social Food Chain)'가 있었다. 한 식탁에 한꺼번에 많은 음식을 차리고 계급에 따라 순서대로 식사를 했다. 처음 왕과 왕비가 하고, 그 다음 조신이 하고, 그 다음 이어서 관리인, 개인 시종이 차례차례 순서대로하고 마지막에는 그 음식을 만들어 제공하는 사람들이 한다. 같은 순서가 다른 시종에게도 적용된다. 우리의 물림상과 비슷한 개념인 것 같다.

성의 뒤에 있는 아래 마당(Nether Bailey)으로 가면 경비소(Guard House)가 있다. 이는 1810년에 근처 화약고를 경비하기 위하여 지었다. 1850년대에 이르러서는 주둔군 병사를 규율하기 위한 처벌 감옥으로 전용되었다.

성을 자세히 보려면 얼마의 시간이 필요할까? 사람마다 다를 것이다. 만약 스코틀랜드의 역사와 예술에 관심이 많다면 하루를 통째로 이 성에서 보내더라도 모든

경비소

설명을 다 읽고 만족스럽게 음미했다고 볼 수 있을까. 영어를 재빨리 읽을 수 없는 보통의 비서구인이라면 최소한 하루는 이곳에서 보내야 할 것이다. 3시 40분과 5시 40분 버스 중 고민하다가 두 시간 빠른 3시 40분에 돌아간 것이 지금까지도 후회된다. 스털링 성은 그런 곳이다.

18

메리 여왕의 유폐지 로크리븐 성(Lochleven Castle)

로크리븐은 킨로스(Kinross)에서 가까운 리븐 호(Loch Leven)의 섬에 있는 성이다. 이곳에 가려면 먼저 킨로스로 가야한다. 에든버러 시내 관광안내소에 이번에도 신세를 졌다. 창구 직원에게 로크리븐 성에 가니 그곳에 가는 여행사 상품을 소개해 달라고 했다. 직원이 열심히 인터넷과 여행사 상품 소개 소책자를 뒤져보더니 겨우 한 상품을 찾아냈지만 이 상품도 섬에 직접 상륙하지 않고 멀리서 바라만 보고 가는 상품이었다. 가려면 결국 혼자 찾아가야 한다. 그래도 여행지 정보와 성에 대한 정보가 담긴 종이를 두 장 뽑아 주었다. 종이 한 장은 3월 25일부터 9월 30일까지는 매일 오전 10시부터 배가 있으며 섬에서 나오는 마지막 배는 오후 4시 15분, 10월에는 오후 3시 15분이라는 배 시간, 그리고 입장 가격과 성에 대한 간단한 역사 정보였다. 다른 종이는 오전 9시 출발을 기준으로 내가 언제 어디서 무슨 차를 타고가야 하는 지를 순차적으로 표시해 놓은 것이고 뒷면에는 가야하는 길을 표시해 놓은 지도가 인쇄되어 있었다. 생각보다는 복잡했다.

직접 킨로스에서 내려 찾아가면 될 듯 싶었으나 유인물에는 할비스 파크앤라이드
(Halbeath Park & Ride)에서 버스를 갈아타라고 되어 있다. 갈 때는 컴퓨터가 시키
는 대로 갔는데 왠지 모를 느낌에 왕복 버스표를 사지 않아 돌아오면서는 다행히 내
맘에 맞는 다른 길을 택할 수 있었다. 컴퓨터는 내가 걷기를 좋아하고 어지간한 거리
는 걷는다는 것을 모른다. 그래서 약간의 도보도 허용하지 않고 여행 계획표를 짠다.
컴퓨터의 맹점이 아닐 수 없다. 걷기를 싫어하는 사람, 이를테면 아내라면 이런 여행
계획표를 좋아했을까. 역시 아니라고 본다. 환승 대기 시간이 너무 길다.

컴퓨터의 생각보다 40분 늦게 도착했다. 컴퓨터가 환승 시간을 잘못 계산한 것이다.
비가 올 기미가 있었는데 다행히 기념품점 겸 매표소에 비 오기 전에 도착하였다. 판
매원은 젊은 여자 미리암이다. 손님이 너무 없어서도 그러겠지만 성격상 친절하고 손
님과 말하기를 좋아한 듯 했다. 한국인은 드물다고 하면서 김치를 매우 좋아한다고 했

매표소와 선착장

다. 자기는 독일인인데 남편이 스코틀랜드인이라서 여기서 산다고 했다. 배(모터보트) 출발 시간이 촉박하여 화장실이 너무 멀어 가기를 망설이니 "까짓것 망설이지 말고 가세요.(섬에서 오고 있는 배를 가리키며) 배는 내가 알아서 잡아둘 터이니 갔다 오세요"한다. 한참을 걸어서 갔다 오니 미리암은 비가 뿌리는데도 선착장에서 배를 운행하는, 역시 사람 좋게 생긴 사이먼과 같이 커다란 커피 잔을 들고 담소를 즐기고 있었다. 묻지는 않았지만 둘이 부부가 아닐까하는 생각이 들 정도의 모습이었다.

승객은 나 한 사람으로 11시 42분 출발하여 11시 52분에 도착하였으니 모터보트로 딱 10분 거리다. 섬 밖에서 보는 성이 빗속이든 맑은 날씨든 애처롭게 보이는 것은 이곳이 스콧의 여왕, 메리(Mary, Queen of Scots)의 유폐지였기 때문일 것이다. 하일랜드를 오가다 보면 킨로스, 퍼스(현지식으로 페르스), 던디 등을 갈 때 M90 도로를 이용할 경우가 있는데 이 도로를 달리는 버스 차창을 통해서도 외롭게만 보이는 성의 탑 건물(Tower House)을 볼 수 있을 것이다. 메리는 이곳에서 1년을 보낸 후 탈출에 성공해 잉글랜드에 망명했지만, 이미 언급한 대로 1587년 2월 8일 참수된다. 역사에서의 가정은 '단지 헛소리'지만 400년 후의 한 여행객 생각에는 탈출하지 않고 달리 기회를 찾았더라면… 하는 아쉬운 마음이 든다.

멀리서 본 성

섬에 도착하니 5명의 관광객이 섬에서 나가려고 선착장으로 오고 있었다. 잠시 후 사이먼이 그들을 태우고 떠나고, 비가 부슬부슬 오는데 이 무서운(?) 섬에 나 혼자 라고 생각하니 갑자기 기분이 이상해진다. 들어가는 입구 직전 왼쪽에 대포 2문이 놓여있다. 원래는 육지에 있는 17세기 고택 킨로스 하우스(Kinross House)에 있던 걸 여기에 갖다놨다고 하는데 그밖에는 대포에 대해 밝혀진 것이 없다. 전해지는 말 로는 호수에서 건져 올린 것이라는데 그렇다면 원래 성에 있었던 것이란 뜻이지만 대포는 1800년대 만들어진 것이고, 그 당시 성은 200년 동안 버려진 상태였다. 이래 저래 미스터리만 남긴 셈이다.

미스터리 대포 2문

한참을 둘러보고 있는데 탑 건물 1층에 두 사람의 인부가 쉬고 있었다. 4월 요즘이 한참 잔디를 깎는 시기다. 다른 관광지에서도 요즘 가끔 잔디깎기 하는 것을 보아왔 다. 사진과 동영상을 찍는데 방해는 되지만 스코틀랜드에 특히 많은 유령이나 귀신

걱정은 덜 하면서 둘러보게 되어 다행이다.

안에서 본 탑 건물

안뜰

현대 혹은 그 당시에 그린 19세기의 그림을 보면 사방 성벽 모두가 강물에 바짝 붙게 그려져 있어서 지금처럼 성 밖 땅이 거의 없어 보이는데, 실제로 중세 때는 섬의 면적이 지금보다 훨씬 작았다. 1826~1836년 사이에 호수의 수면이 1m 넘게 낮아졌고 그 결과 섬의 면적이 지금처럼 넓어지게 된 것이다. 당시 이 성에 갇혀있던 메리 여왕에게는 지금보다 더 갑갑할 수밖에 없는 환경이었을 것이다.

전부터 성이 있었는지는 모르겠지만 지금의 유적은 1300년경에 건설된 것으로 스코틀랜드 독립전쟁(The Wars of Independence 1296-1357)때 군사적 행위가 있었던 성이다. 로버트 더 브루스 때부터 왕가의 소유로 왕가의 귀중품이나 재산을 보관하기도 했지만 국사범의 감옥으로도 빈번하게 사용되었다. 중세 유럽에서 흑사

밖에서 바라본 성

병이 대 유행할 때 스코틀랜드라고 예외는 아니었다. 1361~1362년 사이 데이비드 2세(David II)가 흑사병을 피해 이곳으로 온 적도 있었다.

이 성은 1390년, 스튜어트 왕조의 첫 번째 왕 로버트 2세(Robert II)가 조카딸 마저리(Marjory)의 남편 헨리 더글러스에게 하사하면서 공식적으로 왕가의 소유에서 벗어났다. 그 후 300년 동안 더글러스가(家)가 소유했다.

1675년에 윌리엄 브루스 경(Sir William Bruce)이 성을 매입하고 정원으로 사용하였을 뿐 주거용으로는 사용하지 않았다. 지금은 히스토릭 스코틀랜드(Historic Scotland)가 관리하고 3월 25일부터 10월 31일까지 배를 이용하여 들어가 볼 수 있다. 성의 형식은 '탑 건물과 안뜰 형식(Tower House and Courtyard Style)'이다.

14세기부터는 감옥으로 사용되었고 특히 1567-1568년 스콧의 여왕 메리가 유폐되었던 곳으로 유명하다.

여왕의 방문 횟수나 시기는 자료마다 약간씩 다르지만 메리 여왕은 유폐 전부터 여러 번 이곳을 방문했다. 성의 소유자 윌리엄 더글러스의 손님으로 와서 칼뱅파 목사 존 녹스(John Knox)와 열띤 논쟁을 벌이기도 하고 두 번째 남편인 헨리(Henry, Lord Darnley)와 같이 온 적도 있으며 마지막으로 방문했을 때는 죄인의 몸이었다.

메리 여왕 방

   처음에는 성의 남동쪽 모퉁이에 있는 16세기 초에 건설된 글라신 탑(Glassin Tower)에서 지냈는데, 도착 후 심하게 아팠고 한 달이 지나기 전에 세 번째 남편 보스웰 백작과의 사이에서 생긴 쌍둥이를 유산했다. 그 며칠 후에는 여왕 권좌에서 폐위되었고 어린 아들 제임스가 제임스 6세로 왕위를 계승했다. 쌍둥이 유산과 약해진 몸, 보호 감시 문제 등의 이유로 그녀는 글라신 탑에서 탑 건물(Tower House) 4층과 5층(영국식으로는 3층과 4층)으로 옮겨졌다. 두 사람의 시녀, 요리사 그리고 건

글라신 탑

강을 돌볼 의사 및 성주인 윌리엄 더글러스 말고도 그의 어미니 레이디 마가렛 더글러스(Lady Margaret Douglas) 등 여러 명과 함께 지냈다. 가을과 겨울을 지내는 동안 몸이 회복된 메리는, 함께 지내던 사람 중 윌리엄의 형제인 조지 더글러스를 점차 자기편으로 끌어들였다. 탈출하는 밤, 고아 친척인 윌리 더글러스가 열쇠를 훔치고 메리는 하녀 복장으로 성 밖으로 나간 후 배를 타고 호수를 건넜다. 그곳에는 이미 조지 더글러스와 수행원들이 기다리고 있어 그 길로 로디언(Lothian)의 니드리

성(Niddry Castle)으로 도망쳤다. 니드리 성이 메리의 유령이 나온다는 스코틀랜드의 여러 성 중의 하나가 된 이유다.

성 구경을 다하고 배를 타고 나오니 점심 때가 되었다. 미리암에게 주변에서 음식 맛있는 곳을 추천해달라고 했더니 이러 저러한 곳을 말하는데 찾지 못하고 시내까지 와서 겨우 한곳 찾아 식사를 했다. 다시 거리로 나와 내 나이 또래의 신사에게 에든버러 가는 길을 물었더니 그는 내 맘을 꿰뚫고 있는 듯 약도까지 그려가며 킨로스 파크앤라이드(Kinross Park & Ride) 버스 정류장으로 가는 길을 시원스럽게 알려주었다. "사람들은 시내에서 쉽게 버스를 타지만 당장에는 좋지만 버스를 갈아타야 하고 버스비도 더 내야 합니다. 조금만 더 걸으면 에든버러로 직접 가는 것을 탈 수 있습니다. 15분 정도… 아니 더 걸을 수도 있습니다." 가서보니 이곳이야 말로 내가 원하던 곳으로 퍼스(Perth), 인버네스 (Inverness) 등으로 가는 길이라 버스가 많다. 거리는 내 걸음으로 빠르면 10분, 보통 15분이면 족하고 가격도 9.70파운드로 환승이 없다. 올 때는 12.7 파운드(8.20 + 4.50)를 내고도 한 번 갈아타야 했다. 다음에 또 온다면 에든버러에서 퍼스나 인버네스로 가는 버스를 타고 킨로스 파크앤라이드에서 내려 걸어가면 될 것 같다.

Extra story - 더 알아두면 좋을 스코틀랜드 이야기

글렌코 학살(Massacre of Glencoe)

글렌코는 한 골짜기에 위치한 곳인데 글렌(Glen)은 스코틀랜드어로 골짜기란 뜻이다. 4억 7,000년 전 화산분출로 생성된 지형으로 이전 400만 년 동안 적어도 8번의 화산폭발이 있었던 곳이다. 영화 해리 포터에 자주 보이는 그 밋밋한 산들은 이곳일 확률이 높고, 아니라도 하일랜드의 다른 어떤 곳일 것이다. 그 정도로 하일랜드의 풍광을 대표한다고 하는데 내 관점에서는 아름답다기보다는 좀 특이한 자연으로 생각된다.

글렌코, 이곳이 유명한 것은 좀 독특한 자연환경 덕도 있지만, 17세기 후반 명예혁명 이후의 혼란기에 있었던 한 비극적인 학살사건 때문이기도 하다. 이 학살사건은 재커바이트 봉기와는 직접적인 관계는 없지만 간접적으로는 연결이 되며, 하일랜드 여행 중에 안내인들이 자주 언급하는 사건이기도 하다.

예전 처음 여행 때 일이다. 인솔자 데이비드(David)가 흥분하면서 글렌코 학살을 설명할 때 나는 정확한 것을 추구하는 천성대로 확실한 정보를 요구했다. 정확한 장소가 어디며, 몇 명이나 죽었느냐고 물었다. 희생자의 숫자를 요구한 것은 내심 '도대체 얼마나 죽었길래 그렇게 호들갑이냐?' 라는 심정에서였다. 장소는 글렌코 이곳저곳이라서 현재 정확한 장소를 말할 수는 없고, 희생자는 약 80명이라고 했다. 이걸 듣고 아마 난 '에게게… 그런 숫자가지고 그렇게 호들갑이야?' 라는 표정을 지었을 것이다. 정확히는 78명인데 이 숫자도 적지 않은 숫자지만 대대적인 선전(?)치고는 예상보다는 많지 않다. 대한민국 남자의 스케일로 봐서 적은 수인지, 아니면 과거 우리나라의 학살사건이 워낙 규모가 커서 내성이 생긴 건지는 모르겠다. 단 한 명일지라도 죽음은 거창한 사건인데 사망자 숫자로 사건의 경중을 따지는 생각은 스스로 반성할 문제라고 인정한다.

1691년 8월 27일 새로운 영국정부는 하일랜드 씨족들에게 하나의 제안을 한다. 1692년 1월 1일까지 현 국왕 윌리엄 2세/3세와 메리 2세에게 충성을 서약하면 이전 재커바이트 봉기 때에 어떤 일을 했더라도 불문에 붙이고, 처벌하지 않겠다는 회유제안이었다. 그러나 이 넉 달 동안 씨족들은 고민에 쌓였고, 프랑스에 망명 중인 폐위왕 제임스 2세/7세에게 불가피하게 이러저러한 이유로 현왕에게 충성 맹세를 하고자하니 윤허해 달라는 전갈을 보냈다. 제임스 2세/7세는 1월 1일 이전에 다시 영국에 상륙하여 왕권을 되찾을 수 있으리라 생각해 대답을 안 하고 미적거렸는데, 그러는 동안 날짜는 계속 지나 12월 중순에야 윤허 전갈이 씨족에게 전달되었다. 전달받은 즉시 충성서약을 한 씨족도 있었지만 이러저러한 이유로 2월 13일까지도 충성서약을 실행하지 못한 씨족도 있었다. 겨울철 악천후로 이동이 쉽지 않은 것도 한 이유였지만, 성채에 그것을 받아 줄 행정관이 없었기 때문이기도 했다. 서약을 아직 못한 씨족 중에 글렌코의 맥도날드(MacDonald) 씨족이 있었는데 이 씨족에서 38명의 남자가 학살당했고, 이 과정에서 집이 불에 타 부녀자와 어린아이도 40명이 죽었다. 정부에서는 나름대로 변명을 했으나 포괄적으로 뭉뚱그린 변명이었다. 사실 최종 책임자는 윌리엄 2세/3세다. 왕의 허가가 있었으니 그의 책임 밖이라고는 할 수 없는 것이다. 그러나 책임진 사람은 없었다.

이 사건의 과정을 세밀히 들여다보면 씨족간의 알력 등 미묘한 것이 작용한 면이 있었다. 재커바이트 봉기가 끝날 무렵, 맥도날드 씨족의 분파인 맥클레인 씨족 사람들이 로버트 캠벨(Robert Campbell of Glenlyon)이란 사람의 소유지를 지나며 그의 물건에 손을 대고 가축을 도둑질한 사건이 있었다. 그는 스코틀랜드의 소수파 귀족으로 평소 노름 빚, 무리한 건물 증축으로 빚더미에 허덕이던 사람이었는데, 이 사건 후 배상을 요구하며 맥도날드 씨족과 사이가 나빠졌다. 그 후 빚을 갚고 가족을 부양하느라 59살에 군에 입대했는데 그가 입대한 연대가 바로 글렌코 학살을 실행한 부대다. 또한 직접 학살을 자행한 120명의 병사를 지휘한 장교가 바로 로버트 캠벨이었다. 이 관계가 정부 측에게 변명의 빌미를 제공했다. 이 학살사건이 스코틀랜드 내부 씨족간의 반목과 갈등으로 빚어진 사건이라고 한 것이다.

마감 전까지 충성맹세를 못한 씨족이 맥도날드 씨족 뿐만은 아니었지만 다른 곳에서의 학살은 없었다. 로버트 캠벨의 부대가 맥도날드 씨족을 학살한 것은 우연인지는 아무도 모른다. 그는 아무 사심 없이 정부정책을 집행했는지도 모른다. 하지만 인간은 1%의 명분만 주어진다면 자기의 양심 속에 숨겨진 '본인만이 아는 나머지 99%의 진실'을 더 이상 기억하지 못할지도 모른다. 이 사건은 월터 스콧(Walter Scott), 엘리엇(T.S. Elliot) 등 여러 문인들의 문학 속에 녹아들기도 했는데, 아직도 글렌코의 슬픔으로 남아있어 먼 아시아에서 온 이방인의 가슴까지도 아프게 한다.

글렌코

스튜어트 왕조의 종말과 하노버 왕조(The House of Hanover)의 시작, 그리고 재커바이트의 소멸

1694년 메리 2세가 천연두로 사망하고, 1701년 제임스 2세/7세가 망명지에서 사망했다. 이에 실권 없는 망명 왕이지만, 그의 아들인 제임스 스튜어트(James Francis Edward Stuart, 1688-1766)가 제임스 3세/8세(James III/VIII)로 가톨릭 국가인 프랑스, 스페인, 모데나(Modena) 공국, 교황으로부터 승인을 받았다. 반대파로부터는 노참칭왕(老僣稱王/The Old Pretender)으로, 지지자로부터는 해외왕(海外王/The King Across the Water)으로 불리게 된다. 죽은 제임스 2세/7세의 손자 찰스 스튜어트(Charles Edward Stuart, 1720-1788)는 반대파에게는 소참칭왕(少僣稱王/The Young Prertender)로, 지지자로부터는 찰리왕자 보니(Bonnie Prince Charlie)로 불리게 된다. 번역하자면 '꽃미남 찰리왕자'다. 애칭에서 보듯 그는 스코틀랜드 민중으로부터 상당한 예쁨을 받았던 것 같다. 이들은 처음에는 프랑스에서, 나중에는 로마에서 망명생활을 한다.

1702년 오렌지 공 윌리엄 2세/3세도 죽고, 메리 2세의 여동생인 앤 스튜어트가 마지막 스튜어트 왕으로 왕위를 계승한다. 12년 후 앤 여왕이 사망하자 재커바이트는 제임스 스튜어트(James Francis Edward Stuart, 해외왕)가 왕위를 계승 할 것이라는 희망을 잠시 갖는다. 그러나 영국 의회에서 제정한 왕위 계승법(Act of Settlement 1701)에 의하면 국왕은 신교도여야 하며, 당연히 독실한 가톨릭인 그는 배제된다. 법에 따라 앤여왕의 6촌(제임스 1세/6세의 증손자)이자 신교도인 독일의 하노버 선제후(Elector of Hanover)가 조지 1세(George I)로 왕위를 계승한다. 이로서 스튜어트 왕조가 끝나고 하노버 왕조(The House of Hanover)가 시작된 것이다.

재커바이트의 저항은 하노버 왕조에서도 계속되며, 가톨릭 국가인 프랑스와 스페인의 도움을 받는다. 대표적인 봉기로는 더 피프틴(The Fifteen/1715

년의 봉기), 더 나인틴(The Nineteen/1719년의 봉기), 더 포티 파이브(The Forty-Five/1745년의 봉기) 등이 있다. 더 포티 파이브는 소참칭왕 '꽃미남 찰리왕자'가 주도를 했는데 8월 19일 글렌핀난(Glenfinnan)에서 그의 아버지 노참칭왕/해외왕 제임스 3세/8세의 이름으로 봉기의 깃발을 올린다.

글렌핀난. 보이는 것은 사이얼 호수. 솟아있는 탑은 찰스왕자 글렌핀난 기념탑(Prince Charles Glenfinnan Monument) 또는 글렌핀난 기념탑(Glenfinnan Monument). 1815년 건립. 재커바이트 봉기를 했거나 그때 죽은 자를 기리기 위하여 세웠다. 사이얼 호수는 해리 포터 영화에 자주 나오며, 영화에서는 CG로 탑을 지우고 오른쪽에 호그와트 학교를 세웠다.

인버네스 성에 있는 플로라 동상

더 포티 파이브는 마지막 봉기로 초기 상당한 성공을 거둬 성을 제외하고 에든버러를 점령하고, 잉글랜드 런던 앞 200km까지 진격하기도 했다. 1746년 4월 16일 결국 마지막으로 하일랜드 컬로든 전투에서 패한 찰스는 즉시 군대를 버리고 프랑스로 도망치는데, 다소 굴욕적이지만 플로라(Flora)라는 맥도날드가 하녀의 옷을 입고 성공적으로 도망쳤다고 한다. 그리고 망명지 로마에서 알코올 중독으로 죽을 때까지 다시는 영국 땅을 밟지 못했다.

이 후 하노버 왕가의 영국정부는 스코틀랜드 하이랜드인 특히 씨족(Clan)들을 탄압하고 하일랜드 전통복장도 법으로 금지한다. 이 후로도 재커바이트의 봉기 혹은 프랑스에 의지한 침공 시도는 있었으나 실행되지는 못했다. 재커바이트로서 무기를 들었던 많은 씨족 출신 병사들도 나중에는 당시 세계로 향하는 영국 군대에 합류하여 영국군으로 중요한 역할을 담당하게 된다. 하지만 아직도 재커바이트는 스코틀랜드 인들에게 역사이자 전설로 가슴속에 간직되어 있다.

19

메리 여왕의 출생지
린리스고 왕궁(Linlithgow Palace)

린리스고 왕궁은 에든버러 성에서 북으로 치우친 동쪽으로 약 24km 떨어진 곳에 있다. 여기에서 북동쪽으로 약 45km를 가면 스털링 성이다. 에든버러 성, 린리스고 왕궁, 스털링 성이 하일랜드로 가는 길목에 거의 일직선상으로 적당한 거리를 두고 위치해 그때그때 상황에 따라서 역할을 바꿔가며 기능을 했던 듯하다. 그리고 이 세 곳 중에서 그래도 가장 '동화 속 성'과 가까운 곳은 린리스고 왕궁이다.

사실 아름다운 공주, 왕비, 여왕 그리고 미남 왕자와 기사가 어울릴만한 성은 영국에 그다지 많지 않다. 에든버러 성이나 스털링 성은 죽어도 아니다. 반면 린리스고 왕궁, 드물게 린리스고 성(Linlithgow Castle)이라고도 불리는 이곳은, 여전히 부족한 면이 있긴 하지만 아름다운 공주와 미남 기사나 왕자가 사랑 놀음을 해도 좋을 법한 곳이다. 방어를 위해 깎아지른 낭떠러지 벼랑 위나 험난한 바닷가에, 미학적인 면보다는 순전히 군사방어적인 면을 우선적으로 고려해 축성한 성을 주로 보아오다가 이곳을 보니 그런 생각이 들었다. 린리스고 왕궁은 호수와 성 그리고 주변의 환경이 잘 어울리는 곳이다. 아름다운 메리 여왕의 출생지로 손색없이 어울리는 곳이라고 생각 한다. 이렇게 아름다운 곳일 지라도 왕궁이 항상 좋은 일만 있었던 것은 아니다. 황성 옛터의 역사를 더듬어가 보면 슬픈 사연이 없을 수는 없다.

왕궁에서 바라본 주변

왕궁 탑 꼭대기에는 '마가렛 왕비의 정자'가 있다. 왕비 마가렛 튜더는 잉글랜드 튜더 왕조 헨리 7세의 맏딸로 헨리 8세는 마가렛의 친동생이다. 그녀는 이곳에서 주변 경관을 돌아보며 자주 휴식을 취했다고 한다. 이때는 불행히도 스코틀랜드가 프랑스와 동맹이었던데 비해, 잉글랜드의 헨리 8세는 프랑스를 침공해 동맹국인 스코틀랜드가 잉글랜드를 침공하는 최악의 관계였나. 전해지는 이야기에 따르면 왕비는 잉글랜드와 전투를 치르던 남편을 이곳에서 망부석처럼 기다렸다고 한다. 잉글랜드의 공주이자 스코틀랜드의 왕비인 그녀는 남편과 친동생의 전쟁을 어떤 마음으로 바라보았을까. 결국 그해 가을 제임스 4세의 전사 비보가 전해지고 온 린리스고 왕궁이 슬픔에 휩싸이고 만다. 이때도 그녀는 이 정자에서 망부석처럼 먼 산을 바라보고 있다가 비보를 가지고 오는 파발마를 보고 황급히 탑을 내려오지 않았을까. 마가렛의 튜더 혈통 덕분에 제임스 6세가 잉글랜드의 제임스 1세가 되어 통합 왕이 될 줄을 당시에는 그녀는 물론 누구 하나 예측하지 못하였을 것이다.

왕궁 탑

　1512년 4월 제임스 5세, 1542년 12월 메리 여왕이 이곳에서 태어났다. 그들에게는 어린 시절의 추억이 깃든 곳이다. 제임스 4세의 죽음 후에 버려지다시피 한 왕궁을 16세의 어린 왕이 재건축하기로 한 것만 봐도 제임스 5세는 이 왕궁에 매우 애착을 가지고 있었던 듯하다. (물론 재건축 내내 왕비인 마리 드 기즈에게 모든 공사에 대해 확인과 동의를 구했다고 한다.) 메리 여왕은 짧은 치세 동안 가끔 이곳에 들러 어린 시절을 추억하곤 했다.

　1603년 잉글랜드와 스코틀랜드의 왕권이 통합되면서 스코틀랜드에 있던 궁정이 런던으로 옮겨진 후, 린리스고 왕궁은 거의 사람의 발길이 멈추었다. 이후 보수를 하며 보존에 힘썼는데 1746년 재커바이트 봉기군을 진압하는 과정에서 컴벌랜드 공작 군대에 의해 대부분이 파괴되고 불탔다.

에든버러에서 린리스고 왕궁을 가려면 워털루 플레이스(Waterloo Place)에 있는 웨이벌리 버스 정류장에서 38번을 타야 한다. 이곳은 시내버스를 비롯하여 근거리 버스용 정류장이며 차비는 탑승하면서 운전기사에게 낸다. 한참을 기다려 38번을 탔는데 왕복 6.70 파운드다. 바로 전 날 다녀왔던 훨씬 먼 스털링까지의 가격 4.00파운드보다 훨씬 비싸다. 체계가 다른 버스라서 그럴 것이다. 타보니 예전에 이 노선버스로 스털링을 갔던 기억이 났다. 딱 1시간 후에 린리스고에 내렸다. 인구 약 14,000명으로 한적한 도시는 아니다.

왕궁 입구 문

광장에서 조금 올라가면 왕궁 문이 나온다. 1536년 제임스 5세가 세운 문이다. 문 아치 위에 있는 4개의 조각은 제임스 5세가 속해있었던 당시 유럽 기사단의 문장이다. 문으로 들어가면 궁을 둘러

메리 여왕 동상

싸고 있는 바깥 뜰과 궁전, 성 미카엘 교회가 있다. 2015년에 세운 메리 여왕의 동상도 함께 있다. 입장료는 양보가격으로 4.40파운드다. 초로의 여자 매표원은 웃는 얼굴과 친절한 말투로 오늘 하루 동안은 궁전을 들락거리며 시간에 구애받지 않고 구경할 수 있다고 안내한다. 한국인은 거의 없다면서 그래서 더욱 반갑다는 표정이었다.

바로 왕궁 안마당으로 들어선다. 안
마당은 왕궁 건물로 둘러싸인 사각형이
다. 가운데 광장에서 봤던 모형의 원본
인 큰 분수대가 있다. 제임스 5세가 만
든 것인데 분수는 왕의 힘과 지적 교양
을 상징했다. 그리고 아버지를 죽인 외
삼촌 잉글랜드 헨리 8세와 왕에게 반기
를 들고 있는 일부 귀족들을 향한 메시
지도 담고 있다. 분수대 꼭대기에 있는
황관(皇冠)은 스코틀랜드의 독립성과 '
신 외에는 누구에게도 귀속될 수 없으
며 왕이 최상층에서 군림한다'는 것을

분수대와 안마당

상징한다. 1745년 9월, 재커바이트를 지휘하는 '꽃미남 찰리'(Bonnie Prince Char-
lie)가 남쪽에서부터 진격해 들어와 궁을 차지한 후 분수대를 이용해 일종의 이벤트
를 연출한 적도 있다. 고작 6개월 후 린리스고 왕궁 대부분 파괴되고 왕자가 이끌던
재커바이트 봉기도 종결되지만, 이때는 분수대에 물대신 포도주를 부어 포도주가 품
어 나오도록 해 자신의 영광을 기렸던 것이다.

사진 찍히는 것보다는 사진 찍는 것을 더 좋아하지만 장소에 따라서 가끔은 내 모
습이 들어가는 사진을 남기고 싶을 때가 있다. 마침 분수대 앞에서 젊은 여자 두 사
람이 특별한 장비까지 동원하여 사진을 찍고 있었다. 프로 사진작가로 화보를 찍는
것 같았다. 하지만 그렇다 해도 너무 오랫동안 분수를 독점하고 있다. 내가 기다리고
있다는 것도 알릴 겸 사진을 찍어줄 수 있냐고 부탁했는데 "정말 저도 찍어주고 싶습

니다. 그러나 우리는 엄청 바쁘거든요" 그럼 그렇지. 내 사진을 찍어줄 사람 같으면 주위에 기다리는 사람들을 못 본 체하며 피사체를 독점하지도 않았을 거다. 그녀들이 잠시 쉬는 틈을 타 드디어 피사체인 분수대를 성공적으로 탈환하고 근접 촬영을 핑계로 자연스레 분수대에 바짝 붙어 비교적 오랫동안 촬영하여 그들을 좀 더 쉬도록 해주었다. 사진 촬영 같은 것을 부탁 할 때는 남녀 데이트 족이 제일 좋다. 그들은 절대로 거절을 않는다. 그들은 심지어 자진하여 찍어 줄 때도 있다. 런던에서 경험했던 일로 런던 탑 외부에서 자동 셔터로 내 모습을 찍고 있는데 부탁하지도 않았는데 근처 데이트 족 중에 남자가 나서서 나를 여러 번 찍어준 적도 있다.

왕궁 위층에는 대강당에 있다. 그 당시의 모습이 아직까지 남아있는 곳 중 하나로 영국에서 중세 특징을 가장 잘 나타내는 인상적인 방으로 유명하다. 약 3세기 동안 연회, 음악, 연극 등의 문화 공간으로 쓰였고 드물게는 국회가 열리기도 했던 곳이다. 대강당 벽에는 벽걸이 융단이, 받침대 위에는 조각상들이 있어 화려하게 꾸며졌었다. 식탁의 상석에서 왕과 그의 최측근이 식사를 했는데, 대강당 끝자락이지만 벽난로와 가깝고 동쪽 큰 창을 통하여 빛이 들어와 가장 따뜻하고 환한 곳이기도 했다. 요새처럼 거대한 돌덩어리로 보호되는 성이지만 위층에 큰 창문을 둬서 일상생활에 편리하도록 되어있어 명실상부한 왕궁의 면모를 갖춘 건축물이었다. 비전문가인 나의 의견으로 말한다면, 평화 시에는 어느 정도 왕실을 보호할 수 있는 왕궁으로서 손색이 없지만 혼란 시기에는 에든버러 성이나 스털링 성으로 이전해야 할 정도의 왕궁으로 보인다. 실제로도 그렇게 했을 것이다.

대강당

강당에 있는 설명문에 흥미롭게도 제임스 5세 때 궁에서 소모된 음식 기록이 쓰여 있다.

1528년 12월 19일 토요일

빵 95 덩어리, 맥주 3갤런, 담수어 40마리, 요리용 사과 40개, 청어 200마리, 소금에 절인 연어 4마리, 큰 넙치 1마리, 동갈치 2마리, 수량 미상의 조가비, 뱀장어, 갑오징어, 버터, 치즈, 달걀, 사과

그리고 다음날 일요일은 육식의 날인데 차림표는 다음과 같다.

빵 43덩어리, 맥주 13과 1/4 갤런, 소금에 절인 소고기 2쿼터, 양고기 5와 3/4쿼터, 갑오징어 2파운드, 거세한 수탉 13마리, 살찐 거세한 수탉 1마리, 살찐 거위 5마리, 닭 6마리, 기타 가금류 8마리, 자고새 1마리와 멧도요 2마리

거세한 수탉이 있었다니 나에게는 뉴스다. 또 살찐 것은 별도로 셈을 했던 것 같다.

대강당 옆으로는 부엌이 있다. 연회가 자주 열리는 대강당에 음식을 원활하게 공급해야 하기 때문이다.

부엌

제임스 4세는 유럽의 다른 왕들과 모든 방면에서 경쟁심을 가지고 있었다. 경쟁심의 절정을 보여준 것이 왕과 왕비의 방이다. 규모면에서 돋보이는 왕실의 방은 이때 만들어 진 것이다. 왕궁 박물관에는 1966~77년 사이에 발굴한 토기와 자기 파편, 총과 칼 등 무기류가

상복 입은 메리 여왕 초상화

왕실의 방

예배당

전시돼 있고 벽에는 초상화가 전시되어 있는데 이 중 상복 입은 메리 여왕의 초상화 모사품도 있다. 첫 남편 프랑수아 2세가 죽었을 때의 그림이다.

　왕궁이 크지 않으니 1시간 30분에서 2시간이면 다 돌아 볼 수 있다. 물론 천천히 여기저기 걸린 설명을 다 읽어가며 구경한다면 더 시간이 필요할 것이다. 구경하다 보니 훌쩍 점심시간이 지나 오면서 보아두었던 광장 주변의 카페에서 수프와 빵으로 점심을 먹었다. 음식점의 예쁘장한 젊은 아주머니는 친절했다. 린리스고는 관광 도시인 에든버러 근처지만 의외로 관광객이 많지 않아서 시민들이 여유 있어 보인다. 버스정류장에서 초로의 남자도 미안할 정도로 친절하게 길 안내를 해주었다. 인버네스에서 느낀 갑갑함은 전혀 느끼지 못했다.

주변에서 바라본 왕궁

20

해리 포터와 다운튼 애비 촬영지
아닉 성 (Alnwick Castle)

앞서 '일린 도난 성'을 이야기 할 때 역사적으로 바이킹의 브리튼 섬 침략은 스코틀랜드 서부와는 좀 거리가 있는 잉글랜드 북부에서부터 시작 되었는데 그곳이 린디스판이며 이번 여행 때 들렸기에 나중 좀 더 이야기를 하겠다고 했다. 이번 여행에서 그곳– 바이킹이 최초로 침입해 대사건을 일으킨 곳 –을 가보고 싶었다. 다행히 1일 여행으로 '바이킹 해안과 아닉성(The Viking Coast and Alnwick Castle)'이라는 이름의 상품이 에든버러에 있어서 쉽게 가볼 수가 있었다.

에든버러 워털루 플레이스(Waterloo Place)에서 아침 9시에 출발하는 일정이다. 운전기사 겸 관광안내인 키스(Keith)가 출발 전 지도를 들고 오늘의 일정을 설명 한다. 먼저 바이킹 해안에서 약간 안쪽으로 들어간 아닉 성을 시작으로 해안가의 밤브러 성 그리고 홀리 아일랜드 린디스판 순서로 진행되며, 밤브러 성은 일정에 포함되지 않았으나 가는 길목이니 성 내부까지 들어갈 시간을 줄 수는 없지만 밖에서 사진 찍을 시간은 충분히 주겠다고 했다. 사실 나는 아닉 성과 밤브러 성은 예전에 내부까지 실컷 구경한 터라 별다른 호기심이 없었다. 오직 린디스판에 대한 호기심이 많았고 이 여행의 목적도 그곳에 있었다.

키스는 운전을 하면서도 계속 핸드프리 마이크로 여러 가지 설명을 하고 안내를 한다. 잉글랜드 노섬벌랜드 주 아닉성에 11시 25분 도착하였다. 밤브러 성은 공식 일정에 없기에 지도에는 없지만 린디스판(Holy Island) 바로 아래에 있다. 현재 영국에서 사람이 거주하는 성

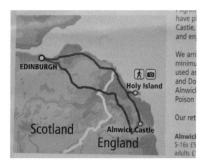
지도

중에서 가장 큰 성은 윈저 성(Winsor Castle)이다. 그 다음으로 아닉 성이다. 거주를 따지지 않고서는 웨일스 케어필리 성이 두 번째로 큰 성이다.

전쟁은 대부분 모든 것을 황폐하게 한다. 그러나 헨리 퍼시(Henry Percy, 1273-1314)가 스코틀랜드와의 전쟁에서 혁혁한 공을 세우고 1309년 벡 주교로부터 아닉 남작의 작위를 산 후, 아닉 성은 지금까지도 퍼시 가의 소유로 남아있다. 남작에서 백작으로, 다시 노섬벌랜드 공작(Duke of Northumberland)으로 신분이 수직 상승하며, 이 후 700년 동안 수많은 우여곡절이 없을 수 없었지만 지금까지도 퍼시 가는 작위를 유지하며 이곳에 기거하고 있다. 1309년이면 우리 경우 고려 26대 충선왕 (1275 출생– 1325 사망) 시대로 원의 간섭기다.

아닉 성의 기초가 되는 부분은 1096년 만들어졌다. 1136년 스코틀랜드 데이비드 1세(David I)가 성을 함락한 후 남긴 '성이 매우 튼튼함(very strong)'이라는 기록

이 최초의 성에 대한 기록이다.

과거 노섬브리아(왕국)는 잉글랜드 북부에서부터 스코틀랜드 남쪽까지 걸쳐있었다. 스코틀랜드 윌리엄 1세는 잉글랜드 북쪽의 노섬브리아(현 노섬벌랜드)가 스코틀랜드 땅이라는 신념을 갖고 있었던 것 같다. 그래서 그런지 끈질기게 침략했고 그러다 1174년 아닉 전투(Battle of Alnwick)때 그는 큰 실수를 한다. 성 밖에서 무모하게 호기를 부리다가 전투 중 말에서 떨어져 잉글랜드 군대에 사로잡힌 것이다. 쇠사슬에 묶여 뉴카슬(Newcastle), 노스햄프턴(Northampton)을 거쳐 노르망디 팔레즈(Falaise)까지 압송된 그는, 결국 잉글랜드와 팔레즈 조약(Treaty of Falaise)에 서명하고 나서야 간신히 풀려나 스코틀랜드 왕좌로 복귀한다. 조약 내용은 이렇다.

스코틀랜드 왕은 잉글랜드 왕을 봉건영주로 모신다.
잉글랜드 군은 스코틀랜드의 몇 개의 성을 점령 주둔하고, 그 유지비를 스코틀랜드에서 부담한다.
스코틀랜드에서 반란이 일어날 경우에는 잉글랜드 왕의 승인을 받은 후에 진압한다.

윌리엄 1세는 조약 서명 후 요크 성에서 잉글랜드의 헨리 2세에게 충성 맹세의 의식까지 치러야 했다. 요크판 '삼전도의 굴욕'이라고나 할까. 이 조약은 15년간 유지되다 헨리 2세의 후계자 리차드 1세 때 전환점을 맞게 된다. 3차 십자군원정이 시작됐는데 리차드 1세가 원정대의 일원이 된 것이다. 십자군원정은 영광스런 일이지만 고비용을 감당해야한다. 당시 돈에 몹시 쪼들리고 있던 리차드 1세는 은화 10,000 마르크를 받고 이 조약의 효력을 정지시켜준다. 노섬벌랜드와 아닉 성을 욕심낸 대가로는 너무 컸다.

　조약이 파기된 한참 후인 1194년, 윌리엄 1세는 이번에는 군사력 대신 돈으로 노섬 벌랜드를 사려고 15,000마르크를 제시했으나 거절당한다. 리차드는 땅덩어리는 둘째 치고 그 땅 안에 있는 아닉 성을 비롯한 여러 성을 포기하고 싶지 않았던 것이다.

　주차장에 도착하여 5분쯤 걸어 들어가면 안내매표소가 있다. 입장료는 할인가가 12.50파운드인데 단체할인까지 해서 11파운드를 냈다. 옆에 아닉 정원(The Alnwick Garden)이 있는데 이것도 구경하려면 더 지불해야한다. 표를 사고 천천히 10분쯤 걸어 들어가면 성의 정문인 사자 아치(LION ARCH)로 들어서게 된다.

　사자 아치를 걸어 들어가면 왼편 문루 벽에 오늘의 행사 안내판이 붙어있다. 예전에는 현 거주자인 12대 노섬벌랜드 공작 랄프 퍼시(Ralph Percy, 12th Duke of Northumberland)가 부인과 함께 있는 사진과 소개, 인사말과 공작의 사인이 들어간 큰 안내문이 붙어있던 자리다.(이 인사문은 홈페이지에 올라가 있다) 행사 안내판에는 이를테면, 안마당에서 10:30 am- 4:00 pm, 활쏘기. 8발에 3파운드. 1:30

성 전체 약도그림

성으로 들어가 길

pm - 3:00 pm, 빗자루 훈련은 궂은 날씨 탓에 비상(飛翔)조건이 안 좋아 취소 등이 적혀있다. 아마 해리 포터 영화에서 나오는 빗자루 비상을 말하는 듯하다.

성채 건물과 내빈실(STATE ROOMS), 바깥마당

성채 건물로 들어가는 문에는 내빈실(STATE ROOMS)은 개방되어있다는 고지판이 문 앞에 서있다. 들어가면 오른쪽으로 지하 감옥이 있다. 영주의 책임 중에는 죄인을 다스리는 것도 포함되어있어서 감옥은 성에 필수적인 시설이다. 특히 이곳은 스코틀랜드와의 국경지대라서 14세기 초에는 전쟁이 잦고 치안이 안정되지 못하여 죄수가 넘쳐났다.

지하 감옥을 지나면 작은 마당이 있고 내빈실로 들어가는 문 앞에서는 간단히 가방을 검사하고 건물로 들어선다. 이곳이 백작과 그의 가족, 그리고 손님들이 이용하는 곳이다. 큰 강당, 부엌, 거실, 방 등을 구경할 수 있다. 소장품, 그림 등 예술품과 백작 가족의 사진도 많이 전시되어있다. 어떤 방을 지나는데 눈에 아주 많이 익은 여자 의상 몇 점을 보게 되어 참 이상하다고 생각하면서 다시 돌아가 의상 밑에 놓여있는 설명을 읽어보았다. 영국드라마 다운튼 애비(Downton Abbey)를 이곳에서 촬영 했다고 한다. 그곳 여자 안내인에게 물었더니 크리스마스 스페셜 편을 찍었다고 했다. 해리 포터의 호그와트(Hogwarts)를 이 성에서 많이 촬영하였다.

내빈실에서 각종 전시물을 다 보고나오면 바깥마당이다. 이곳은 내빈실이 있는 성채 건물과 망루(BARBICAN)사이의 넓은 뜰인데, 특히 아이들이 좋아한다. 왜냐하면 이곳에서 마법 빗자루 비상연습과 훈련이 있기 때문이다. '해리 포터와 마법사의 돌(Harry Potter and the Sorcerer's Stone/Philosopher's Stone)'에서 해리 포터와 친구들이 호그와트에 입학한 후, 후치교수(Madam Hooch)에게 첫 빗자루 비상훈련을 받은 장소가 바로 이곳이다. 정문 사자 아치 벽에 붙은 안내를 보고 오늘

내빈실(State Rooms)이 있는 성채 건물

은 굿은 날씨로 훈련이 취소되었다는 것을 알고 아이들은 실망했겠지만, 그래도 마
당에서 뛰어놀고 있다.

바깥마당

영화는 이곳을 내빈실이 있는 성채 건물벽과 함께 꽤 오랫동안 보여준다. 어린 시
절 이 영화에 심취했다면 아닉 성 바깥마당에서 그때의 감정을 추슬러 되살려 보는
것도 좋으리라. 나이 때문에 시켜줄 지는 모르겠으나 마법의 빗자루 비상훈련에 참
석하여 아닉 성 위를 영화에서처럼 마음껏 날아보는 것도 좋을 것 같다.

마차 차고(COACH HOUSE)

마차 차고에는 호화로운 마차 한 대 가 전시되어있다. 영국 여왕이 가끔 타는 마차에 버금갈 정도로 호화롭게 보인다. 1825년 프랑스 샤를 10세(Charles X)의 대관식에 참석차 3대 공작이 타고 간 마 차다. 최근에는 2011년 2월 현 12대 공

공작 가족마차

작 장녀 캐티(Lady Katie)가 자신의 결혼식장에 타고 갔다. 같은 해 여름 공작의 막 내딸 멜리사(Lady Melissa)의 결혼식 때 사용 되었다. 그런데 마차 차고의 주인공 은 이제는 더 이상 마차가 아니다. 이곳에는 인기 연속 드라마 다운튼 애비 물(物)로 가득 차 있다. 벽에는 대형 사진이 걸려있는데 드라마의 출연 인물들 사진이다. 반대 벽 영상화면에는 이 드라마와 혹은 관련 영상물을 계속 보여주고 있고, 그 앞에는 열 개 이상의 의자가 놓여있어 사람들은 이곳에 앉아 영상물을 보고 있다. 본주인인 공 작의 마차는 객(客)이 되고 다운튼 애비 관련 자료가 주(主)가 되어 있다. 공작도 21 세기의 자본주의 상업주의에는 어쩔 수 없는가 보다.

관광객들이 의자에 앉아서 보고 있는 동영상은 크리스마스 특별 편을 이곳에서 찍을 때의 일화를 엮은 것임을 알 수 있었다. 나는 시간이 많지 않고, 배가 고파서 점 심을 먹어야겠기에 마차고 오른쪽의 카페로 눈을 돌렸다. 나름대로는 골라서 주문 했는데 데우고 또 데워서 그런지 거의 뭉쳐 놓은 피자 같은 음식이 나왔다. 가격은 7.25 파운드(약 12,500원)인데 먹지 못하고 거의 다 버려야 했다. 호화스런 700년 역사의 공작 가문의 음식치고는 섭섭했다.

Extra story – 홋스퍼 헨리 퍼시 경 (SIR HENRY PERCY HOTSPUR)

카페와 기사 퀘스트(KNIGHT QUEST), 드래곤 퀘스트(DRAGON QUEST) 구역 사이 마당에는 뛰어오르는 말위에서 긴 창을 거꾸로 땅에 집고 있는 기마상이 있다. 이 인물은 보통 헨리 홋스퍼 경(Sir Henry Hotspur), 간단히 홋스퍼(Hotspur)라고 부르는데 그의 일생을 살펴보면 대단하다기 보다는 파란만장 했다는 표현이 더 맞을 성 싶다. 그의 별명 홋스퍼는 '성급한 사람' 또는 '무모한 사람'이라는 뜻이다. 그는 별명처럼 살다간 사람이다.

홋스퍼는 1364년(1366년?)에 아닉 성에서 그와 이름이 같은 헨리 퍼시(Henry Percy)의 장자로 태어났다. 지금은 유적으로만 남아있는 노섬벌랜드의 워워스 성(Warkworth Castle)에서 태어났다는 설도 있다. 1377년 아버지가 노섬벌랜드 백작 작위를 얻을 때 그는 기사 작위를 받았는데 당시 같이 기사 작위를 받은 사람은 미래의 왕, 리차드 2세와 헨리 4세였다고 한다. 작위를 받은 홋스퍼는 육지 바다를 가리지 않고 전투에서 항상 막강한 투지를 보였다.

1378년 9월 베릭(Berwick)에서 스코틀랜드 군과의 전투에서 일이다. 9일간 포위에 이은 공격 작전에서 홋스퍼는 아버지의 군대를 지휘했는데 이때 국경에서 '번개작전'을 이끌며 대단한 명성을 얻었다. 그의 별명 '홋스퍼'는 이때 얻은 것이다. 그의 작전에 놀란 스코틀랜드 군이 그들 말로 'Haatspore'라 불렀고, 이 말이 잉글랜드에서 '홋스퍼'라 불렀을 것으로 짐작된다. 물론 전투에서 패배해 포로가 되는 바람에 몸값(7,000마르크)을 지불하고 풀려난 적도 있지만, 홋스퍼는 브리튼 섬에서만이 아니라 아일랜드, 프러시아, 프랑스 등을 다니며 공을 세운다.

퍼시 가(家)와 헨리 4세는 여러 방면에서 서로 돕는 관계라 비교적 사이가 좋은 편이었다. 그러나 몇 가지 이유로 틈이 생기게 되는데 그중 중요한 문제 중 하나가 바로 돈이었다. 국경 지대인 노섬벌랜드의 백작인 만큼 국경수비를 위해 많은 돈이 들기 마련인데 헨리 4세는 국경 수비군에 대한 임금 지불에 야박했던 모양이다. 헨리 4세 입장에서는 "너의 재산과 땅이니 너희가 지켜라"식의 생각이 아니었을까. 반면 퍼시 가에서

홋스퍼 기마상

는 "잉글랜드 땅은 잉글랜드 왕이 책임져야지요"였을 것이다. 여기에 여러 문제가 겹쳐 결국 퍼시 가는 왕에게 반기를 든다. 이때가 1403년 여름이었다. 홋스퍼는 작은아버지 토마스 퍼시, 1대 우스터 백작(Thomas Percy, 1st Earl of Worcester)과 함께 슈루즈베리(Shrewsbury)에서 헨리 4세의 대군에 맞서는데 이 전투에서 7월 25일, 홋스퍼는 전사하고 토마스 퍼시는 포로가 되어 이틀 뒤에 처형된다.

왕은 처음에는 홋스퍼를 매장하도록 했다. 그런데 매장 며칠 후 그가 아직 살아있다는 소문이 세상에 돌자 다시 묘에서 시신을 파내어 목을 베고 사지를 절단했다. 목은 요크(York)로 보내져 꼬챙이에 꽂아 대중이 볼 수 있는 곳에 전시했고, 사지는 런던, 뉴카슬 어폰 타인(Newcastle upon Tyne), 브리스톨, 체스터에 각각 보내져 전시 되었다. 그해 11월이 되어서야 신체의 모든 조각이 미망인에게 전달되었고, 그녀는 남편의 시신을 꿰맞추어 요크 민스터

(York Minster)에 매장하였다.

아들과 동생을 잃은 노섬벌랜드 백작은 목숨은 부지했지만 모든 직위를 내려놓아야했다. 이후 반란에 가담했다 뜻대로 풀리지 않아 스코틀랜드로 망명한 후, 잉글랜드 침공 전투에 참가했다 전사한다. 이렇게 완전히 몰락하는 듯했던 퍼시 가문이지만 헨리 4세의 사망 후 홋스퍼의 맏아들인 헨리 퍼시가 잉글랜드 왕가와 화해하고 할아버지의 작위를 이어 받는 형식으로 2대 노섬벌랜드 백작 작위를 받는다.

홋스퍼와 그의 가문, 그리고 왕가와의 관계를 살펴보면서 실타래를 생각했다. 풀면 풀수록 복잡하게 얽히고설킨 것이 실타래다. 윗글에서는 그 실타래 중에서 중요한 실만 골라 내야했다. 그러고 나서라도 이렇게 간단하지만은 않다는 것을 독자에게 알려주고 싶은 생각은 어쩔 수 없다. 얼마나 복잡한가를 보여주기 위하여 이 실타래 일부만이라도 여기 아래 글에서 보이고 싶다. 먼저 홋스퍼의 가문은 왕가와 혈연으로 연결되어있다. 리차드 2세가 즉위할 때 도왔지만 그 왕을 폐위하고 다른 왕(헨리 4세)이 즉위하는 것도 도왔다. 홋스퍼의 처남인 에드먼

외부에서 바라본 성

드는 웨일스와의 전투 중 포로로 잡히자 일부러 잡혔다는 헨리 4세의 의심을 산 적도 있는데, 이런 의심을 받고 재산이 몰수되자 에드먼드는 전향하고 순식간에 포로에서 웨일스 지도자의 사위가 되었다. 홋스퍼와 퍼시 가문의 반란에는 이런 배경이 있었던 것이다. 셰익스피어의 '헨리 4세(Henry IV)'에는 상기 인물이 모두 고스란히 재현되어있다. 웨일스 왕가, 플랜태저넷 왕가, 헨리 4세의 랭커스터 왕가, 혼인으로 맺어진 처남매부 관계, 장인사위 관계, 친구 관계 등 이런 복잡한 인간관계 속에서 충성, 의리, 신뢰, 의심, 오해, 배반, 사랑을 고민했을 당시의 인물은 모두 극적일 수밖에 없어 문학의 천재 윌리엄 셰익스피어도 이것을 놓칠 수 없었을 것이다.

현재도 홋스퍼의 흔적이 남아있는데 영국 프리미어 리그의 축구 팀 '토트넘 홋스퍼 FC(Tottenham Hotspur FC)'가 그것이다. 잉글랜드 축구장에서는 오늘도 그의 이름을 연호하며 환호하고 있다.

성에는 기마상 외에 박물관도 있어 그의 이야기를 꽤 길게 소개하고 있다. 그를 아닉 성주 가(家)인 퍼시 가문의 자랑거리로 홍보하고 있다. 셰익스피어 작품에까지 중요 인물로 나오고, 오늘날에도 축구장에서 연호하고 있으니 얼마나 자랑스럽겠는가?

21

성스러운 섬 린디스판(Lindisfarne)

밤브러 성에서 30~40분을 더 가면
성스러운 섬 린디스판에 도착한다. 린디
스판은 성스러운 섬, 즉 홀리 아일랜드
(Holy Island)라고 하는데 잉글랜드 북
동 스코틀랜드와 가까운 노섬벌랜드의
해안에 있는 작은 섬으로 영국에 처음으
로 기독교가 전파된 곳이기에 성스러운
섬 혹은 신성한 섬이라는 뜻의 '홀리 아

섬을 오가는 길

일랜드'로 부르게 되었다. 썰물 때는 걷거나 자동차로 들어갈 수가 있다.

이 섬에서 보아야 할 곳은 두 곳이다. 하나는 린디스판 수도원(Lindisfarne Prio-
ry) 유적이고, 또 하나는 린디스판 성(Lindisfarne Castle) 유적이다.

린딘스판 수도원은 앵글로색슨의 노섬브리아 최초의 기독교 수도원이다. 노섬브리아 왕 오스왈드(Oswald 634-42)의 초청으로 AD 635년에 아일랜드 수도사들이 이 섬에 정착하며 세웠다. 수도원 설립 후 커스버트(Cuthbert)라는 수도사가 합류해 주교가 됐는데, 그가 사망한 후 11년이나 지나 우연히 그의 관을 열어보니 시신은 썩지 않은 상태로 그대로 있었다. 이 놀랍고도 신기한 기적에 대중은 서서히 커스버트를 숭배하기 시작했다. 그러다 급기야는 '커스버트 교단'이 형성되어 8세기 초에는 '커스버트 복음서'라고 알려진 걸작을 탄생시켰다. 순례자들이 줄을 이어 찾아왔고 수도원은 점점 성장하여 힘과 부를 누리게 되었다. 이런 부(富)가 바이킹의 표적이 된 셈이다.

수도원 유적

앞서 스코틀랜드 서쪽 해안의 일린 도난 성을 설명할 때 했던 말을 다시 반복해보면, 〈우리에게는 바이킹이라는 명칭이 더 익숙한 스칸디나비아인이 탄 긴 배(Long Ship) 세 척이 노섬브리아(Northumbria)해안에 가까운 성스런 섬 린디스판(Lindisfarne)에 정박한다. 이어서 수도사가 학살당하고 수도원이 약탈당하고 불에 태워진다.〉구체적으로 몇 명이 어떻게 희생당했는가라는 기록은 없지만 수도사들은 죽고, 욕보이고, 물에 빠지고, 쇠사슬에 묶여 배로 끌려갔다. 수도원은 파괴됐고 보물은 모두 빼앗겼다. 당시 서유럽의 기독교 왕국 모두에게 공포감을 준 사건이었다. 역사에서는 이날을 AD 793년 6월 8일로 보고있다. 이 후로도 수도원은 유지됐지만 헨리 8세의 수도원 해산 조치에는 이곳도 예외일 수는 없었다.(헨리 8세의 '수도원 해체'에 대해서는 글래스턴베리 수도원을 이야기 할 때 좀 더 설명할 것이다.)

또 다른 볼거리인 린디스판 성은 1550년 건축하였다. 이때는 수도원이 버려진 상태라서 수도원 유적애서 석재를 많이 조달하였다. 이곳은 잉글랜드와 스코틀랜드 사이의 군사적으로 민감한 지역이고, 그리고 바이킹이 출몰하는 곳이라서 성의 존

성 유적

재 가치는 충분히 있었다. 나중에는 바이킹 침공의 염려는 사라졌지만 스코틀랜드와의 긴장은 언제나 있었다. 지금은 내셔널 트러스트(National Trust)가 관리하며 일반에게 공개되고 있다.

영국인들의 자기 직업에 대한 태도가 대부분 좋지만, 이번 여행을 함께 한 키스(Keith)의 직업의식은 특히 칭찬할 만 했다. 친절하고 뭐든 최선을 다 했다. 한 가지 오늘 여행의 애로점은 다른 곳에 있었다. 여행 인원의 다수를 미국인이 차지하는 경우, 영어가 유창하지 못한 한국인을 포함한 동아시아인들은 조금 불편할 수밖에 없다. 보통은 안내인 겸 운전기사 바로 뒷좌석은 내 경험으로 보면 미국인, 그것도 호기심 많고 활달한 미국 여자가 차지하는 경우가 많았다. 보통 운전기사에게 계속 질문을 하는데 만약 그녀가 젊고 예쁘다면 그 여행의 모든 내용은 그 미국인을 중심으로 돌아간다. 이렇게 되면 비영어권 관광객들은 더듬거리는 영어로 뭘 물어볼 틈조차 갖기 힘들다. 만약 미국인이 아니라면 보통은 호주 사람이 그 명당을 차지하고 미국인의 역할을 대신한다. 이번 여행에서도 예외가 아니었다. 다행히 빼어난 미모는 아니었지만 중년 미국여성은 자리를 차지하고 '유창한 영어'로 나를 비롯한 몇몇 비영어권 외국인들이 입도 떼지 못하게 만들었다. 예외도 있긴 있었다. 이 여행 뒤에 글렌코와 하일랜드 여행을 했는데 어쩐지 분위기가 조용하고 나를 비롯한 여러 여행객들이 골고루 질문도 하고 말도 섞었다. 하일랜드의 맥클레인 씨족 출신으로 전통 복장을 한 케빈(Kevin)이 안내인이었는데, 여행이 끝날 무렵 케빈에게 '오늘 여행에는 미국인이 없지요?'라고 조용히 물으니 세 명이 있다고 했다. 그러면서 그가 미국인 손들어 보세요 하니 여자 두 명 남자 한 명이 손을 들었다. 나는 왜 물었는지를 즉시 설명해줘야 했다. '보통 미국인들은 (운전사 뒷자리를 가리키며) 이 자리에 앉아서 영어가 신통치 않은 나에게 말할 기회조차 안 주는데 당신들은 그렇지 않았

다'며 웃으니 다들 웃었다. 여행이 끝날 때도 '오늘 특히 미국인들에게 감사한다'고
웃으며 기분 좋게 헤어질 수 있었다.

하일랜드 씨족출신 관광안내인

03

Wales

22

웨일스(Wales)의 수도 카디프(Cardiff)로 향하다.

우리나라의 정식 국호가 '대한민국(大韓民國)'이라면 영국은 'The United King-dom of Great Britain and Northern Ireland'다. 보통은 England나 Britain으로 쓰지만 사실 약칭으로 The United Kingdom, 연합왕국 혹은 영국연합왕국으로 해야 맞다. 우리나라 언론에서는 종종 이를 '영국연방(영연방)'으로 표현하는데 이 또한 틀린 말이다. 왜냐하면 영국연방(영연방)은 'The Commonwealth(of Nations)'로 구 영국 식민지 국가인 호주, 캐나다, 뉴질랜드, 자메이카, 파푸아 뉴기니 등 수십 개의 국가로 구성된 집합체를 말하기 때문이다.

Britain, 혹은 Great Britain은 <잉글랜드 + 스코틀랜드 + 웨일스>를 말한다. The United Kingdom은 <Britain + Northern Ireland> 즉 <잉글랜드 + 스코틀랜드 + 웨일스 + 북아일랜드>를 말한다. 그럼 '영국인'에 해당하는 영어로는 British 가 제일 적합한 말이다. 이 말은 북아일랜드인까지 U.K.에 해당하는 모든 땅의 사람들을 일컫기 때문이다. 신경 써야 할 점은 British와 English가 동의어가 아니라는 점이다. 같은 영국인일지라도 스코틀랜드인, 웨일스인, 북아일랜드인에게 English라고 하면 한국인을 일본인이나 중국인이라고 부르는 것만큼 저항감을 느낀다. 꼭 Scottish, Welsh, Northern Irish라 해야 친절함으로 대할 것이다. 그게 싫다면 British로 불러야한다. 이렇게 자세히 설명했지만 그래도 꺼림직한 면이 여전히 남아 있는데, 과연 북아일랜드인은 British냐 아니면 Irish냐에 대한 문제다. 브리튼 섬과 아일랜드 섬에 사는 모든 사람에게 물어 본다하더라도 결론이 나지 않을 문제다. 물론 법적으로는 British가 맞다. 그러나 정서적으로는 Irish라고 생각하는 사람들이 북아일랜드 안팎을 불문하고 적지 않을 것이다. 다음은 한 영국 인터넷 포털 사이트에서 북아일랜드 출신을 뭐라고 부르는가?(What are people from Northern Ireland called?)에 대한 댓글이다.

Most protestants call themselves British.

Most catholics call themselves Irish.

And some just call themselves Northern Irish just to show they are from Northern Ireland.

대부분의 신교도들은 자신을 영국인 (British)이라고 말한다.

대부분의 구교도들은 자신을 아일랜드인이라고 말한다.

그리고 일부는 단지 자신이 북아일랜드 출신이라는 것을 밝히기 위하여 북아일랜드인이라고 말한다.

이 발언에 다른 의견을 가지고 있는 한 누리꾼이 발끈해서 아래와 같이 댓글을 달았다.

I was born in Northern Ireland and consider myself Irish and am a protestant.
나는 북아일랜드에서 태어났고 그래서 나 자신을 아일랜드 인으로 생각한다.
그리고 신교도다.

비자발적으로 마지못하여 일본으로 건너간 대한민국 국민이 일본 국적을 선택의
여지없이 자동적으로 얻었다고 가정할 때 법적으로는 일본인이지만 정서적으로 일
본인인가 한국인인가의 문제와 비슷한 경우가 아닐까.

영국은 대체로 축구에 열광한다. TV에서 자주 축구 관련 퀴즈게임을 하는데 중장
년 여자들도 참석하여 실력을 겨룬다. 잉글랜드, 스코틀랜드, 웨일스, 북아일랜드 각
각 축구협회가 따로 있어 예선만 통과한다면 각기 다른 팀으로 월드컵에 나올 수 있
다. 위대한 선수이자 맨유의 상징, 라이언 긱스를 월드컵에서 끝내 볼 수 없었던 이
유가 바로 웨일스 팀이 예선을 통과한 적이 없기 때문이다. (사실 웨일스에서는 축구
보다는 럭비다. 럭비가 웨일스 국기(國技)다.) 반면 올림픽은 영국 팀으로 한 팀만
구성해서 나간다. 북아일랜드는 규정상 영국과 아일랜드 공화국 중 소속 나라를 선
택할 수 있다고 알려져 있다. 그럼 럭비는 어떨까. 잉글랜드, 웨일스, 스코틀랜드, 북
아일랜드 + 아일랜드 공화국 이렇게 네 팀이 출전한다. 크리켓은 잉글랜드 + 웨일스,
스코틀랜드, 북아일랜드 + 아일랜드 공화국 이렇게 세 팀이 나온다. 이것만 보아도
북아일랜드 문제는 우리가 상상할 수 없을 만큼 복잡하고 미묘한 것 같다.
　영국을 구성하는 네 지역은 모두 자치권을 가지고 있지만, 런던 중앙정부와의 관
계는 일률적이지 않다. 이를테면 스코틀랜드는 사법권까지 독립되어 있으나 웨일스
의 사법권은 중앙정부에 속해있는 식이다. 스코틀랜드에서는 스코틀랜드은행 발행
파운드화 지폐를 볼 수 있지만 웨일스은행 발행 지폐를 본 적이 없다. 중앙은행의 통

제 하에 스코틀랜드와 북아일랜드는 자신들의 지폐를 발행하지만, 웨일스는 그마저도 할 수 없는 모양이다. 이처럼 우리가 알지 못하는(사실 별로 알 필요도 없는) 차이점이 각 자치 정부에 있다.

웨일스는 지금도 켈트족의 나라로 알려져 있다. 로마인들에게는 5세기 철수하기 전까지 칼레도니아(스코틀랜드) 아래는 구분하지 않고 다 브리타니아였다. 모두 켈트족이 살았던지라 구분의 필요도 없었다. 그러다 로마 철수 후 대륙에서 앵글로색슨족이 도래했고, 그들이 차지한 땅은 앵글족의 땅 즉 잉글랜드가 되었고, 그렇지 않은 서쪽 일부분이 웨일스다. 노르만 왕조는 잉글랜드 정복으로 잉글랜드의 왕이 된 것이지 웨일스에 대한 권리는 없었다. 그러나 두 지역 간에 평화로울 수만은 없었다. 노르만 왕조 들어 갈등이 심해지며 짧은 기간이지만 모든 웨일스 영토가 점령당한 적도 있고, 그리피드 압 키난(Gruffudd ap Cynan)이라는 왕이 12년간 잉글랜드에서 갇혀 지내기도 했지만, 영토 크기가 변하는 와중에도 웨일스는 끈질기게 노르만 왕조에 복속되지 않았다. 그러다 웨일스가 잉글랜드에 손을 든 것은 왕조가 바뀌어서인 플랜태저넷 왕조 에드워드 1세 때의 일이다.

여행에서는 늘상 실수가 따르기 마련인데 시간만 넉넉하다면, 그리고 비용 면에 아주 큰 손실만 없다면 실수는 색다른 여행 경험이 되리라 자위하며 여행을 하는 편이다. 이번 여행의 처음 계획에는 웨일스가 없었다. 몇 년 전에 다녀왔던 곳이기 때문이다. 그런데 스코틀랜드 일정이 생각보다 빨리 끝나자 웨일스를 다시 찾아보고 싶었다. 목적은 웨일스 북쪽 지방인데 직접 북 웨일스로 가느냐 아니면 수도 카디프로 가느냐를 놓고 고심하다가 카디프로 먼저 가기로 결정했다. 내가 웨일스를 처음 여행할 때는 2012년 10월이었다. 영국의 가을은 어떤 모습일까 궁금했고, 또 웨일스 지방이 궁금하기도 해서 모처럼 시간을 내서 런던, 카디프와 그 주변 여행을 했었다. 영국의 가을은 우리의 그것과 크게 다를 바는 없으나 단풍은 우리 단풍보다 덜 아름다운 듯 했다.

웨일스의 가장 큰 특징은 거의 모든 곳에서 영어와 웨일스어가 함께 쓰이고, 웨일스어 방송국도 있다는 것이다. 카디프(Cardiff)는 웨일스의 수도로, 인구는 시티와 카운티를 합해서 35만 명 정도의 항구도시인데, 예전이나 지금이나 깨끗하다는 인상을 받았다. 그러나 그곳은 에든버러가 아니었다. 처음부터 직접 웨일스 북쪽으로 가야 했다는 후회를 카디프에 도착한 바로 다음 날 하게 된다. 관광안내체계는 에든버러가 최고다.

4월 21일 오전 9시 25분, 에든버러 시외버스 터미널을 출발하여 웨일스 카디프로 향했다. 내셔널 익스프레스 코치편인데 버밍햄(Birmingham)에서 한 번 갈아타야 한다. 열하루 만에 브리튼 섬을 남쪽으로 다시 내려가면서 차창 밖으로 봄기운을 더 가깝게 느낄 수 있었다. 스코틀랜드는 아직도 나뭇가지가 앙상한데 남쪽으로 내려갈수록 푸른 순이 점점 더 늘어나고 있었다.

밤 9시, 거의 12시간이 걸려서야 카디프에 도착하였다. 그런데 내가 생각한 카디프 도심 기차역 부근 터미널이 아니다. 나중에야 그곳은 지금 공사 중이고 새로 좀 떨어진 곳으로 터미널이 이동했단 걸 알았다. 버스에서 내려 근처 호텔에 갔으나 방이 없다. 물어물어 무거운 대형 여행가방을 끌고, 배낭은 등에 메고 끙끙거리며 도심까지 가서 호텔에 겨우 들었다. 이튿 날, 호텔에서는 웨일스 성에 대한 여행 정보를 얻지 못해 관광안내소를 찾아야 했다. 나름대로 영국을 안다는 생각과 스코틀랜드의 짜임새 있는 여행 환경 덕에 스코틀랜드만큼은 아니더라도 웨일스의 수도 카디프에 가면 북 웨일스를 포함한 웨일스 전 지역을 쉽게 돌아 볼 수 있는 여행 상품이 적어도 하나쯤은 있으리라고 생각하고 무조건 카디프에 왔던 것이 아닌가. 그런데 물어 물어 찾아 간 관광안내소라는 곳은 도심에서 시내버스로 한참을 가야 하는 카디프 베이(Cardiff Bay)의 웨일스 밀레니엄 센터 안에 꼭꼭 숨어있었다. 사람은 친절하지만 정보는 빈약하기 그지없다. 북쪽의 성을 위한 여행 상품이 있냐고 물으니 북 웨일스로 직접 가야 한단다. 그러면 북 웨일스 어디로 가야하느냐고 묻지 않을 수 없었다. 뱅거(Bangor)가 제일 낫겠다는 대답에 북 웨일스의 뱅거로 이동하기로 결정했다.

23

정복왕 윌리엄의 장자 로버트의 유배지
카디프 성(Cardiff Castle)

카디프에는 관광객이 쉽게 접근할 수 있는 시내 중심지에 카디프 성(Cardiff Castle)이 있다. 들어가는 입구는 성의 남문이다. 빨리 성을 둘러보고 뱅거로 이동해야 한다는 생각으로 서둘러 성문으로 들어갔다.

성에 들어가 10 - 15m를 더 걸어가면 매표소 문으로 들어가게 되어있는데 이때 사실 성의 대부분을 살펴볼 수 있다. 시야가 확 트여있기 때문이다. 몇 년 전하고 변한 것이 거의 없다. 돌로 된 성이 쉽게 변할 리 없지만 조금 달라진 게 있다면 아성(牙城 KEEP) 꼭대기에 웨일스 기 대신 유니언잭이 펄럭인 것과 입구 앞에 웨일스의 상징인 붉은 용모양의 조형물이 안 보인다는 것뿐이다. 아성 꼭대기에서 펄럭이는 유니언잭의 존재가 궁금해 경비원에게 물었다.

나 : 실례하겠는데, 뭐 하나 물어보아도 되겠습니까?
경비원 : 괜찮습니다.

나 : 웨일스 정책이 바뀐 건가요? (손으로 가리키며) 아성 위에 유니언잭이
　　요. 이제 웨일스 기는 걸지 않기로 했습니까?

경비원 : 아, 저건 여왕님의 90회 생신을 축하하기 위해서입니다.

나 : 네. 그렇군요. 그럼 나중에 다시 웨일스 기를 달 건가요?

경비원 : 물론입니다.

나 : 궁금했는데 이제 알겠네요. 고맙습니다.

그러고 보니 전날인 4월 21일이 엘리자베스 2세 여왕의 생일이었다.

출입문 남문

　입구 왼쪽에는 드높은 탑이 문루와 붙어있다. 이 탑이 검은 탑(BLACK TOWER)
이다. 꽤 많은 역사적 인물들이 이곳 카디프 성을 거쳐 형장의 이슬이 되었다. 왕위
쟁탈전에서 패배한 정복왕 윌리엄 1세의 아들 로버트도 동생인 헨리 1세와의 왕위
쟁탈전에서 패배한 후 이 성에 갇혀 생을 마감했다.

우리나라 역사에서 태조 이성계의 새로운 왕조는 자식 대에 이르러 처절한 형제의 반목으로 이어지는데 노르만 왕가에서도 마찬가지였다. 1087년 왕조 창업자 정복왕 윌리엄 1세가 프랑스에서 전사한다. 형 리차드는 일찍 죽었으니 당연히 둘째인 노르망디 공작 로버트 커도스(Robert Curthose)가 잉글랜드 왕위를 계승해야 했다. 교회와 귀족들도 동성애자로 알려진, 행실에 의문이 있는 삼남 루퍼스(Rufus)보다는 로버트를 선호했다. 이 둘은 노르망디에서 대치했으나 결국 휴전하고 로버트가 노르망디를, 루퍼스가 잉글랜드를 다스리되, 둘 중 누군가 먼저 죽으면 더 오래 산 사람이 두 곳을 동시에 통치한다는 협약을 맺는다. 그러나 이 약속은 이행되지 못했다. 신앙심이 깊은 노르망디 공작 로버트는 윌리엄 2세(루퍼스)에게 영지를 담보로 10,000마르크를 빌려 1차 십자군원정을 떠났는데, 그가 자리를 비운 이 시기에 윌리엄 2세가 사냥 도중 의문의 화살을 맞고 죽은 것이다. 동성애자로 알려진 윌리엄 2세는 후계자가 없었고 이에 막내 동생 헨리가 재빠르게 움직여 프랑스 왕, 플란더스 공작과 평화협정을 맺고 잉글랜드와 노르망디의 통치자 헨리 1세로 인정받았다. 로버트는 십자군이 점령한 예루살렘의 왕도 거절하고 귀국하여 햄프셔 알톤에서 이번에는 막내 동생 헨리 1세가 이끄는 군대와 대치한다. 첫 번째 전투에서 평화적으로 조약을 체결했지만 곧 형제는 노르망디에서 다시 대치했고, 로버트는 동생 헨리에게 패해 83세로 사망할 때까지 28년을 감금되어 있었다. 처음 20년 동안은 잉글랜드 데비세스 성(Devizes Castle)에 있었고, 말년의 8년을 보낸 곳이 바로 이곳 카디프 성이다.

성을 전전하면서 갇혀 지냈다고는 하지만, 83세까지 장수한 것을 보면 검은 탑 같은 곳에서 갇힌 몸으로 지내지는 않았을 것이다. 호화롭게는 지낼 수 없었지만 어느 정도 예우를 받으며 살지 않았을까. 평범한 귀족으로 살았더라면 성인병으로 일찍 죽었을 텐데 험하게 산 덕택에 천수를 누렸다면 터무니없는 가설일까. 그의 무덤은

글로스터 대성당(Gloucester Cathedral, 당시 성 피터 수도원(St.Peter Abbey))에 있다. 로버트는 생전에 웨일스어 시를 짓기도 했는데 내용은 다음과 같다.

Woe to him that is not old enough to die ….
나이 적어 죽는다는 것은 애통 할 진저….

이렇듯 삶에 대한 남다른 애착이 있었으니 장수했으리라. 사실 검은 탑은 그가 죽고 난 훨씬 후인 13세기에 지어졌다. 성안에 이제 그의 흔적은 없다.

카디프 성은 1세기 로마군의 요새였다. 11세기에 노르만 정복자들이 모트앤베일리 성을 지었다. 카디프 지역은 웨일스에서도 잉글랜드와 접해 있는 곳으로 변방 경계지역이었고, 이곳에는 변경영주(Marcher Lord/Baron)라는 독특한 제도가 있어 성과 주변 글러모건 지방은 변경영주가 다스렸다. 변경영주는 잉글랜드 왕의 통치를 받지만 보통의 다른 영주보다는 독립적인 위치에서 그 지방을 다스리는 영주를 말한다.

아성(牙城 KEEP)과 저택(HOUSE)

마당 내에는 두 개의 주요 건축물이 있는데 하나는 아성(KEEP)이고, 다른 하나는 한참 후에 지어진 저택(HOUSE)이다.

아성은 영주와 식솔들의 안전한 주거시설을 제공했다. 또한 감옥과 무기고 역할을 했다. 운 나쁘게도 내가 아성 탑 꼭대기에 올라갔을 때는 비가 와서 최상의 조망은 아니었지만, 이곳 에서는 브리스톨 해협(Bristol Channel)을 전망할 수 있고 북쪽으로는 전략적으로 주변 언덕을 조망할 수 있다. 중세에는 앞을 가리는 건물이 없어 더 쉽게 해협을 볼 수 있었을 것이다. 현재는 프린스팰러티 경기장(옛 밀레니엄 경기장)이 조망을 방해한다.

아성에서 보와 아래 마당(BAILEY) 오른쪽에 세운 것이 저택이다. 아성에서의 생활은 쾌적하지 않다. 전시라면 몰라도 평화 시에 사서 감옥살이 같은 아성 생활을 피하고 싶었을 것이다. 그래서 주거건물을 마당 안에 세웠다. 카디프 성의 저택은 여러 차례 재증축되었는데 1870년대 건축가 윌리엄 벅스(William Burges)가 웨일스답우면서도 잉글랜드의 영감을 섞은 탑과 대륙식 건물로 개조하였다.

아성

저택

북문(NORTH GATE)과 검은 탑(BLACK TOWER)

관광객이 들어오는 남문 반대편에 북문이 있다. 현재 것은 복원한 것이며 문루(門樓)의 석조기초가 되는 것은 원래는 로마인이 만든 석조기초였다. 문 양편에 경비실이 각각 있고 위층에 조망대가 있다. 문루 유적은 1899년 재발견되었는데 이때가 마침 뷰트영주가 재건축을 명령한 때였다. 두 번 재건축했는데 윌리엄 프레임(William Frame)이 한 첫 번째 것은 너무 높게 하여서 비판을 받았다. 현재 것은 1922년에 재건축한 것이다.

북문

남문과 붙어있는 탑이 검은 탑이다. 노르만 영주는 사적인 공간으로 저택과 개인정원과 공적인 공간으로 집무실을 육중한 벽으로 갈랐다. 지금도 그 유적이 아성 아래와 검은 탑 사이에 남아있다. 13세기에 막강한 권력자 길버트 드 클레어(Gilbert de Clare)가 성의 방어력을 높이기 위하여 검은 탑을 세웠다. 1555년 신교도 로린스 와이트(Lawlins White)가 화형 집행 전에 이곳에서 갇혔고, 1679년 이번에는 로마 가톨릭 신도 두 사람이 형 집행 전에 이곳에 갇혔다.

성의 규모는 그리 크지 않다. 이 성은 잉글랜드에서 많이 보는 모트앤베일리 형의 성이고 웨일스에서 흔히 볼 수 있는 다른 웨일스 성에 비하여 왜소한, 그리고 긴장감이 덜한 성이다.

아성에서 바라본 검은 탑

검은 탑

검은 탑 앞 안마당

밖에서 바라본 성

24

카디프에서 뱅거까지 기차 여행

．

엘리자베스 2세 여왕의 90회 생일 다음 날인 4월 22일은 매우 바빴다. 카디프 성에 들렀다 예전 여행 때 여러 번 갔었던 중국 음식점에서 바삐 점심을 먹었는데 그동안 현지화가 됐는지 전 같은 맛을 느끼지 못했다. 다시 호텔에 돌아가 맡겨 놓았던 큰 가방을 끌고 내셔널 익스프레스 코치 매표소에 가서 알아본 결과 오늘은 뱅거 가는 편이 없었다. 급히 멀지 않은 카디프 중앙역에 가서 뱅거 행 기차표를 왕복으로 끊었다. 편도는 85파운드인데 왕복은 92.90파운드다. 귀국할 때는 뱅거에서 바로 런던으로 가는 것이 지름길이겠으나 아서 왕의 전설이 남아있는 서머셋의 글래스턴베리 수도원에서 이번 여행을 마무리 하고 싶었다. 내심 편도요금으로 85파운드는 뭔가 손해 보는 듯하고 몇 푼 더 보태 92.90파운드로 다시 내려오고 싶은 심정이었다. 기차 시간은 정해있지 않았고, 한 시간 먼저 출발하는 기차가 있었으나 중간에 갈아타야하는 번거로움이 있어 직행인 3시 21분발을 탔다. 돌아오는 편은 1달 이내에는 아무 때나 타도된다.

카디프 중앙역은 화장실이 없다. 없다기 보다는 차라리 유료 화장실을 두지 싶을 정도로 쉽게 이용할 수 없는 곳에 감추어 두고 있다. 대합실에서 기차 시간을 기다리다가 화장실을 가려는데 대합실과 그 주변에는 없고, 화장실 안내 화살표는 플랫폼 쪽으로 되어있다. 화장실을 이용하려면 대합실 끄트머리에 있는 출입구에 기차표를 넣고 들어가야 한다. 카디프 중앙역은 작지 않기 때문에 들어가서도 이리저리 푯말을 보며 승강기도 타가며 화장실을 찾았다. 오던 길을 되돌아 대합실로 나오려는데 표를 넣어도 열리지 않는다. 이미 개찰이 된 것이다. 대합실에서 차분히 내 기차가 어느 플랫폼으로 들어오는지를 미리 알고 정식 개찰구를 통하여 들어가면 걱정될 것이 없겠으나 화장실에 가는 통에 상황이 달라진 것이다. 이제 꼼짝없이 기차역 구내에서 지내야한다. 이제 큰 가방을 끌며 플랫폼을 찾아야 한다.

먼저 뱅거 가는 기차가 몇 번 플랫폼으로 들어오는지를 수소문해 움직이는데 안내가 복잡하다. 푯말은 크긴 큰데 웨일스어와 영어가 뒤섞여있어 차분히 정독하지 않으면 헷갈린다. 나중에 역무원에게 대합실로 복귀하지 못했음을 불평했더니 역무원에게 말하면 나갈 수 있다고는 했다. 대부분의 기차역에 화장실이 플랫폼에만 있는 것 같다. 작은 시골역은 개찰구가 따로 없어서 누구나 들락거릴 수가 있지만 카디프 역에서는 기차표를 사지 않는 사람은 유료화장실이 없으니 참아야 하는 모양이다. 혹시 유료화장실이 어디 다른 곳에 있었는데 내가 못 찾은 것은 아닐까. 시골 간이역도 아니고 웨일스 수도 카디프 중앙역 대합실에 화장실이 없다니!

기차는 정시에 출발했다. 몇 개 안되는 탁자 있는 좌석이고, 가는 쪽 방향을 바라보고 왼쪽 좌석 창측에 앉았다. 영국에서는 가는 쪽을 바라본다고 항상 그런 것은 아니다. 이번에도 체스터에서 진행 방향이 바뀌게 된다.

앞에는 영국 젊은이가 앉았다. 좌석은 널널하니 옆자리에 배낭을 두고 탁자에는 지도와 수첩을 내놓고, 큰 가방은 등을 마주 댄 의자사이의 공간에 넣도록 누군가 알려주어서 그렇게 했다. 수시로, 특히 역을 지난 후면 검표원이 검표를 한다. 검표원은 남자도 있지만 여자일 때가 많다. 그들은 메고 있는 것이 많다. 명패 2개, 카드기 하나, 작은 가방 하나, 그것보다 더 작은 새끼가방 하나… 이렇게 주렁주렁 메고 느리지도 빠르지도 않은 걸음으로 검표를 하는데 검표만하는 것이 아니라 승객들의 물음에 답변도 하고, 도착지 연장 등 매표도 한다. 뱅거까지 4시간 30분정도 걸렸는데 그 사이 한 번인가 두 번인가 사람이 바뀌었다. 별말 없이 일 하는 사람도 있지만 '러블리, 땡큐(Lovely, thank you!!)'를 입에 달고 일을 하는 검표원이 인상적이다. 승객들은 독서를 하는 사람도 있지만 대부분, 특히 젊은 사람들은 스마트폰 삼매경에 빠져서 여행한다. 간혹 태블릿 PC도 눈에 띈다. 내 앞 젊은이는 노트북을 내놓고 뭔가 하더니 이내 지쳐서 접고 스마트폰만 붙들고 내가 사탕을 권해도 사양한다. 통로 반대편 탁자 좌석에는 한 젊은 남자가 노트북으로 일 하며 휴대전화로 사무실 업무도 수행하는지 그 목소리가 매우 크다. 그 앞좌석에 있는 예쁜 여자는 창 측이 아니라 우리 쪽으로 고개를 돌리고 스마트폰을 만지며 그 소음을 잘 견디고 있다. 한참 후에 이 일꾼이 내리니 주변이 조용해진다. 휴… 살 것 같다. 나는 줄곧 날씨가 궂은 창밖 경치를 바라보고 가끔 사진과 동영상을 찍는다. 탁자 위의 수첩에 뭔가도 적어 넣는다. 가끔은 커피와 스낵, 과자를 담은 밀차가 지나가는데 그 모습은 우리의 그것과 꼭 같다.

뉴포트, 쿰브란, 폰티풀, 애버가베니… 슈루즈베리, 루아본 다음 체스터에서는 갑자기 앞뒤가 바뀌어 기차는 달린다. 플린트를 지나서는 비록 뒤를 보고 가지만 아름다운 아일랜드 해(Irish Sea) 해변을 창밖으로 보고 간다. 이제 구름이 걷혀 날씨가 맑다. 릴, 아버겔 앤 팬산, 콜윈 베이, 스란디드노우(혹은 랜디드노우)를 지나 뱅거에 도착한 시간은 저녁 7시 45분이었다. 한적한 시골 역이다. 구름다리를 건너 기차역을 빠져나왔다. 이제 숙소를 찾아야 한다. 역 근처에 있는 호텔에는 TV가 없어 마땅찮다.

친절은 하지만 숙박시설 정보에는 둔한 사람들의 영양가 없는 충고 때문에 어두워지는 한적한 시내를 한 시간 이상을 헤맨다. 등에 멘 배낭이야 무겁다고 생각은 안 되지만 큰 가방을 끌고 다니는 것은 여간 번거로운 일이 아니다. 몸에서는 열이 나고 녹초가 된 상태다. 도심에서 벗어나서 주택가인 듯한 곳에 B&B 불빛이 보였고 방이 있다는 표시까지 확인하고 들어가 접수대 초인종을 누르니 조금 있다 나타난 호리호리하고 예쁘장한 중년여자가 웃음기 없는 얼굴로 방이 없다고 한다. 분명 'VACANT'를 보았는데 말이다. 돌아서서 밖으로 나와 몇 발자국을 가니 뒤에서 나를 부른다. 이제는 미소까지 띠며 큰 가방을 보니 힘들어하는 것 같아 불렀다며 방으로 안내한다. 밤 9시가 영업 마감으로 오늘 하루 일을 다 마무리 했는데 내가 8시 55분에 들어 닥치니 귀찮았던 것이다. 그러고 보니 이웃 B&B들은 이미 불을 다 끈 상태였다. 그녀는 자기를 스테파니(Stephanie)라고 소개했다. 이곳에서 3박 4일을 지냈는데 아침식사도 좋았고 매우 친절해서 불편한 점이 없었다.

뱅거(Bangor)는 웨일스에서 가장 오래된 시고, 영국에서 가장 작은 시(city) 중 하나다. 인구는 약 19,000명인데 뱅거 대학교 학생이 약 10,000명이라고 하니 학생 수가 50%가 넘는 대학도시이다. 숙소를 찾아 시내를 헤매며 본 뱅거라는 도시는 참 이상했다. 금요일 저녁인데도 사람이 없다. 데번험스 백화점, 보험사, 유명 은행 등 있을 것은 다 있다. 젊은 학생만이 어쩌다 길거리에 있다. 물론 나이든 사람도 있으나 드물다.

25

보매리스 성(Beaumaris Castle)

스코틀랜드를 말할 때 지겨울 정도로 에드워드 1세가 자주 언급되었다. 그의 이름은 웨일스까지 따라왔는데 에드워드 1세는 전쟁과 친하고, 전쟁은 성과 친하다. 그러다보니 성을 이야기하게 되면 영국에서는 그곳이 어디든 에드워드 1세가 나타날 수밖에 없다.

1282년 에드워드 1세는 웨일스 정복을 굳건히 다지기 위하여 북 웨일스에 성을 고리모양의 위치로 배치하기 위하여 기존 성을 보강하거나 새롭게 축성하였다. 그것을 에드워드 1세의 쇠고리(Iron Ring)라 한다. 대표적인 성으로 카나번 성(Caernarfon Castle), 콘위 성(Conwy Castle), 보매리스 성(Beaumaris Castle), 할레크 성(Harlech Castle)이 있다. 이 네 성은 1987년 유네스코 세계유산으로 인정받았다.

보매리스 성은 네 성 중 가장 마지막에 축성하기 시작해 결국 완성하지 못했다. 스코틀랜드와의 전쟁으로 돈을 너무 많이 쓴 에드워드 1세는 더 이상 건축에 돈을 들일 수가 없었던 것이다. 현재 우리가 볼 수 있는 성은 단 5년 동안에 지은 것이다. 1295년 에드워드 1세는 웨일스에서 왕이 주도하는 건설공사 책임자였던 석공 장 세인트 조지의 제임스(James of St. George)에게 축성을 명령하였다. 축성비는 14,500 파운드(현재가 650만 파운드)로 우리나라 돈으로는 100억 원 이상이었다. 단시간에 이렇게 많은 돈을 쏟아 부은 적은 과거에는 없었다. 성으로 가는 길을 만들 기 위하여 스란파에스(혹은 란파에스) 주민들을 다른 곳으로 이주까지 시켰다. 팬 몬(Penmon)에서 돌을 실어 날랐고 바다를 통해서도 운반하였다. 석공들은 전 잉글 랜드에서 동원되었으며 1295년 여름이 공사의 절정기였는데 이때는 석공의 숫자가 450명이 넘었다. 1296년 2,000명 이상의 석공, 목수, 갱부와 단순노동자들이 6m의 내성벽을 올렸고 탑 4개를 착공하였다. 성의 형식은 집중형(集中形), 혹은 동심형 (同心形) 성(Concentric Castle)인데 규모는 대단해서 웨일스의 이런 성을 보고난 후에는 잉글랜드와 스코틀랜드 성들은 왜소하게 느껴졌다. 특히 잉글랜드의 모트앤 베일리 성이 허술하게만 느껴졌다. 웨일스에서 본 성들은 중세 대포가 출현하기 전 까지는 글자그대로 '난공불락'이었을 것 같다.

집중형(集中形)성, 혹은 동심형(同心形) 성(Concentric Castle)

두 개 이상의 장막 성벽으로 성을 싸는 형식으로 안쪽 장막 성벽이 바깥 장막 성 벽보다 높아 방어하는데 편리하도록 설계된다. 평면도는 사각형 혹은 다각형이 다. 독립적으로 우뚝 솟은 아성(牙城 KEEP)이 없고 대신 튼튼한 탑이 있다. 남 웨 일스의 케어필리 성, 북 웨일스의 보매리스 성이 대표적인데 영국에서 창조된 형 식은 아니고 그 역사는 수천 년 전으로 거슬러 올라가 아시리아, 페르시아, 고대 이집트, 바빌로니아에서 볼 수 있다하니 역사가 긴 형식이다.

보매리스 성은 뱅거에서 쉽게 버스를 타고 한 시간 남짓한 거리의 앵글시(Anglesey) 섬 남쪽에 있다. 성으로 가려면 좁은 메나이 해협에 아름답게 걸려 있는 메나이 현수교를 건너야 한다. 그런데 우리나라에서는 쉽게 볼 수 없는 특이한 점이 있다. 다리 입구와 출구에 버스 한대가 겨우 지나갈 굴 모양의 석조 통로가 있다. 운전

천재가 아닌 한 차체에 손상 없이 속력을 내고 지나 갈 수 없게 되어 있어 입구와 출구에서 속력을 줄여 다리를 건너야 한다. 속력을 통제하기 위한 것인지는 확인해 보지 않았지만 우리나라에서도 길바닥에 작은 언덕을 만드는 것 외에도 이런 방법도 고려해보면 어떨까하고 생각해보았다. 다리 위의 이런 시설물을 보고나서는 영국 시골 버스길이 좁은 것도 속력을 제어할 목적이 어느 정도는 있는 건 아닐까 하는 생각이 들었다.

성 유적은 사실 폐허다. 방문자를 위한 시설도 거의 없지만 공짜로 화장실을 이용 하게 해주는 인정은 있다. 한 웨일스 노인이 성 밖에 있는 화장실 회전문을 들어가려 다 나를 보고는, 기다렸다가 돈을 넣고 나를 회전문에 밀어 넣으며 함께 들어가게 해 준 것이다. 성을 구경하고 나와서는 또 다른 관광객이 똑같은 방식으로 화장실에 들 어가게 해줬다. 이는 엄밀히 말하면 불법으로 잉글랜드에서는 매우 보기 드문 일인 데 두 민족 간의 차이 때문은 아닐까. 잉글랜드인은 규칙 준수에 더 가치를 두고 반 면에 웨일스 인은 인정과 배려에 더 가치를 두는 것 같다.

Beaumaris는 노르망디 불어로 beau marey인데, 영어로는 fair marsh, 아름다운 습지라는 뜻이다. 성은 지금도 물이 차 있는 해자로 둘러 쌓여있고, 그 위로 설치되 어있는 목재다리를 건너 성 안으로 들어간다. 성 안으로 들어가면 2개의 문루와 10 개의 탑, 그리고 그 속에 안뜰로 이어지는 거대한 내성이 기다리고 있다. 건축 첫 단 계에서 계획된 탑은 16개인데 10개만 착공했고, 나머지 6개는 건축하지 못했다. 10 개도 10년이 지난 후의 2차 건축 단계 때에야 높이 올릴 수 있었다. 외성에는 300곳 이상의 궁수공격위치가 만들어졌고, 내성 탑 위에서 사방을 볼 수 있고, 해자가 둘러 있기 때문에 난공불락의 성이라 할 수 있다. 남문의 설계를 보면 육중한 문, 살인통 로, 내리닫이 창살문, 화살구멍 등 요즘 말로 '장난이 아니었다.' 내성으로 들어가는 적을 기다리는 죽음의 덫이었다. 물론 완성이 되었다면 말이다. 설계만 거창하게 되었지 결코 완성되지 못했다. 스코틀랜드와의 전쟁으로 국가 자금이 고갈되고, 일꾼들에게 더 이상 품삯을 줄 수가 없었다.

남문 문루

해자와 성 외부

성벽 위 길에서 본 성

중간 마당(Bailey)과 탑

하프

　성내를 돌아다니는 중에 어디선가 악기 비슷한 소리가 은은히 퍼졌다. 사람도 많
지 않은데 퍼뜩 이상한 생각이 들었다. 보매리스 성의 귀신은 모습을 보이지 않고 소
리만 낸다고 하지 않았던가? 소리가 들리는 북문 쪽으로 가보았다. 설마 귀신의 조
화는 아니겠지 하면서. 그런데 이 유적에 무슨 악기 소릴까.

　조심스레 소리 나는 쪽으로 가보니 북문 문루의 한 방 구석에는 특이하게도 하프
한 대가 놓여있다. 초로의 웨일스 여자 관광객이 타보며 나에게도 해보라고해서 타
보았다. 타 본다기 보다는 무조건 소리가 나도록 때려본다는 말이 적합한 말일 것이
다. 소리는 생각보다는 크고 맑았다. 하프 밑에 웨일스어와 영어로 다음과 같은 설
명이 있다.

　음악으로 문루를 가득 채우도록 우리들의 하프를 타보세요. 이 선율은 이

곳에서는 결코 들을 수 없었던 운명이었답니다. 에드워드 1세가 보매리스에 머무를 때는 이곳은 여전히 공사가 한창 진행 중이었습니다. 왕은 임시로 지은 이엉으로 덮은 오두막에서 하프 연주가 클리데로우의 아담(Adam of Clitheroe)이 타는 연주를 감상하였습니다. 만약에 성이 완공되었더라면 북문 문루 위의 방을 대강당으로 꾸몄을 것입니다. 그곳에서는 잔치와 춤이 있었을 것이고, 음유시인들의 노랫소리가 울려 퍼졌을 것입니다.

북문 문루

보매리스 성에도 귀신이 있다. 그런데 특징이 있다. 보통 그 모습에서 이름을 짓기 마련인데 모습을 드러내는 경우가 거의 없어 어떤 귀신인지 가늠하기 힘들다. 본 사람이 없으니 이름도 없다. 성 자체에서 귀신 이야기가 전해지는 다른 성과는 달리 방문객들 사이에서 귀신 이야기가 퍼졌다. 그들이 들은 것은 찬송가와 기도 메아리 소리 같은 것이었다. 한적한 통로에서는 누군가 나를 보고 있다는 느낌을 받았다는 사람들도 있다. 먼 곳에서 나는 비명을 들었다는 사람도 있다. 그런데 귀신을 보았다는 사람은 없다. 그 방면에 있어서 비전문가인 내 생각에는 다른 성과는 달리 보매리스 성은 비교적 극단적인 전쟁이나 엽기적인 사건도 알려진 것이 없기 때문에 엽기적이고 극단적인 귀신 출몰이 없는 건 아닌가 싶다. 축성 후에 생긴 귀신과 그 이전 습지였던 환경에서의 귀신이 같이 깃들어 있을 것 같다.

성의 관광 순서는 정해진 것은 없지만, 땅을 밟고 한 바퀴 돌아 본 후, 외성 성벽 위에 있는 길을 따라 가면서 아래를 내려다보는 것도 한 방법이다. 그렇게 돌아보면서 하프소리 외에는 다른 특이한 소리는 없었다. 한적한 곳에서 사진도 찍고 유적을 만져도 보곤 하였지만 누군가 나를 주시한다는 섬찟한 느낌은 없었다. 귀신에게 나는 별로 흥미와 관심을 주지 못하는 존재인 모양이다. 조금은 섭섭하기도 하지만 다행스럽기도 했다.

성벽 위 길에서 본 성

26

웨일스 공(公)의 성, 카나번 성(Caernarfon Castle)

1969년 7월 1일 카나번 성 안마당에는 약 4,000명의 손님이, 성 밖 주변에는 또 다른 수천 명의 군중들이 있었다. 동시에 수백만 명이 TV 생중계를 보고 있었다. 20 세의 찰스 왕세자가 여왕 엘리자베스 2세로부터 웨일스 공(Prince of Wales) 칭호를 받은 날이다.

사실 여왕은 왕세자가 9살이던 해에 이미 웨일스 공 임명을 결정했으나 왕세자가 이 직위의 중요성을 이해할 나이인 20세에 수여식을 갖기로 계획했었다. 여왕은 이 날 전통에 따라 왕세자 찰스에게 공국의 휘장, 체스터 백작의 휘장, 칼, 관, 망토, 금반지, 황금 홀을 주었고 찰스는 여왕에게 "나 찰스 웨일스 공은 당신의 평생 충복이 되어…"라고 말하며 전통적 예의를 갖추었다.

과거 웨일스의 실력자들은 스스로 웨일스 공이 되어 잉글랜드 왕의 형식적인 승인을 받은 외교적 절차를 밟았었다. 하지만 에드워드 1세는 웨일스에 대한 이런 형식적인 군림에 만족하지 않고 웨일스를 무력으로 침공하여 웨일스 공 쉴웰린 압 그리피드(Llywelyn ap Gruffudd)를 죽인다. 그 후로도 스스로 웨일스 공을 칭하는 사람들이 있었으나 잉글랜드 왕 에드워드 1세가 인정한 적은 없었다. 대신 왕 자신의 세자를 그 자리에 앉혀 그 전통이 찰스까지 이어져온 것이다. 웨일스 사람이 아닌 인물이 웨일스 공이 되는 것을 중세 웨일스 인들은 어떻게 보았으며 지금의 웨일스 인들은 또 어떻게 바라보고 있을까. 이런 역사적 배경을 중세 때부터 오늘날까지 쭉 보아온 곳이 카나번 성이다.

성의 역사는 로마시대까지 거슬러 올라간다. AD 77년 로마군이 이곳에 세곤티움(Segontium)이라는 요새를 건축하였다. 이 건축에도 전설이 있다.

맥센 울레딕(Macsen Wledig)이라는 로마 황제가 잠을 자다 꿈을 꾸었다. 어떤 성을 바라보고 있는데 성문이 열리며 아름다운 소녀가 나오더니 황제 앞으로 왔다. 잠에서 깨어난 황제는 이 소녀를 찾아보기로 한다. 로마제국 방방곡곡과 제국의 먼 곳까지 가더라도 꼭 찾고 싶었다. 그러던 어느 날 꿈에 보았던 그 성을 드디어 발견했다. 그곳에서 꿈에 본 소녀 엘런(Elen)을 만난 그는 즉시 "로마 황후다, 모두 인사하라!"고 소리치고 그녀와 결혼했다. 이 성이 바로 카나번 성이다. 소녀는 브리튼 왕국의 공주였다. 전설은 계속된다. 그녀는 로마로 가지 않았다. 그래서 맥센이 브리튼 섬까지 와서 그녀와 결혼한다. 그들은 이곳 카나번 성에서 전 로마 제국을 다스렸다고 하는데 전설은 황당하기 마련이라 그들의 자손 중에는 콘스탄티누스 대제, 아서 왕

그리고 역대 웨일스 공들이 포함되어 있다. 내 생각으로는 웨일스 인들이 전설로나마 로마인들에게 복수를 한 것 같다. 어쨌든 이렇게 성의 전설은 태어났다.

카나번 성의 성벽은 실제로 로마 건축물처럼 색깔을 입혔는데 전설 속에 나오는 맥센 울레딕 황제의 전설을 현실화 한 것이다. 에드워드 1세를 위한 웨일스 내의 새로운 '황도'였다.

성 밖에서 본 성

1200년대   귀네드(Gwynedd)의 왕자들이 웨일스 공(Prince of Wales) 칭호를 가졌다.

1267년   쉴웰린 압 그리피드(Llywelyn ap Gruffudd)가 웨일스 공임을 헨리 3세에 의하여 승인받는다.

1282년   에드워드 1세가 웨일스를 공격한다. 이때의 전투에서 웨일스 공 쉴웰린 압 그리피드가 전사한다.

1283년   에드워드 1세는 새로운 성을 웨일스에 건설함으로써 승리를 확고하게 한다. 콘위 성, 할레크 성, 카나번 성, 보매리스 성 순으로 건설했으며 건축책임자로는 석공 장인(匠人) 세인트 조지의 제임스를 임명한다.

1284년   에드워드 1세의 아들 카나번의 에드워드(Edward of Caernarfon)가 카나번 성에서 태어났다.(에드워드 1세는 왕비 에스파냐 카스티야 공주 엘러너(Eleanor)와 자주 성을 찾았다. 미래 에드워드 2세가 되는 카나번의 에드워드가 1284년 4월 25일에 태어 났는데 전하는 이야기로는 카나번 성에서 태어났다고 한다)

1294년   마독 압 쉴웰린(Madog ap Llywelyn)이 반란을 일으키고 성과 도시를 불태웠다. 에드워드 1세는 반란을 진압하고 마독을 감금한다. 성은 긴급히 재건축된다. 에드워드 1세는 아들 에드워드에게 '웨일스 공' 칭호를 수여하니, 그는 최초의 비웨일스인 웨일스 공이 되었다.

1403년/1404년   오웨인 글린두어(Owain Glyndwr)가 성을 두 번 포위공격하나, 함락시키지는 못한다.

1646년   왕당파 존 바이런(John Byron)에 의하여 함락된다. 그러나 결국 의회파에게 성을 손상시키지 않고 넘겨주고 항복한다.

1800년대   철도의 부설로 카나번은 점판암(粘板岩)을 수출하게 되어 수출항구로 성장하게 된다. 철도는 낭만적인 유적을 보려는 관광객을 불러들인다. 르웰린 터너(Sir Llewelyn Turner)는 수세기 동안의 무관심으로부터 성을 구해 낸다.

1900년대   새로운 웨일스 공 칭호 수여식의 장소가 된다.

1911년   에드워드 8세가 왕자 시절 이곳에서 웨일스 공 칭호를 받는다.

1969년   현 찰스 왕세자가 이곳에서 웨일스 공 칭호를 받는다.

1986년   앞서 언급한 세 성과 함께 유네스코 세계문화유산으로 등재된다.

성은 도심에서 멀지 않고 큰길가에 있어 쉽게 도보로 찾아 갈 수 있다. 정문을 왕의 문(KING'S GATE)이라고도 하는데 원래의 설계대로라면 그 방어체계가 엄청 났을 것이다. 성의 외부는 거의 완성됐지만 내부는 원 설계대로 다 완성하지는 못했다. 입장료는 어른 7.95파운드, 할인가격 5.60파운드다. 영국의 다른 곳과 비교하여 웨일스에서는 할인율이 높은 편이다. 버스 1일권은 5.50파운드인데 좀 더 먼 할레크를 제외하고 보매리스, 카나번 그리고 콘위는 이것으로 다닐 수 있으나 하루에 세 곳을 다니기는 불가능은 아닐지라도 무리다. 뱅거에 도착한 다음날에 보매리스 성과 카나번 성을 구경했고, 그 다음날에 콘위 성을 다녀왔다. 할레크 성은 하루를 잡아서 가야하는데 아쉬웠으나 다음 기회로 미루었다. 카나번은 뱅거에서 버스로 30여 분의 거리다.

왕의 문을 들어서서 성의 마당에 들어서면 규모면에서 에드워드 1세가 의도한대로 왕궁답다.

정문 왕의 문

검은 탑(BLACK TOWER)

검은 탑에는 에드워드 1세와 웨일스 전설에 대하여 소개하는 전시실을 꾸며놓았다. 에드워드 1세는 아서 왕과 카나번 성의 신화에 등장하는 맥센 울레딕 황제에 심취해 그들을 흉내 내고자 했던 것 같다. 그들의 전설은 단순히 전설로서만 끝나지 않았다. 이것을 이용하는 에드워드 1세의 출현은 재앙이었다. 웨일스 인들에게 에드워드 1세는 웨일스 왕의 권위를 도둑질한 이방인에 불과했다.

과거 존 왕(King John)은 혼인에 의해서 웨일스 공들과 비교적 평화롭게 지냈다. 존 왕의 손자인 에드워드 1세는 아주 멀리 그들과 혈연적으로 연결되어 있었다. 그래서 그런지 그는 할아버지와는 달리 전쟁, 뇌물, 협박으로 '웨일스 공(Prince of Wales)' 칭호까지 탐냈다. 웨일스 인들

에게 왕의 권위는 그들의 신화적 과거로부터 나왔다. 이런 신화에 빠져있던 에드워드 1세는 신화에 자신을 대입해 웨일스 왕을 자기와 동일시하였고, 나아가 스스로를 웨일스의 적법한 통치자로 생각하였다. 아들을 여기서 낳은 것도, 혹은 낳았다고 조작하는 것도 치밀한 정치적 계산에서였을 것이다. 그는 카나번을 웨일스 통치의 황도(皇都)로 삼음으로써 카나번에서 맥센 울레딕의 꿈이 쓸 만한 장치라는 것을 증명해 보였다.

검은 탑

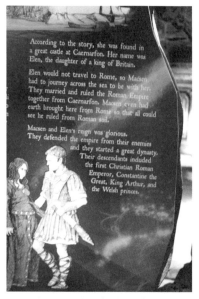

검은 탑

　카나번 성에 귀신이 없을 수 없다. 결코 평화롭고 한가한 성이 아니었기 때문이다. 해변이라서 짙은 안개와도 관계가 있지 않을까. 2001년에는 한 관광객이 안마당에서 사진을 찍었는데 유령이 찍혔다고 주장했다. 찍힌 것은 푸르스름했는데 어떻게 보면 안개 같기도 하고 여자 같기도 한 모양이다. '푸른 숙녀(Blue Lady)'라는 이름까지 붙여졌다. 또 다른 이야기로 어느 날 누군가가 성에서 전자제품을 잃어버렸는데 그 다음날 감쪽같이 되돌아왔다. 하지만 손을 덴 흔적이 있어 '떠도는 숙녀(Floating Lady)'의 소행으로 생각되었다. 떠도는 숙녀는 성의 통로나 허공을 안개나 구름같이 떠도는데 간혹 백색 빛을 내는 여자 모습의 귀신이다. 푸른 숙녀와 떠도는 숙녀는 같은 유령일 지도 모른다. 또 적지 않은 사람들이 중세 잉글랜드 병사를 보았다고 하는데 그는 고액세금 때문에 일어난 글린두어 전쟁(Glyndwr's War) 때 목매달아 살해된 잉글랜드 병사의 영혼이라고 알려져 있다.

독수리 탑(EAGLE TOWER)과 수여단(授與壇 INVESTITURE DAIS)

독수리 탑은 3층까지밖에 없지만 성에서 가장 크고 웅장한 탑이다. 이 탑에서도 가장 큰 방은 북 웨일스에서 에드워드 1세의 대리 역을 하던 대법관 오토 드 그랜선(Otto de Granson)을 위한 방이라고 한다. 에드워드 1세의 아들, 미래의 에드워드 2세도 이 탑에서 태어났다고 전해진다. 사실이라면 임신한 왕비 엘러너가 매우 건강하여 당시 열악한 조건의 장시간 여행에도 끄떡없었던가 아니면 임신 기간 내내 카나번에 있었던가 했을 것이다. 탑은 1316년에 완공되었다. 독수리 탑이라는 이름은 이때 소탑 흉벽에 새겨 넣은 독수리 세 마리로부터 유래 되었다고 한다. 지금은 다 지워지고 서쪽 소탑에 그 흔적만 남아있다. 전시실에서는 웨일스 공들과 왕비 엘러너의 생활에 대한 이야기를 소개하고 웨일스 공들의 혈통을 차례로 소개하는데 전설의 황제 맥센 올레딕부터다.

이 탑이 가장 높기 때문에 가장 전망이 좋고, 성 전체를 아래로 조망 할 수 있지만 고소 공포증이 있다면 굳이 탑 위까지 올라갈 필요는 없을 것이다. 위험하다.

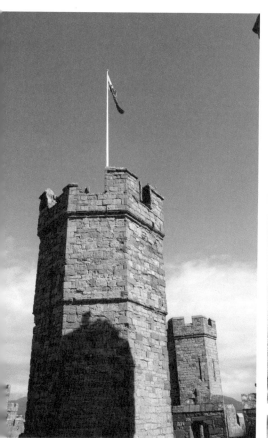

위에서 아래

독수리 탑

위에서 아래   성 밖에서 본 성

성 밖에서 본 성

왕비의 탑에서 본 독수리 탑

수여단은 성 안마당에 설치된 웨일스 산 점판암(粘板岩)으로 만든 원형단이다. 1969년 7월 1일 찰스 왕세자가 웨일스 공(Prince of Wales) 칭호를 받았던 단이다. 수여의식은 예전 웨일스의 관련 전통의식을 반영하였다. 왕자의 삼촌이며 카나번 성의 관리자인 로드 스노우던(Lord Snowdon)이 의상과 관련 소품을 준비하고 아울러 수여단을 설계했다. 이때 사용된 여왕 엘리자베스 2세의 의자와 찰스 왕세자의 무릎 받침대는 독수리 탑(EAGLE TOWER)에 전시되어 있다.

수여단

Extra story - 성에서 더 봐야할 것들

그래너리 탑(GRANARY TOWER)

정문 왕의 문을 들어와서 왼쪽으로 가장 가까운 탑이다. 곡창을 뜻하는 그래너리가 어떤 연유로 탑 명칭이 되었는지는 알려진 것이 없다. 8각형으로 되어있고, 1층에 우물이 있다. 지금은 우물위에 철제 보호망을 덮어놓고 있다. 다방면으로 쏠 수 있는 화살구멍이 있다.

그래너리 탑

북동 탑(NORTH EAST TOWER)

카나번 성의 긴 역사 영상물을 계속해서 보여준다. 웨일스어 자막과 영어 자막을 동시에 보여주고 있어 듣기에 불편한 사람에게 편리하다.

북동 탑

왕비의 문(QUEEN'S GATE)

왕비의 문은 완공되지 못했다. 앞뒤가 트여있어 관광객은 주변을 바라보기에 좋다. 성 밖 광장에는 이이들 놀이기구가 있고 그 너머에는 강과 요트가 보인다. 성 안쪽으로는 당연히 안마당과 여러 탑들이다.

왕비의 문과 앞뒤 전망

27

콘위 성(Conwy Castle)

요즘 낯선 곳을 여행할 때 인터넷 정보를 많이 이용한다. 2008년에 6개월 동안 여행했을 때 인터넷 정보에 많이 의존하였다. 착오가 많아야 10분이었고 거의 정확했다. 정보에서 안내한대로 그 시간에 그곳에 가면 인터넷 정보가 말해준 번호의 버스가 나를 기다리고 있는 듯 그 자리에 있는 것을 보고 그 정확도에 감탄한 적도 있었다. 이번 여행 때도 인터넷 정보에 기대를 많이 했으나 실망뿐이었다. 정보의 양은 엄청 많아졌다. 그러나 그 속에서 양질의 정확한 것을 골라야하는데 그것이 힘들었다. 뱅거에서 콘위 성을 가고자 인터넷을 뒤져 몇 가지 방법을 알아냈는데 기차를 타든, 버스를 타든 어느 시간대 버스를 타든 마지막에는 택시를 타는 것으로 되어있었다. 그런데 인터넷이 내리라던 정류장에서 내리려고 하니 내가 성으로 가는 손님인 것을 안 운전기사가 '버스가 성 근처까지 간다'며 말렸다. 버스 기사가 알려준 정류장에서 내리자마자 바로 성이 보였고 정확히 8분을 걸으니 성문 앞에 도착하였다. 이런 판국에 어떻게 인터넷을 믿을 수 있겠는가? 그렇게도 나에게 신뢰감을 주었던

8년 전의 영국 인터넷이 이제는 변해도 한참 변했다.

　콘위 성은 웨일스 북부 해안가 콘위(Conwy)에 있다. 콘위 성도 에드워드 1세의 성으로 세인트 조지의 제임스(James of St. George)가 축성하였다. 입장료는 어른 7.95파운드, 할인가 5.60파운드다. 2.35파운드 할인이면 꽤 큰 액수인데 웨일스의 인심으로 보고 싶다.

외부에서 본 성

정문

정문으로 들어가기 전에 지그재그 길을 돌아 문을 하나 통과하여야 정문이 나온다. 성문을 들어서면 왼쪽에 목재 조각의 경비원이 왼손에 창을 잡고 앉아있다. 이 조각은 한때 천정과 목재 기둥으로 성을 장식했던 부분으로 웨일스산 참나무다. 관광객은 으레 이 목재 경비원과 기념사진을 한번 찍고 구경에 나선다.

목각 경비원

1401년 4월 1일 금요일 한 무리의 목수들이 서로 잡담을 하며 이 성문으로 들어선다. 대부분의 수비대는 세인트 메리 교회에서 금요예배 중이었고, 두 명만이 남아 경비를 서고 있었다. 목수들은 갑자기 연장대신 무기를 꺼내 두 명의 경비를 삽시간에 죽인다. 이들은 목수로 변장한 글린두어 지지자들이었다. 이 사건은 잉글랜드에 대항하는 글린두어 전쟁(Glyndwr's War)의 햇불이 됐다. 웨일스 전체를 뒤흔드는 독립투쟁 물결의 원인이 된 것이다. 오웨인 글린두어(Owain Glyndwr)는 웨일스 인으로서는 마지막 웨일스 공이였다.

카나번 성과는 달리 콘위 성은 항복할 때까지 15주간 동안 독립투쟁군이 성을 점령하였다. 그러나 대가도 만만치 않았다. 독립투사 9명을 잉글랜드 측에게 넘겨주어야 했고 그들은 처형되었다. 성의 아픈 역사다.

왕의 탑(KING'S TOWER)과 예배당 탑(CHAPEL TOWER)

성은 직사각형으로 성벽과 8개의 탑으로 구성되어있고 외구(外區 OUTER WARD)와 내구(內區 INNER WARD)로 나뉘어 있다. 계단을 통해 올라가 성벽 위의 길을 통하여 차례로 탑을 구경할 수 있다. 물론 안마당에서 탑으로 들어가는 문도 있다. 성은 유독 곳곳에 조심하라는 문구가 많다. 위험한 곳이 많다는 뜻이다. 노약자나 운동신경이 특히 둔한 사람은 조심해야할 곳이다. 외구에는 대강당, 부엌 등이 있고 내구에는 에드워드 1세와 왕비 엘러너를 위한 방을 2층에 두었다. 왕의 탑과 예배당 탑은 내구에 있고, 성의 끝에 있는데 제일 웅장하고 높다. 정문 쪽에서 보아 왼쪽은 예배당 탑, 오른 쪽은 왕의 탑이다.

예배당 탑(왼쪽)과 왕의 탑

예배당 탑 내부

왕실 거소(ROYAL APARTMENT)

에드워드 1세와 왕비의 방은 왕의 탑과 예배당의 탑 바로 아래 내구(內區)에 두 었는데, 700년이 지난 후까지 단지 3명의 군주만이 이 방에 머물렀다. 에드워드 1세, 에드워드 2세 그리고 리차드 3세가 전부다. 왕실 거소에는 별도의 부엌, 예배당, 선박 계류장이 있었다. 이곳을 건축하는데 공금으로 당시 420파운드가 소요되었는데 이는 지금 돈으로 환산하면 1백만 파운드가 넘은 금액이다. 사치스런 시설이다.

1294년 12월 에드워드 1세는 이곳에서 암담한 크리스마스를 보낸다. 웨일스 군대에게 성이 포위된 상태였는데 다행히 다음해 봄에는 새로운 캔터베리 주교 임명식에 참석할 수 있었다. 보통 성이 공격받아 수성전에 돌입하게 되면 몇 달에서 심지어 몇 년까지 장기전이 될 수밖에 없는데, 크리스마스는 이곳에서 쓸쓸히 보냈지만 그 후 해결이 잘 되었던 모양이다. 왕실 거소 가까이에 빵굽는 탑(BAKEHOUSE TOWER)이 있다.

왕실의 방

빵 굽는 탑

대강당(GREAT HALL)과 주방 탑(KITCHEN TOWER)

대강당 옆에는 예배당이 있고 붙어서 감옥 탑이 있다. 보통은 대강당과 부엌이 멀지 않는데 이곳은 예외다. 부엌은 마당을 건너 맞은편에 있다. 음식 배달의 동선이 길었다는 의미다. 대강당 밑에 지하 저장실이 있었으니 편리한 점이 있었을 것이다. 감옥 탑이 대강당과 붙어있으니 사법권 행사에는 편리했을 것이다. 연회도, 재판도 대강당에서 하기 때문이다.

식사는 모두 같이 했다. 그러나 상석에서부터 계급대로 앉았으며 상석에서 멀어질 수록 음식도 소박해진다. 식사 예절을 중시했는데 손을 씻고, 음식 자르는 방법이 엄격히 있었다. 뼈를 던지거나 침을 뱉어서도 안 됐다. 13세기라고 별 특별한 예절이 있었던 건 아닌 것 같다.

대강당과 지하저장실

주방 탑은 대강당에서 마당을 가로질러 반대편에 있다. 탑 아래 마당도 부엌 터다. 그런데 이웃에 마구간이 있다. 에드워드 1세는 별도의 공간 즉 내구(內區)에서 모든 것을 다 해결하니 외구(外區)에는 크게 신경을 안 써서 설계한 것인가? 마당을 가로질러 음식을 나르고 식사 후 식기 등을 다시 가져오는 번거로움이 있었을 것이다.

부엌 터

주방 탑

마구간 터

외부에서 본 성

콘위에서 뱅거로 돌아가는 길. 정류장에서 노부부를 만났다. 이야기를 해보니 그들은 웨일스 인이지만 리버풀에 오랫동안 거주해 웨일스를 좀 더 객관적으로 바라볼 수 있는 사람일 듯싶었다. 그래서 70대 중반은 넘을 듯한 남편에게 "아서 왕은 실존인물인가요?" 라고 물었다. 그는 망설이며 뭔가 이야기 할 듯 말듯하다가 이내 아무 대답도 하지 않았다. 나는 그의 대답을 알아들었다. '감정적으로 존재를 부정할 수 없지만 이성적으로는 존재를 부정해야하니 대답하기 싫다'였을 것이다. 스코틀랜드 인버네스 당일치기 여행 버스에서 알게 된 웨일스 노부인 헤이즐에게 했던 똑같은 질문에 대한 그녀의 답변은 '실존 했던 인물로 생각합니다. 그러나 세월이 흐르면서 많이 과장된 면이 있지요' 였다. 두 사람의 의견만 듣고 웨일스 인들의 아서 왕에 대한 인식을 결론지을 수는 없겠으나, 아서에 대한 현 웨일스 인들의 생각을 짐작하기에는 충분했다. 그들은 아서 실존을 확실하게 부정하지는 않는다는 것이다.

28

웨일스인의 수호신 아서,
아서의 광(狂)팬 에드워드 1세
그리고 글래스턴베리 수도원(Glastonbury Abbey)

아서가 나타난 시기는 역사 자료가 별로 없는 '암흑시대(Dark Ages)'였고 공간적 배경은 웨일스다. 아서 전설은 웨일스의 켈트 민속신화에서 시작되었다. 중세 이래 영국왕실에서 어린아이에게 아서(Arthur)라고 이름을 지어준 경우가 적지 않다. 빅토리아 여왕의 손자도 아서고 현재 찰스 왕세자의 정식 이름도 '찰스 필립 아서 조지(Charles Philip Arthur George)'다. 이렇듯 중세부터 잉글랜드 군주들은 이 전설의 왕에게 열광했다. 사실 아서와는 혈통적으로 너무나 먼, 대륙에서 건너온 후손들인데도 그랬다. 그들은 전쟁, 정복, 통치에 따른 정당성과 기사 정신을 아서의 그것에서 찾고자 했던 것이다. 영국 왕들은 그들의 혈통과는 관계없이 아서와 자신을 동일시하는 이데올로기, 좀 과장하자면 망상에 사로잡혀 브리튼 섬의 모든 땅을 욕심내는데 정당성이 있다고 생각했고 스코틀랜드와 웨일스를 끊임없이 침략했다. 가장 심하게 자주 침략했던 왕이 가장 아서에게 열광했던 에드워드 1세란 사실은 우연이 아닐 듯싶다. 그는 '아서 왕과 원탁의 기사'에서 영감을 얻어 무게 약 1.2톤 정도 되는 원탁을 제작해 마상무술시합(Tournament), 합동 기사작위수여식 때 사용할 정도로 심한 아서 마니아였다.(현재 윈체스터 대강당에 있는데 역시 아서 왕의 팬이었던 헨리 8세가 다시 색칠한 것이다.)

원탁. Photograph by Mike Peel (www.mikepeel.net). CC-BY-SA-4.0

긴다리(Longshanks, 키가 커서), 스콧의 망치(Hammer of Scots, 스코틀랜드인들을 못살게 해서), 악당(Villain) 등의 별명으로 불렸던 그는 아서 왕의 열광적인 팬이고 추종자였다. 십자군원정 때도 아서 왕 이야기책을 가지고 갈 정도였다. 아마 스코틀랜드와 웨일스 침략 때도 같은 책을 가지고 다녔을 것이다. 아서 이데올로기로 무장한 그가 아서를 수호신 정도로 숭배하는 웨일스를 침략 정복했다는 것이 인간사의 아이러니가 아닐 수 없다.

그는 윌리엄 월리스(William Wallace) 등 스코틀랜드 애국자들을 사지를 찢어 잔인하게 죽이라고 명령해서 악명을 높였는데 오죽하면 '악당'이라고 불렸겠는가? 이러한 무자비한 탄압 속에 웨일스 인들은 암담했을 것이다. 그러면서도 여전히 전설 속의 아서를 믿었다. 아서는 결코 죽지 않았고 아발론(Avalon)에 가서 잠시 쉬고 있으며 그들의 영원한 전설의 왕 아서가 곧 돌아와서 그들을 구해줄 것이라고 믿었다. 그래서 에드워드 1세에 굴복하지 못하고 반란을 자주 일으켰다. 아서 전설은 당시에는 웨일스에서 신앙과 같은 것이었다, 에드워드 1세는 그들의 이러한 신앙-아서가 돌아와서 구해줄 것이라는 희망-을 없애는데 힘썼다. 그는 웨일스의 반란을 무자비하게 진압했고, 효과적인 진압을 위해 난공불락의 막강한 성을 여럿 구축한 덕분에 영국 전체에 성을 가장 많이 건축한 왕 중 한사람으로도 이름이 나있다.

에드워드 1세 시대보다 약 100년 전인 1184년에 웨일스에서 가까운 서머셋(Somerset)의 글래스턴베리 수도원(Glastonbury Abbey)에 대화재가 발생한다. 화재는 엉뚱하게도 아서 신화의 중요한 또 다른 이야기를 생산하고 이곳으로 여러 사람들을 끌어들이는데 에드워드 1세, 당시의 웨일스 민중들, 그리고 그로부터 한참 뒤 지구 저편의 김병두라는 한국인까지 끌어들인다. 이번 여행의 마무리로 그 현장을 둘러보고자 한다.

뱅거를 떠나는 날 아침 부슬비가 내리다 말다를 반복했다. B&B 주인아주머니 스테파니에게 3박 숙박비 105파운드(35파운드x3)를 지불하고 고맙다는 인사를 하고 출발했다. 날씨가 화창했더라면 하루를 더 묵고 할레크 성에 갔을 것이다. 날씨가 궂을 때 장거리 이동을 하면 시간이 아깝지가 않다. 영국의 인터넷은 또 나를 속였다. 인터넷 정보는 9시 48분 기차를 말하나 그시간에 출발하는 기차는 없었다. 대신 10시 2분발 기차를 타고 슈루즈베리(Shrewsbury)에서 갈아타기로 한다. 올 때와 마찬가지로 외국인은 나 한사람인 듯하다. 물론 동양인과 아프리카계는 전혀 보이지 않는다. 기차 내 화장실에 갔는데 웨일스에서는 영어와 웨일스어가 뒤섞여 순간적으로 헷갈리기 일쑤라 물 내리는 곳에 있는 SOS 단추를 실수로 눌러버렸다. 그냥 빨리 나와 버렸다.

슈루즈베리에서 내려 플랫폼을 찾아 20분쯤 기다려서 카디프 행 기차로 갈아탔다. 글래스턴베리에 어떻게 가야하는지를 고심해야한다. 그곳에는 기차역이 없으니 가까운 브리지워터(Bridgwater)에서 내려야한다. 구태여 카디프까지 가서 갈아탈 필요는 없을 성 싶어서 검표원에게 자초지종을 이야기한 후 어느 역에서 내려 갈아타야 좋겠느냐고 상의하였다. 그녀는 카디프 직전 역인 뉴포트(New Port)역에서 내려 톤턴(Taunton)가는 열차편을 타라고 하면서 내 왕복기차표를 확인하고 브리지워터행 표를 16.50파운드에 끊어주었다. 톤턴과 브리지워터는 과거 영국 장거리 버스 여행 때 자주 지나갔던 곳이라 낯선 지명은 아니다. 뉴포트 역에 내려 한 시간을 기다려 톤턴행 기차에 올랐다. 열차는 두 칸인데 이제까지 웨일스 내에서의 기차 분위기와는 다르다. 장거리행이 아니라서 그럴 것이고 또 승객 대부분이 웨일스인이 아니라 잉글랜드 서머셋 사람들이라서 그런 것도 있을 것이다. 먼저 큰 가방을 끌고 기차 위에 올랐는데 큰 가방 둘 곳이 마땅치않다. 입구 쪽에서 공간을 찾아 가방을 붙들고 좌석에 앉아 보려고 해도 여의치 않고 주변 사람들의 눈초리만 따갑다. 그렇다고 중간 자리에 앉아 큰 가방을 통로에 둘 수도 없다. 한참을 실랑이해도 도와주는 사람은 없고 다들 '저사람 왜 저러나'식의 눈초리만 준다. 고심 끝에 반대편 입구에 가니 그곳에 입구 바로 앞자리가 있어 옆에 큰 가방을 붙들고 앉아 한참을 가다가 옆자리 남자들이 내려서 그쪽으로 이동하여 창 측 좌석에 앉아 앞에 큰 가방을 두고 갔다. 물론 마주보는 앞자리는 내 가방이 커서 사람이 앉을 수 없게 되는데 다른 곳에 빈 좌석이 있어서 문제될 것은 없었다. 큰 가방 옆자리는 사람이 두어 번 바뀌었다. 브리지워터에서 글래스턴베리 가는 버스 편과 호텔 등 숙박시설에 대하여 묻기도 하였으나 별로 아는 사람은 없었다. 검표원은 젊은 여자 둘이 다니는데 한 사람은 백인이고 또 한 사람은 동아시아계인데 한국계는 아닌듯했다. 나중에 알았는데 중국계였다. 자그마한 사건은 이 중국계 검표원의 '오버'에서 발생하였다. 내가 앉아있는 반대편 벽에는 철도회사 기차노선도가 붙어있었다. 나는 그것을 스마트폰으로 몇 장을 찍었다. 전체로, 부분, 부분으로 찍었다. 확대하여 자세히 앉아서 볼 수 있고, 또 여행하는데 참고가 될 것이기 때문이다. 그런데 찍고 있는데 갑자기 뒤에서 높은 여자 목소리가 났다. 무슨 일이냐? 왜 찍느냐? 등의 큰소리가 들려 놀라서 뒤를 돌아보니 이번에는 '곤니찌와'라고 말한다. 나는 약간 놀랐다. 그렇지만 할 말은 해야 했다. "나는 일본인이 아니고 한국인이다. 그런데 이걸 찍는 게 금지된 사항이냐? 나는 아니라고 생각한다. 금지 사항이냐?" 언짢은 투로 대드니 이번에는 그녀가 수그러든다. 그러는 사이 무슨 일인가 하고 백인 검표원이 뛰어 왔다. 승객들도 이 소란을 지켜보고 있었다. 노선도를 찍는게 잘못된 일이 아님을 그곳에 있는 사람은 누구나 다 알기에 그녀는 이제 머쓱해졌다. 문제가 있으면 도와주려고 그랬다는 식으로 얼버무리며 물러갔지만 처음 어투는 그게 아니었다. 내 자리에 앉아서 맞은편 옆자리에 앉은 중년부인에게 불평을 말했더니 영국인들은 보통 벽에 있는 것을 사진 찍지 않기 때문에 그녀가 실수한 것 같다고 했다. 그러면서 자기 아들이 서울에서 영어 선생을 한다면서, 며느리도 아마 한국여자를 맞을 것 같다고 했다. 브리지워터까지 심심하지 않게 그녀와 같이 이야기하며 내릴 때도 같이 내렸는데 가는 방향이 다른데도 나를 위해 한참을 걸어 버스 터미널 가는 길안내를 하고는 돌아갔다.

브리지워터나 톤턴에서 숙소를 잡고 하루를 잡아서 글래스턴베리에 가서 수도원 유적을 보고 올까도 생각해보았으나 현장에서 숙식을 하면서 하는 것이 더 편리할 것으로 생각하였다. (나중에 브리지워터에서 자고 다음날 당일치기로 갔다 오는 것이 더 좋았을 뻔 했다고 후회했다.) 한참을 기다려 글래스턴베리행 버스를 탔다. 버스요금은 5.50파운드다. 소요시간은 1시간 5분, 인구 9천 명 정도의 시골이라서 번듯한 호텔은 없다. 중심가에서 멀지 않은 곳에 1층은 카페고 숙식을 제공한다고 쓰여 있는 좀 허름한 곳에 들어가 가격을 물어보니 아침식사를 제공하고 75파운드. 도시의 호텔 가격이다. 피곤하니 그냥 투숙을 할까하고 잠시 망설이다가 시설도 허름한 곳인데 너무한다고 생각하고 나왔다. 마침 바로 앞에 한 아주머니가 개를 데리고 오길래 누군가에게 말을 해야 속이 시원할 것 같아서 이 아주머니에게 말을 걸었다.

나 : 실례하겠습니다. 어디 좋은 B&B나 게스트하우스 알고 계십니까? (손으로 가리키며) 이곳은 75파운드나 달라네요. 너무 비싸서요.
아주머니 : 네. 그렇지요. 너무 비싸지요? 왜 그리 비싸게 받는지 모르겠네요.
나 : 어디 적당한 곳 없나요?
아주머니 : 저쪽으로 좀 걸어가면 트레블로지(Traveloge)가 있는데 그곳에 가보시겠어요? 따라오시면 길을 알려드릴게요.

한참을 그녀와 개를 따라 중심에서 먼 외곽으로 걸어갔다. 가는 도중에 B&B가 있어서 초인종을 눌렀더니 사람이 나오는데 방이 다 찼다고 했다. 참고삼아 가격을 물었더니 40파운드라고 했다. 대체적으로 인버네스, 뱅거보다 더 비싸다. 한참을 걸어 외곽에 있는 트레블로지를 찾았다. 이틀 숙박료를 지불하려고 하니 내일 것은 내일 계산해야 한다고 한다. 날마다 가격 변동이 있는 모양이다. 아침식사를 포함되지 않은 가격이 첫날은 47파운드. 둘째 날은 52파운드였다. 다음 날 아침 날씨가 엄청 좋았다. 숙소 근처에는 아침식사 할 곳이 마땅치 않아서 20분 이상을 걸어 시내 중심가까지 왔으나 8시경에 문을 연 카페나 음식점은 없다. 겨우 찾은 곳이 제과점이었다.

제과점 안에서는 먹을 수 없는 모양이라 요깃거리를 사들고 교회 앞 길거리 벤치에 앉아 쌀쌀한 아침 공기를 마셔가며 빵을 입에 집어넣었다. 이렇게라도 해야 오늘 활동이 가능할 것이다. 9시 가까이 되니 이제야 시내 카페와 음식점이 문을 열기 시작하였다. 원래의 계획은 시내에서 따뜻한 아침식사를 마치고 다시 숙소에 가서 모든 준비를 다시하고 나와 수도원을 보려고 했는데 먹는 둥 마는 둥 하는 아침식사 때문인지 숙소까지 걷기가 싫어졌다. 다행히 카메라와 캠코더를 가지고 나왔으니 바로 앞에 있는 수도원 유적지로 직행해도 별 무리가 없었다.

글래스턴베리 수도원 유적은 시내 중심가에 있고 9시부터 입장이 가능하다. 첫 손님으로 들어갔다.(입장료 어른 6.90파운드, 60세 이상은 6.00파운드) 들어가면 좀 넓게 자료관이 있다 이곳에는 유물도 있지만 거의 글과 사진이 주를 이룬다.

전설에 의하면 1세기에 아리마대의 요셉(Joseph of Arimathea)이 소년 예수와 함께 이곳에 와서 첫 교회를 지었다고도 하고, 11명의 제자들과 같이 와서 교회를 지었다고도 한다. 사실은 2세기에 로마에서 온 전도사들이 현재 성모 예배당(Lady Chapel) 자리에 아

입구

주 소박한 교회를 지었던 것으로 보고 있다. (성모 예배당은 자료관에서 바로 나가면 있는데 건물 형체가 남아있다.)

성모 예배당

수도원은 확장을 거듭하고 8세기 전성기를 거쳐 왕의 지원을 받으며 둠스데이 북 (Domesday Book) 시대인 1086년에는 잉글랜드에서 가장 부유했다. 반면 노르만 정복 시대에는 수도원장과 수도사 사이가 최악이었는데 첫 노르만 수도원장 터스틴 (Turstin)은 수도사와 교구민들 불화로 사건을 일으켜 1077년 해임된 적도 있었다.

 둠스데이 북

이 책은 1086년 정복왕 윌리엄 1세의 명령에 의해 만들어진 것으로 당시 잉글랜드의 장원(莊園) 소유주의 이름과 장원의 규모, 경작 가능한 토지 면적, 농노와 자유농민의 숫자, 방앗간·양어장·문화 시설의 수, 그리고 마지막으로 파운드로 환산한 장원의 가격 등이 아주 자세하게 나와 있다. 목적은 조세 강화, 정복지를 효과적으로 다스리기 위한 실태 파악이었다.

1184년 5월 25일, 앞에서 간략하게 언급했던 대로 수도원에 화재가 발생했다. 방 하나와 종탑 외에는 건물과 보물이 모두 다 불에 탄 대화재였다. 1189년 성모 예배 당을 복구하여 봉헌하게 되었지만 여전히 복구비용 때문에 수도원이 쪼들리는 시기였다. 그런데 1191년, 운 좋은 수도사들이 옛 유골 두 개를 무덤에서 파내고 '이것은 아서와 귀네비어의 것'이라고 세상에 공표하면서 수도원은 일약 제 2의 전성기를 맞게 된다. 수도사들은 라틴어로 'Rex Arthurus(아서 왕)'라고 새겨진 납십자가가 유골과 함께 발굴되었다며 아서 왕과 귀네비어의 유골이 확실하다고 장담했다. 이후 순례자들이 쇄도하여 기금이 쉽게 마련되었고 수도원 재건을 순조롭게 마칠 수 있었다. 물론 지금에 와서는 복구비용에 쪼들린 수도사들의 불가피한 꾀라고 생각하는 설이 유력하다.

아서 유골 발견장소

대성당 건물 날개부분

이제 글래스턴베리에 에드워드 1세가 등장할 차례다. 1278년 어느 날 에드워드 1세는 왕비를 대동하고 글래스턴베리 수도원에 행차한다. 이곳은 잉글랜드이지만 웨일스와 가까운 곳에 위치하고 있고 특히 웨일스 인들이 관심을 가질 수밖에 없는 곳이 된지 이미 오래였다. 그는 순례자들이 많아졌으니 무덤을 이전 확장하라고 명령했고, 그 행사에 참석하기 위하여 온 것이었다. 100년 전에 수도사들이 연출했던 아서 유골 발견 이벤트는 꼭 이날의 에드워드 1세를 위한 것인 듯 했다.

수도원에 석양이 찬란하게 비칠 때 왕은 막 파낸 '아서'의 유골을 손에 쥐고 흰 고급 천으로 조심스럽게 쌌다. 왕비 엘러너도 '귀네비어'의 것을 같은 방식으로 쌌다. 기도와 기도문 낭독 등 예배를 특별히 길게 한 뒤 수도원 내 특별한 장소

아더 무덤 장소

의 큰 무덤에 이전 안장했다. 이 모든 것을 일반 백성들에게 공개했다. 명목은 백성들이 예배를 할 수 있도록 배려함이지만, 사실은 다른 뜻이 있었다. '아서는 죽었고 이 유골이 증거다. 그래서 너희들을 구하러 올 수가 없다'는 것을 확인하는 자리였다.

이로부터 몇 년 후 에드워드 1세의 '글래스턴베리 수도원 행사' 효과가 나타났다. 1284년 전쟁으로 지친 웨일스 백성의 대표가 웨스트민스터(Westminster)에 온다. 그들은 지금은 없어진 웨일스의 보물을 지참하고 있었는데 아서 왕의 것이라는 전설의 왕관 조각도 포함되어 있었다. 잉글랜드 왕 에드워드 1세가 이제야 완벽하게 웨일스를 정복한 것이다. 이로써 웨일스 켈트인은 대륙 혈통의 잔인한 에드워드 1세에게 웨일스 영토뿐만 아니라 켈트인의 영웅 아서 신화마저 완벽하게 갖다 바친 것이다. 역사전쟁이 아니라 신화전쟁에서 에드워드 1세의 완벽한 승리였다.(그러나 정치적

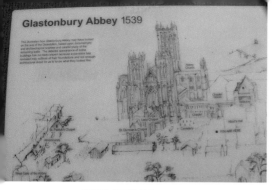

1539년 수도원 모습   수도원 유적

으로는 1536년 튜더왕조 헨리 8세 때 영국에 합병하게 된다.)

글래스턴베리 토

　호황을 누리던 글래스턴베리 수도원은 1539년 갑자기 문을 닫게 된다. 헨리 8세의 수도원 해산(Dissolution of Monasteries)이라는 특단의 조치 때문이다. 앞에서 언뜻 언급했듯이 교황을 중심으로 한 대륙 로마 가톨릭 세계에서 이탈하고 성공회를 창시하여 스스로 고립을 선택했던 '중세판 브렉시트' 후 그 일환으로 기존 가톨릭 수도원을 해산시켰던 것이다. 천년동안 이어져 내려온 기도교 예배가 하루아침에 끝났다. 모든 수도원들은 왕에게 손들어 항복하였다. 그러나 글래스턴베리 수도원 원장 리차드 와이팅(Richard Whiting)만은 왕의 부당한 조치에 수도원 넘겨주기를 거부하였다. 그러자 1539년 9월 왕의 대리인이 반역죄 증거를 수집하고 강도죄도 덧붙여 그를 체포한다. 결국 그는 글래스턴베리 토(Tor)에서 그를 따르는 수도사 2명과 함께 처형됐다. 다행히 성모 예배당만이 살아남았지만 수도원 건물을 해체하여 돈이 될 만한 것은 모두 팔아치웠다. 납, 유리, 돌, 종, 쇠붙이, 조각품 등….

　도서관도 파괴되었다. 단지 책 40권만이 살아남았다고 한다. 수도원은 계속하여 황폐화되고 석재까지 떼어내서 팔려나가서 건물, 도로에 재사용 되었다. 구교도 메리 여왕 시절, 수도원이 부활할 것이라는 희망이 잠시 있었으나 신교도 엘리자베스 1세가 왕위를 계승하며 이 희망은 좌절되었다. 1700년대 후반, 글래스턴베리 시장이며 수도원 유적의 임차인인 존 다운(John Down)은 채석장에서처럼 화약까지 사용하여 남아있는 석재를 채취하였다. 지금은 수도원장의 부엌(Abbot's Kitchen) 건물만 온전하게 남아있고(1680년대 퀘이커 교도의 집회장소(Quaker's Meeting House)로 사용되었다) 글래스턴베리 수도원 유적은 현재 성공회(The Church of England) 재산으로 되어있다.

수도원장의 부엌

　폐허로 남아있던 수도원은 1800년대, 아서 전설과 중세시대에 대한 관심이 높았던 사회 분위기에 편승해 함께 관심을 받게 된다. 역사가와 고고학자가 수도원을 탐구하기 시작하였고 유적에 대한 관심도가 점점 높아갔다. 이런 긴 소용돌이 속에서 아서의 성물은 약탈당했고, 그의 무덤도 폐허의 파편 조각 사이에서 사라졌다.

대성당 건물 날개 부분 사이로 아서 왕의 무덤이 보인다.

점심을 먹고 숙소에 와서 잠시 쉰 후 토(Tor)에 갔다. 글래스턴베리에서 수도원 다음으로 치는 관광지다. 시내에서 20 ~ 30분 정도 걸어서 갈 수 있는 언덕이다. 토를 찾아 가는 도중 길가에 금호타이어(KUMHO TYRE) 라고 영어로 크게 쓴 현지 타이어 판매업체 자동차를 보았다. 한국어 상표가 이제 한 달 동안의 '영국 성 순례 여행'을 끝마치고 한국으로 돌아갈 때라고 말해주는 것 같았다. 영국 시골에서 한국을 생각나게 하는 것은 드물다. 타이어를 영국 시골에까지 파는 한국인의 능력과 힘을 생각하며 한참을 길을 찾아 토에 올라갔다.

글래스턴베리 토(Glastonbury Tor)는 158m 높이의 원뿔 모양의 언덕이다. 주변이 넓은 평지뿐이니 단연 돋보이는 언덕이다. 어원을 역 추적해보면 Tor → Torr(옛 영어) → Tor(옛 불어) → Turris(라틴어 요새, 탑). 이곳은 결코 인공적인 언덕이 아니고 자연 그대로다. 수천 년 전에는 섬이었다. 이제는 서머셋에서 가장 유명한 지표물 중 하나다. 360도 드넓은 땅을 멀리까지 둘러볼 수 있는 장소이기 때문만이 아니라, 종교적으로도 크게 의미 있는 장소기 때문에 이곳 토가 유명하다.

역사 이전부터 사람들은 이곳을 종교적, 정신적, 영적으로 성스러운 곳으로 생각했다. 수도원 묘지에서 아서의 유골을 발견 해내고야마는 이곳 사람들이 이렇게 좋은 장소를 그냥 두지는 않았다. 이곳을 아발론(Avalon)의 섬으로 불렀다. 성배를 발견하지는 못했으나 성배가 있음직한 장소 중 하나로 생각했고 19세기에 와서는 켈트신화에 대한 관심이 고조된 사회적 분위기에 편승하여 이곳을 아발론으로 들어가는 문으로 생각하게 되었다. 근래에는 황도십이궁(Zodiac)의 중심이라고도 여겼다. 사방 어디를 보아도 평평한 4월 말의 푸른 대지인 서머셋의 한복판에 우뚝 솟아 있는 이 언덕은 누가보아도 예사롭지 않은 곳이고, 만약 당신이 신이라면, 귀신이라면 어디로 깃들 것인가? 주변 대지가 모두 평평한데 이곳 말고는 갈 곳이 없다. 이 근처에서만은 모든 신과 정령이 이곳에 모일 것이다.

여행 막바지인 이때 선글라스를 잃어버린 것을 알았다. 어제까지 고대부터 중세에 이르는 유적지를 방문하고 당시의 이야기에 심취했던 터라 중세시대 어느 시대에 선글라스를 놓고 온 듯한 느낌이 들었다. 중세 어디쯤에 놓고 온 걸까. 토라는 독특한 지세가 그런 판타지적인 느낌과 상상을 주었는지도 모르겠다. 이곳 토의 지제가 세긴 센 것 같다.

나는 이 성스러운 언덕에서 사방을 둘러보았다. 먼저 남쪽으로 여기서 멀지 않을 데번과 콘월 쪽을, 다음은 북쪽으로 스코틀랜드 쪽을 마치 지금 육안으로 보이기라도 한 듯이 한참을 응시하고, 다시 방향을 약간 틀어 웨일스 쪽을 바라보며 '잔인한 달 4월 1일'부터의 거의 한 달이 되어가는 오늘까지를 반추해보았다. 힘들었지만 만족스럽고 즐거운 여행이었다. 여행에서의 여러 묘미 중 하나는 계획에 없었던 의외의 사건과의 만남이다. 글래스턴베리 토에서의 '반추'를 미리 생각하지 못했다. '반추'는 이 여행의 말미에 신과 모든 정령이 함께 있는 의미 있는 장소에서의 짧지만 의미 있는 행위였다. 토를 내려오면서 이제까지 보고 듣고 기록한 것을 어떻게 하면 잘 정리하여 글로 만들 것인가를 생각하기 시작하였다.

토와 토에서 바라본 경치

토에서 내려오니 날씨가 더욱 더 맑아졌고, 다시 수도원에 들어가서 맑은 날씨에 유적을 재차 둘러보았다. 초로의 이스라엘 단체관광단이 단체로 움직여 구경하고 있다. 늦은 오후 햇살이 서쪽에서 수도원 유적을 아름답게 비추고 있었다.

참고:

1. CAESAR THE GALLIC WAR WITH AN ENGLISH TRANSLATION

   BY H.J. EDWARDS, HARVARD UNIVERSITY PRESS

2. THE STORY OF BRITAIN-REBECCA FRASER, W.W. Norton & Company

3. Exploring English Castles-Dr. Edd Morris, Skyhorse Publishing

4. LOCHLEVEN CASTLE-Chris Tabraham, HISTORIC SCOTLAND

5. The Jacobites-Charles Sinclair, GOBLINSHEAD

6. SCOTTISH CASTLES & Fortifications-Richard Dargie, GW Publishing

7. 유적현장의 안내 설명문, 동영상, 유인물 및 소책자

8. 영국 위키피디아 및 인터넷 자료

테마★로 만나는 인문학 여행 ⑧

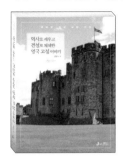

영 국 에 고 성 보 러 가 자

역사로 세우고
전설로 채색한
영국 고성 이야기

1판 1쇄 인쇄 2017년 2월 15일
1판 1쇄 발행 2017년 2월 20일

지 은 이 김병두
발 행 인 이미옥
발 행 처 J&jj
정   가 17,000원
등 록 일 2014년 5월 2일
등록번호 220-90-18139
주   소 (04987) 서울 광진구 능동로 32길 159
전화번호 (02)447-3157~8
팩스번호 (02)447-3159

ISBN 979-11-86972-20-5 (03920)

J-17-01

Copyright ⓒ 2017 J&jj Publishing Co., Ltd

J&jj 제이앤
제이제이
www.jnjj.co.kr